实践应用型学前教育专业规划教材

学前儿童社会教育

主　　编　陈世联
副 主 编　卢　清　罗文红
参　　编　杨　华　徐　浩　周冠环
　　　　　邓建平　卢　静

中国人民大学出版社
·北京·

图书在版编目(CIP)数据

学前儿童社会教育/陈世联主编. —北京：中国人民大学出版社，2017.9
实践应用型学前教育专业规划教材
ISBN 978-7-300-24443-3

Ⅰ.①学… Ⅱ.①陈… Ⅲ.①学前儿童-社会教育-幼儿师范学校-教材 Ⅳ.①G611

中国版本图书馆 CIP 数据核字（2017）第 116102 号

实践应用型学前教育专业规划教材
学前儿童社会教育
主　编　陈世联
副主编　卢　清　罗文红
参　编　杨　华　徐　浩　周冠环　邓建平　卢　静
Xueqian Ertong Shehui Jiaoyu

出版发行	中国人民大学出版社		
社　　址	北京中关村大街 31 号	**邮政编码**	100080
电　　话	010－62511242（总编室）		010－62511770（质管部）
	010－82501766（邮购部）		010－62514148（门市部）
	010－62515195（发行公司）		010－62515275（盗版举报）
网　　址	http://www.crup.com.cn		
	http://www.ttrnet.com（人大教研网）		
经　　销	新华书店		
印　　刷	北京昌联印刷有限公司		
规　　格	185 mm×260 mm　16 开本	**版　　次**	2017 年 9 月第 1 版
印　　张	17	**印　　次**	2021 年 2 月第 3 次印刷
字　　数	373 000	**定　　价**	39.00 元

前　言

教材编写宗旨：本教材参照教育部《幼儿园教育指导纲要（试行）》《幼儿园教师专业标准（试行）》《3～6岁儿童学习与发展指南》的精神与要求编写，坚持理论联系实际，将讲学练相结合，突出岗位技能训练。本教材既有基础理论性知识，也有极强的操作实践性知识，同时集课内教学与课外自学、专业能力培养与职业素质训练为一体，在内容和体例上力求做到科学、实用、新颖。基础知识的构建以阐述基本问题为主，通俗易懂，便于理解；技能训练与幼儿园的实际需要相对接，目的明确、重点突出、指导具体，具有很强的实用性和可操作性。

教材章节体系：由目标导航、基础知识、技能训练、学练结合四部分构成。“目标导航”分为知识目标和能力目标。“基础知识”即每一节内容，面向具体问题深入浅出地介绍理论知识和操作技能，并穿插“资料链接”和“实例链接”，理论联系实践。“技能训练”以案例分析为主，案例实用，针对性强。“学练结合”是每一节最后让学生思考和练习的内容，以达到操作实践的目的。

教材适用对象：本教材力图达到《幼儿园教师专业标准（试行）》与幼儿教师资格证考试大纲的要求，适用于各类高等院校学前教育专业人才培养目标定位于“实践应用型”的普通本科和高职院校。它既可以作为学前教育专业的教材，也可以作为幼儿教育工作者、学前教育转岗考证等社会人员的参考用书。

教材编写分工：重庆师范大学陈世联撰写前言并编写第一章第一、二、三节，重庆人文科技学院卢静编写第一章第四节，西华师范大学卢清编写第二章，重庆幼儿师范高等专科学校邓建平编写第三章，重庆人文科技学院杨华编写第四章，重庆师范大学罗文红编写第五章，重庆人文科技学院周冠环编写第六章，重庆幼儿师范高等专科学校徐浩编写第七章。本教材由主编陈世联进行教材框架拟定、审稿与统稿，副主编卢清、罗文红参与了审稿，最后由主编定稿。

本教材凝聚了全体编写成员的智慧与辛劳，在此一并致以真诚谢意。在本书付梓之际，特别感谢教材中引用案例与文献的署名以及未署名的原作者，感谢编写成员所在单位的大力支持，感谢重庆人文科技学院卢静老师帮助校阅，感谢中国人民大学出版社编辑的辛勤策划与编辑工作。

从最初的《幼儿社会教育》一书到现在的《学前儿童社会教育》已历时十年有余，编者们经过通力合作与探讨，多次修改书稿体系与内容，但终因水平与能力有限，难免本教材的体系构建、知识内容以及具体阐述中出现片面、疏漏与错误。我们诚望专家、同行教师与读者提出宝贵意见，以便我们修正与完善。

编者

目 录

第一章　学前儿童社会教育概述

目标导航

[**知识目标**] 掌握儿童社会化的内涵与类型、目标与内容、原则与方法以及实施途径，理解“重要他人”在儿童社会化中的重要作用，了解儿童社会化与社会教育的重要意义。

[**能力目标**] 能够运用所学理论知识解决学前儿童教育及社会化过程中的实际问题，并能贯彻体现《幼儿园教育指导纲要（试行）》（以下简称《纲要》）与《3～6岁儿童学习与发展指南》（以下简称《指南》）的精神。

第一节　学前儿童社会化

基础知识

学前儿童的社会化是一个过程，是社会性生成与发展的进程。儿童社会性的生成与发展是学前儿童社会教育的终极目标。学前儿童社会教育是以发展儿童的社会性为目标，以增进其社会认知、激发其社会性情感、培养其社会行为技能为主要内容的教育。本节主要在多学科研究的基础上来学习社会化的内涵与类型，目的是比较全面地了解社会化的丰富内涵。

一、学前儿童社会化的内涵

（一）社会化的内涵与类型

1. 社会化的内涵

社会化是社会学、心理学、文化人类学、教育学等多学科研究的课题。不同的学科根据学科自身的性质和任务，从不同的角度研究人的社会化。

社会学偏重于社会化过程中人与社会的互动，关注社会规范、价值的内化及社会角色的形成过程。社会学认为社会化的目的就是使个体更好地与社会相协调，使人具有社会性；社会化的实质就是个体不断学会扮演各种社会角色以适应社会生活的过程。

心理学尤其是发展心理学偏重于社会化过程中的个人成长，关注个人的人格与自我形成以及一般的社会学习过程。心理学认为社会化就是个体社会性和个性发展的过程，社会化不仅要形成人的社会特性，更重要的是形成人的个性，即个体从一个生物人，经过社会化的过程而不断成为一个有个性的社会人的过程。

文化人类学偏重于社会化过程中文化的传承，关注某民族世代相传的文化模式对其成员的共有人格及社会行为的影响。文化人类学认为，只有在文化与个性发展的关系中才能探明社会化的本质；人的社会化过程就是接受社会文化遗产，保持社会文化的传递和社会生活的延续；社会化实质上是一个文化发展的过程，是文化内化的过程，也是个体对社会文化不断认同的过程。

教育学认为社会化有广义与狭义之分。广义的社会化指的是儿童从生物人（自然人）向社会人的转变，即获得人类所具有的基本特征（包括直立行走、使用工具、言语交流、抽象思维等）；狭义的社会化则是指儿童成长为一个合格的社会成员的过程——融入所在的社会环境与社会关系，接受所在社会群体认可的价值观和行为方式等。社会化的过程同时也是个性化的过程。

社会化的研究之所以受到社会学、心理学、文化人类学等学科的广泛关注，是“由于社会科学的发展，社会化的研究在社会学、心理学、文化人类学中有着巨大的重要性。尽管每个学科在探讨个体从婴儿到老年的发展和变化上有着各自不同的方法，但是，在所有这三个领域中，社会化过程所起的作用都被看成是社会的维持和个体福利的基石”①。社会化的问题成为如此重要的研究课题，在一定程度上也反映了社会化问题的复杂性。

2. 社会化的类型

学科不同或划分依据不同，关于社会化的类型有所不同。

（1）按社会化的作用或方向划分。其也是从年长者与年幼者相互作用或方向划分，社会化的类型可分为三种：正向社会化、互向社会化和反向社会化。正向社会化是年长一代将社会文化、规范、价值标准等传递给下一代的过程；互向社会化是年长一代与年幼一代以及同伴群体间相互传递社会文化、规范、价值标准等的过程；反向社会化是指儿童将社会文化、规范、价值标准等传递给年长一代。在现代社会，儿童与成人之间往往出现互向社会化甚至反向社会化。

（2）按社会化的功能划分。按此分类，社会化包括初级社会化、次级社会化。初级社会化指的是一个人在儿童期成为社会成员第一步的过程，也是次级社会化的基础。初级社会化的主要场所在儿童家庭。“概念化他人”的形成，是儿童初级社会化的重要成果和标志。“概念化他人”指的是儿童在初级社会化过程中，逐渐把特定他人的角色和态度，推广和引申到一般人的角色和态度上，从而把自己当作一个一般性的人。通过“概念化他人”，儿童就能与他人进行交往，并能够对整个社会进行交往和认同。次级社会化是将已经社会化的个人，引导到社会上各个新的部门的过程，“次级社会化是制度的内化过程”②。幼儿园、学校是次级社会化的主要机构和场所。

（3）按社会化的影响途径划分。按此分类，社会化包括家庭、幼儿园、同伴群体、传播媒体和其他组织。家庭是儿童社会化的第一场所，在儿童早期社会化中，家庭起着

---

① 莫里斯·罗森堡，拉尔夫·H. 特纳. 社会学观点的社会心理学手册. 孙非，等，译. 天津：南开大学出版社，1992.

② 彼得·伯格，等. 知识社会学：社会实体的建构. 邹理明，译. 台北：巨流图书公司，1991.

决定性影响作用。幼儿园作为儿童社会化的“代理者”，往往体现出极强的目的性和计划性，在儿童早期社会化中起着关键性的作用。而同伴群体和传播媒体等对年长儿童和青少年的影响是非常巨大的，甚至有可能超过家庭和幼儿园的影响。

从社会化的内涵与类型可以看出，社会化涵盖多种层面，涉及“人之为人”的方方面面。如果儿童社会化单纯重视其一而忽略其他，则只能使儿童社会化在一个“孤岛”上进行，儿童“成为人”就不可能。

（二） 学前儿童社会化的含义和内涵阐释

1. 学前儿童社会化的含义

学前儿童社会化是指儿童在特定文化和社会环境中，通过社会教化和个体内化习得社会价值观念、风俗习惯和行为规范以及掌握相应的社会行为技能以适应社会生活的过程。儿童社会化是儿童和社会文化之间互相起作用的沟通过程，也是文化认同的过程。

2. 学前儿童社会化的内涵阐释

(1) 儿童的社会化是社会“教化”与儿童本身自主“内化”的结果。社会教化的作用是启蒙幼儿的理性、德性和社会性。因此，教化是儿童社会化进程中必不可少的方式。但儿童理性、德性和社会性的发展，又非仅仅是教化作用的结果。在儿童社会化进程中，儿童作为自主的个体化的存在，不是对社会规范、价值标准以及习俗的单纯描摹，也不是对其所属文化、环境和群体的共性的简单再现，而是从自己的欲望、意志、利益等出发，为自己的行为、规范寻找根据，为形成自我和有个性化的个体寻找基点。这种内化社会德性、规范、价值和习俗的过程，为幼儿未来形成形形色色的社会人做出了萌芽式铺垫。因此，社会教化和个体内化的功能，促使儿童在规训和教化中形成社会人，在自主和内化中形成个体化。社会教化与个体内化是相辅相成的，没有社会教化，就没有个体内化；而没有个体内化，社会教化也毫无意义。

(2) 儿童对文化的解读和文化的认同具有能动性，儿童在与文化的互动中能从自己的独特角度解读文化。文化是人后天习得和创造的，文化并非与生俱来，它是人在后天社会环境中由学习和创造而得来的。儿童因其主体能动性差异对文化会形成不同的解读视角，正由于解读视角的不同，使得儿童在与文化的互动中能从自己的独特角度解读文化，从而为独具个性的活生生的个体的形成提供了可能，也为文化的增值提供了可能。现今的儿童与他们的父辈相比，所遭遇的困惑和接受的信息是不同的，对于成长和发展中的儿童来说，他们面临的与其说是被动学习和接受现成的社会文化和价值规范，还不如说是与成人一起共同创造新的社会文化以及主动地习得社会价值规范。

儿童具有创造文化和能动地接受文化的能力。“社会化进程并不仅仅是一个单纯被决定的过程，它也是一个被创造的过程，也是一个自由行动的过程。”① 因而，每个儿童个体既是社会化的主体，也是社会化的客体；既使他人社会化，又被他人社会化。

---

① 谢维和. 教育活动的社会学分析——一种教育社会学的研究. 北京：教育科学出版社，2000.

(3) 儿童社会化不仅受本土文化的影响，也受外来文化的影响；既受民族传统文化的影响，也受现代文化的影响；既受社会主流文化的影响，也受亚文化的影响。即儿童社会化受多元文化的影响。文化人类学家认为，文化是人创造的，文化又是一个民族区别于其他民族的最基本标志；每一个民族都有自己文化传承的内容与方式，文化传承就其本质而言不仅是一个教育过程，更是一个社会化过程。在幼儿社会化进程中，本土文化与外来文化、民族传统文化与现代文化、主文化与亚文化共同交织在一起，影响着儿童的社会性发展。在当今全球化与现代化的社会背景下，儿童社会化进程也不可能是各种文化的简单糅合和拼凑作用下的结果，而是以本民族文化为基础，对全世界各民族优秀文化的新综合。

(4) 儿童社会化是从自然人转化为“文化人”和“社会人”的过程。儿童生活于特定的文化情境中，从其出生之时起，其身体、心理、社会性发展特点、人格特征等自然受到所属区域文化特质的影响，正如社会学符号互动论创始人米德所说，“人所表现的人格特征是他们各自生养其间的文化赋予的”。所以，儿童社会化进程不可避免地带有某种文化的本质属性，成为“文化化”了的人。社会学家认为，人与动物的区别是，人有两次出生，第一次出生是人的自然出生，称为自然人；第二次出生即为人的社会化的初步完成，称为社会人。从自然人到社会人的转变，即人的社会化过程——要通过教育来完成。这就是康德所说的“人只有靠教育才能成为人”的另一层含义，前一个“人”是指自然人，后一个“人”是指社会人。完成从前一个“人”到后一个“人”的转换，就是保持和发展文化价值，按文化价值培养下一代，教育最重要的作用就是按照文化价值期望促使个体社会化，实现个体对群体以及该种文化的认同。在这一过程中，人必然要掌握与特定社会和文化需要相符合的社会行为技能以适应社会生活。儿童的社会化进程，也就是使儿童成为“作为人的人”的过程。

(5) 社会文化是儿童社会化的基石，儿童社会化进程即是文化认同的过程。《指南》提出：“在良好的社会环境及文化的熏陶中学会遵守规则，形成基本的认同感和归属感。”儿童是生活于特定的社会环境与文化情境中的人，人是文化的塑造物，儿童社会化的进程就是其所处文化情境塑造的带有鲜明“文化印记”的结果。儿童个体发展的过程即是习得文化思想与行为规范的过程。儿童一出生，就处于特定的文化情境之中，所受的教养方式传递着特定的文化价值、观念和行为。个体这种深受文化影响的过程就是文化认同的过程，也可以说是个体社会化的过程。文化认同有一种预定人的社会角色的功能，它提供价值规范的方向性和作为社会人的社会性的支持，以确定人在文化群体和社会中的位置。文化认同与儿童社会化具有特殊的关联性，文化认同能够内化为人的价值观念、社会认知、社会情感和态度，也能外化为人的行为、举止、规则和社会技能。因而，儿童社会化进程即是认同社会文化的过程。

二、学前儿童社会化的“重要他人”

“重要他人”（significant others）是美国社会学家米尔斯（Mills C. W.）在米德（Mead G. H.）的自我发展理论的基础上首先明确提出的一个概念。所谓“重要他人”，是指对个体的社会化过程具有重要影响的具体人物。我们这里讲的“重要他人”主要指成长性重要他人。家庭成员、幼儿园教师、同伴群体、传播媒体中的人物或角色，以及社会文化中的榜样人物都是儿童社会化的成长性重要他人。

（一）家庭成员

在所有对幼儿社会化的影响途径中，家庭被认为“是承担社会化任务的理想场所”①，是获取“扎根于现实存在中的信任”② 的场所，家庭作为每个成员出生后接受教育的第一个环境，“家庭在引导未成年人进入社会、成为社会人方面具有核心地位”③，家庭及家庭教育在幼儿智能开发、文化传递、生活技能的掌握、社会性生成以及价值观与道德观形成等方面具有不可替代的地位。家庭是社会的组成部分，家庭成员对社会文化的认同、接纳以及内化是儿童社会化的一个前提条件。家长作为儿童社会化过程中的“重要他人”，不应仅仅是监护人，而应是榜样与楷模。关于家庭和家庭教育在儿童社会化进程中的影响，我们将在第六章讲解。

（二）幼儿园教师

当幼儿走出家庭、进入有着“社会雏形”结构的幼儿园后，就同时扮演着学生、同学、朋友等社会角色，并在课堂和其他公共场合学习社会规范、进行着各种形式的社会互动，而幼儿园中的教师和同伴则成为了促进其社会化的“重要他人”。幼儿教师作为幼儿社会化的“重要他人”，需要爱心、耐心，更需要有专业“洁癖”之心。

资料链接

做一个有学前教育专业“洁癖”的人

有学前教育专业“洁癖”的人，首先忠诚事业，忠诚于他所钟爱的学前教育事业，绝不原谅对事业的背叛与亵渎！有学前教育专业“洁癖”的人，坚守原则，他会竭力坚持自己的教育原则，对于违背原则的行为深度憎恨到骨髓！有学前教育专业“洁癖”的人，他会不遗余力地致力于尊重儿童与维护童年幸福！在他的观念里，对事业不予忠诚、对原则不予坚守、对童年不予维护，全部都是一宗宗罪恶。

观100余年的中国学前教育，出现了一代一代的、一批一批的有专业“洁癖”的人。中国学前教育的脊梁，中国学前教育的担当，中国学前教育的振兴，中国学前教育的辉煌，全是由这一代一代的、一批一批的有专业“洁癖”的人士挺直着、肩负着与推动着。

---

① 戴维·波普诺. 社会学：第十版. 李强，等，译. 北京：中国人民大学出版社，1999.

② 安东尼·吉登斯. 现代性与自我认同：现代晚期的自我与社会. 赵旭东，等，译. 北京：生活·读书·新知三联书店，1998.

③ 郑杭生等. 民族社会学概论. 北京：中国人民大学出版社，2005.

一人踏不倒地上草，众人能踩出阳关道。我相信，学前战线会涌现大批同样具有学前教育专业“洁癖”的人士，共同走向学前教育事业发展的阳光大道！

现代幼儿园不仅是一个有目的、有计划、有组织地向幼儿系统传授科学知识和生活技能的制度化机构，更是一个包容了人际交往、角色定位、制度规范等社会现象，传授社会规范、价值观念，养成社会情感态度，实践社会交往技能的儿童社会化的重要场所。它通过引导幼儿服从教育制度的安排，传播社会主流的文化目标、价值标准和人类知识遗产，培养幼儿思考、分析和解决问题的能力等来推动幼儿逐渐成为一个合格的社会成员。作为幼儿学习、生活的重要场所，幼儿园因此成为幼儿接受社会化影响最集中、最丰富的生活环境，成为个体通往现代社会的重要途径。

幼儿园教育本身与文化有着千丝万缕、血肉般的内在关联。从建筑布局、校园景观到管理风格、人际关系，从教育目的、内容方法到制度规范、园风学风，都反映着浓厚的文化色彩。正如人类学家普朗格所说，“教育是文化的别名”“教育过程即是一种文化过程”。这是因为幼儿园教育的主体和客体都是承载着文化的人，多样性的社会文化正是通过幼儿园教育中的“人”——幼儿和教师投射到幼儿园教育之中的。因此，幼儿园既是幼儿社会化的机构，又是拥有着丰富多彩的文化内涵，通过人文教化、淳风美俗，成为文化的传承、交流、选择、整合、创造的场所。多元化时代的幼儿园不能不面对文化多样性问题，在考察教育对幼儿社会化的影响时，既不可无视反映整体倾向的主流、强势文化，以体现成人世界或主体民族的要求，按照理想社会的要求引导今天的孩子；也必须关注幼儿园中不同的亚群体，尤其是不同民族幼儿表现出的文化特征，以及幼儿园中各种亚文化的差异与碰撞，以培养幼儿对多元文化的主动审视、批判接受与自主建构的观念、态度和能力。

总的说来，幼儿园文化对幼儿社会化的各个方面——社会认知、情感态度、行为习得等，都有非常重要而且特别的影响，这主要是因为：(1) 与影响幼儿的其他社会化因素相比，幼儿园是按照预定的目标、计划，根据社会要求来塑造年轻一代的专门机构，其更有计划性、组织性和系统性；(2) 幼儿园有专业的教育人员——教师和专门的影响媒介——课程、教材、教学手段等，其效率更高；(3) 幼儿园为幼儿提供了丰富的与同伴交往的机会，从而使其有在团体活动中习得行为规范、体验各种社会情感、训练社交技能的可能；(4) 幼儿园作为专门的教育机构，在协调其他社会化因素的影响方面有着特殊的主导作用。

教师在儿童社会化进程中究竟起什么作用？教师对儿童发展的影响表现在多个方面。首先，教师在儿童认知和学习发展中具有组织、引导和促进的作用；其次，教师对儿童的价值观、态度的形成和改变具有重要影响；再次，教师对儿童个性与社会性行为发展的影响日益受到重视；最后，教师是儿童情感发展和心理健康的促进者。教师在儿童发展中所起的作用不仅是多方面的，在性质和途径上也具有多样性，表现在：第一，教师在儿童发展中的重要作用既可能体现为积极的促进作用，也可能体现为消极的阻碍作用；第二，从对儿童群体的影响来看，教师对儿童发展的影响既可能体现为缩小个体差异，也可能体现为扩大个体间的不同；第三，教师影响儿童发展的途径是多样化的，包括显性与隐性、直接与间接等。[①] 因此，教师要经常地充分反思、审视自身教育行为和教育方式方法对儿童发展的影响，增强教育行为和教育观念的科学化，避免或尽量减少在儿童社会化中的失当行为。

（三）同伴群体

同伴群体及同伴群体中的交往在幼儿社会化进程中起着非常重要的作用，这种作用完全不亚于父母与幼儿之间的交往作用。如果幼儿没有一个良好的同伴群体，就不能在一定的社会中确定自己的位置，难以按照社会规范顺利实现其社会化。同伴交往除了有利于幼儿社会性发展以外，同时也有助于幼儿认知能力的发展。因此，同伴群体及同伴群体中的交往是实现幼儿社会化的重要途径之一。

作为社会群体的组成部分，同伴群体具有自身的内涵与特点。什么是同伴群体？有学者认为，同伴群体指的是处于某一年龄阶段或年龄组的人所组成的人群集合体。有学者认为，同伴群体指的是特定的幼儿和他与之进行互动的特殊群体的一个连续。[②] 另有学者认为，同伴群体是由地位大体相同的人组成的关系密切的群体。[③] 同伴群体这一概念同样适应于成人群体，但在某些学科（如教育社会学）研究中，它几乎完全被用来指幼儿及青少年的非正式小群体。[④]

幼儿为什么会形成同伴群体？幼儿在家庭中是被监护人，在幼儿园中是受教育者，这种状况决定了幼儿与家长或教师不可能真正形成平等的交往关系。所以，学者吴康宁认为，幼儿“从根本上来说，是为了满足其在家庭与幼儿园中得不到满足的各种需要。就社会学角度来看，导致幼儿形成、加入或向往同辈群体的主要原因是对于平等的需求”[⑤]。也就是说，家庭与幼儿园无法使幼儿完全自由地展现自己、充分发挥自己潜力与需求，于是幼儿就去寻求可使自己获得真正民主、平等、自由的群体。由此，同伴群体便形成了。

同伴群体是一个重要的社会化因素，它对幼儿社会化的影响具有以下几个特点：(1) 同伴群体中的关系基本上是平等关系，是在自愿基础上结合而成的。同伴群体能使个体练习平等交往的技能，为成为正式的社会成员做好准备。(2) 同伴群体为个体间提供了交流社会信息、看法的机会。同伴群体间常常商讨一些群体内才感兴趣的事情，交流一些不便与成人交流甚至是成人不允许谈论的话题，从而丰富了个体社会经验，提高了思考能力。(3) 同伴群体有自己的亚文化，这种亚文化提供了新的价值标准和行为方式，对个体社会化有重要影响。[⑥] 来自于同伴群体的看法、观点对幼儿的确是具有重要影响的，这种看法与观点，在心理学上就是一种期望效应，在教育学上就是一种评价，

---

① 庞丽娟. 教师与儿童发展. 北京：北京师范大学出版社，2001.
② 刘豪兴，朱少华. 人的社会化. 上海：上海人民出版社，1993.
③ 鲁洁. 教育社会学：第2版. 北京：人民教育出版社，2001.
④ 日本教育学会. 新教育社会学词典：日文版. 东京：东洋馆出版社，1986.
⑤ 吴康宁. 教育社会学. 北京：人民教育出版社，1998.
⑥ 鲁洁. 教育社会学：第2版. 北京：人民教育出版社，2001.

而在社会学上则是"贴标签"。期望也好，评价也好，贴标签也好，都会对幼儿的社会认知、情感与态度乃至社会性行为产生预期与强化的作用。

同伴群体也是幼儿社会化的重要影响源之一。米德认为，"在现代社会中同辈群体的影响甚至大到改变传统的文化传递方式的地步。"① 为什么同伴群体对幼儿社会化有如此大的影响？学者周晓虹认为：（1）同伴群体是一种非正式群体，是由个人自由选择的，因此，往往易使其成员产生较高的认同感和归宿感；（2）同伴群体有自己的价值标准、榜样与偶像、自己的语言、交往方式乃至着装和发式，构成了独特的亚文化群体；（3）同伴群体的社会化极少带有强制性的色彩，它往往是在其成员对个人的社交、安全、尊严、优越感的满足之中自然而然地实现的。②

同伴群体作为幼儿同伴交往的活动环境，对幼儿同伴交往活动起着直接的影响。例如，文化融合作用，即幼儿在一起相互交流信息，进行沟通，从而在文化上彼此影响；人格影响与定向，即幼儿在兴趣爱好、语言和生活方式上的相似性对其人格的形成与发展具有较大的引导和定向作用。③ 此外，根据我国学者吴康宁的观点，同伴群体还具有"保护功能"和"发展功能"④。所谓保护功能，是指幼儿同伴群体为其成员提供了一个平等互助的社会环境，在这种环境中，幼儿不必担心成人权威的支配，不必顾忌成人社会的评价，可以言其所言、为所欲为。一般来讲，当幼儿在家庭或者幼儿园中受到伤害的时候，同伴群体为他们提供了一个独特的心理调节空间和场所。而所谓发展功能，主要是指同伴群体可以促进幼儿认知发展和社会性发展。以上这些作用主要是通过群体规范和群体压力两个途径来实现的。

所谓群体规范就是指群体所确定的行为标准。社会群体内的每个成员都必须遵守这些标准。群体规范主要包括风俗、文化、语言、时尚、舆论、公约等行为规范以及各种不同的价值标准。在幼儿的同伴交往中，这些规则往往是自发形成的，并且潜移默化地影响和约束着同伴群体内的每个幼儿的行为活动。群体规范的影响主要是通过模仿、暗示、从众、服从等心理因素来起作用的。幼儿在同伴交往过程中，通过模仿群体内其他成员的言语和行为，通过从众和服从，会发生一种类化过程，从而逐渐形成同伴之间的群体规范行为。这种群体规范一旦形成，又会反过来影响幼儿同伴群体的态度和行为。这种影响作用具有持久性和潜在性，它使得同伴群体中的幼儿在活动中遵守共同的行为模式，进行思想沟通和感情交流。同伴群体规范的这种作用可以概括为4个方面：群体维系作用、认知标准化作用、行为定向作用和惰性作用。⑤ 如果同伴群体的行为规范越被幼儿所接受，那么这个同伴群体就会比较团结；幼儿会依据群体规范来评价自己和他人的行为，从而与同伴在认知上达成一致。群体规范会形成一种群体舆论，对每个幼儿

---

① 玛格丽特·米德．文化与承诺：一项有关代沟问题的研究．周晓虹，周怡，译．石家庄：河北人民出版社，1987．

② 周晓虹．现代社会心理学——多维视野中的社会行为研究．上海：上海人民出版社，1997．

③ 谢维和．教育活动的社会学分析——一种教育社会学的研究．北京：教育科学出版社，2000．

④ 吴康宁：教育社会学．北京：人民教育出版社，1998．

⑤ 周晓虹．现代社会心理学——多维视野中的社会行为研究．上海：上海人民出版社，1997．

的行为都起到约束的作用，群体规范还可以纠正同伴群体中的幼儿偏差行为。但从消极方面来看，幼儿同伴群体规范往往会限制幼儿的积极性和创造性，因为根据一定的群体规范，有些行为是不符合群体标准的，那么凡是表现出与该标准不符的越轨行为的幼儿，就会受到同伴的排挤甚至打击，因而会约束幼儿的创造性活动。而这种约束作用主要是通过群体压力来起作用的。

所谓群体压力，是指群体中大多数人的意见产生的一种无形力量，它使群体内每个成员自觉或者不自觉地保持着与大多数人的一致性。群体压力不具有强制的性质，但是对于群体成员来讲，却具有不可违抗的力量。因为当某个成员的意见或者行为与群体内的大多数人的意见或者行为不一致时，就会感到紧张和压抑。这种紧张和压抑来自于对偏离群体的恐惧感。因为人都有归属的需要，当偏离群体时，这种归属感就得不到保障，因而导致恐惧感。在幼儿的同伴交往中，同伴群体内往往有着自己的一些规则，同伴群体的成员必须按照这些约定俗成的规则来活动，一旦某个成员不遵守群体规则，就会被排斥在同伴群体之外，因而感到孤独无助。由此，幼儿同伴之间的模仿行为、从众行为，往往直接受群体压力的驱使。

同伴作为幼儿社会化的“重要他人”，主要是幼儿的互动性重要他人之一，极少能成为偶像性重要他人。

（四） 传播媒体中的人物或角色

人创造了文化，同时又被文化所创造；人是文化的主体，同时又是文化的客体对象。人生存于世界之中，也就生存在文化中。文化传播是人接受文化的一条重要途径。在现代社会，传播媒体作为一个多元文化空间，对于人们文化知识的学习、信息的获取、社会性的形成与发展产生着重要的影响。人们生活在广播、电视、电影、报纸、杂志、互联网等交织组成的传播系统里，这些传播媒体网罗了人的视觉、听觉器官，组成了无所不在的传媒环境，会直接影响和改变人们的观念与行为方式。

幼儿社会化就是幼儿习得社会规范、适应社会生活的过程。在传统的社会里，影响幼儿社会化的因素主要是社会大环境以及家庭、幼儿园、同伴群体等小环境。而在现代社会中，以电视为代表的传播媒体已经成为影响幼儿社会化的强大力量。幼儿所接触到的大众传播媒体如电视、网络是心理发展的大环境。传播媒体在幼儿社会化发展中的地位日益突出。当代的幼儿比以往任何一代都更充分地享受着媒体资源。

关于电视对幼儿影响的研究很多，早期的研究如传播学者施拉姆在 20 世纪 60 年代主持了关于北美幼儿使用电视情况的首次大规模调研，并将其结果发表在《儿童生活中的电视》一书中。在这本书的引导下，几百名青年学者开始了有关电视对幼儿影响问题的研究。中国社科院卜卫认为幼儿看电视的频率与幼儿社会化无关，但是幼儿接触电视的内容影响其社会化程度，尤其是传媒中的角色定型会影响幼儿的性别观念或行为。①他认为，传媒对幼儿性别社会化的影响主要表现在影响幼儿的性格、人格发展；影响幼

---

① 卜卫. 大众传媒与儿童性别角色的社会化. 青年研究，1997（2）.

儿的人生理想如人生榜样、偶像崇拜和职业理想选择等方面。

电视、互联网等传播媒体对幼儿发展的影响无处不在，美国传播学者威尔伯·施拉姆在谈论传媒对幼儿社会化的潜在影响时说："所有电视都是教育的电视，唯一的差别是它在教什么。"① 大众传播理论中的"皮下注射理论"或"魔弹论"甚至直接就认为传播媒体是危险的毒品或杀伤性武器，可以直接或立刻渗透到人们的思想意识中。

电视、互联网所组成的传媒环境，泥沙俱下、参差不齐。传媒学家麦克卢汉曾对电视有过警句般的预言："电视屏幕把能量倾泻在你的身上，使你的眼睛瘫痪。不是你看着他，而是他看着你。"② 而互联网以"无主管、无国界、无警察"著称，互联网上的信息良莠不齐，极易导致广大青少年幼儿误入歧途。一些道德败坏的人利用互联网的隐蔽性，大肆散布封建迷信、色情、暴力、反动言论等不健康信息，这些网上垃圾，会严重影响幼儿的身心健康。所以，成人对幼儿接触传播媒体应该进行正确引导。

三、学前儿童社会化的意义

社会化是儿童学习与发展的中心任务之一。因为个体只有习得所在社会群体认可的价值观和行为方式才能成为合格的社会成员。社会领域的学习与发展，其实质是促进儿童社会化，并在社会化的过程中逐渐形成良好的社会性和个性。

每个儿童从一出生，就开始了由一个自然人向社会人的转化过程。当孩子开始对母亲的爱抚报以动作或微笑时，就开始了人与人之间的交往，他的社会性行为也就开始表现出来了。随着年龄的增长，儿童生活范围逐渐扩大，社会经验日益增多，他们要学会与父母、同伴等如何交往、接触，并逐步建立起与父母、与同伴的比较稳定的关系。幼儿期，在外界环境影响下，一种比较明显的性别行为方式也开始出现；同时，作为道德发展主要内容的亲社会行为和攻击性行为也表现出较明显的个别差异，并成为以后发展的基础。可以说，幼儿期是人一生中社会性发展的关键时期，幼儿期社会性发展的好坏直接影响儿童以后的发展。

幼儿期社会性发展在人的一生的社会性发展中，占有极其重要的地位。幼儿期社会性发展是其未来人格发展的重要基础，此阶段幼儿期社会性发展的好坏直接关系到幼儿未来人格发展的方向和水平。这是由于幼儿期是儿童社会性发展的关键时期，幼儿的社会认知、社会情感和社会行为技能在此阶段都得到了迅速发展，并开始逐渐显示出较为明显的个人特点，某些行为方式已经成为比较稳定的个性特征。

在这个时期，幼儿学习怎样与人相处，怎样看待自己，怎样对待别人；逐步认识周围的社会环境，内化社会行为规范；逐渐形成对所在群体及其文化的认同感和归属感，发展适应社会生活的能力。

幼儿期也是人的个性初具雏形的时期。一个人在这一时期形成的对人、对事、对己的态度，逐渐发展出的个性品质和行为风格，不仅直接影响其童年生活的快乐与幸福

---

① 威尔伯·施拉姆，威廉·波特. 传播学概论. 陈亮，等，译. 北京：新华出版社，1984.

② 埃里克·麦克卢汉，等. 麦克卢汉精粹. 何道宽，译. 南京：南京大学出版社，2000.

感，影响其身心健康以及知识、能力和智慧的形成，更可能影响其一生的学习、工作和生活。

由此可见，良性社会化进程对儿童的健康成长及未来的发展具有至关重要的作用，特别是在社会迅速发展的今天，儿童社会化问题更是必须予以充分重视的问题。

技能训练

请阅读短文《妮可的“狮吼”》，从家庭与社会的角度进行分析，谈谈这篇短文给你哪些启示。

妮可的“狮吼”

一个阳光灿烂的周末，奥斯卡影后妮可·基德曼带着一对养子女到悉尼曼莉海滩玩耍。

很快，她被游客们认出，人群中一阵惊呼，但围观只是片刻，人们至多是走过去跟妮可打个招呼，便自觉地散去。澳大利亚人发自内心地喜爱他们的“国宝”（妮可曾被封为澳大利亚国宝），他们不愿她的正常生活被打扰。

一会儿，“狗仔队”突然出现了，对着妮可正在玩耍的养子女一阵乱拍。说时迟那时快，只见妮可摘掉脸上的大墨镜，掀掉身上的大浴巾，一改镜头前的“性感尤物”形象，竟像一头发怒的母狮子一样冲了过去：“离我的孩子远一点！你们没有权利这样做！”

在澳大利亚，就连普通人也会认为：“孩子出镜太早，会影响心智的发展。”

曾经有一对6岁的双胞胎女孩夺得市里芭蕾舞比赛第一名，电视台上门要求采访，孩子母亲断然拒绝，理由是：“孩子尚未成年，我得像保护她们的眼睛一样保护她们的隐私！”

学练结合

1. 请从家长、教师、同伴三个方面分析下面的案例，并制订一个指导计划。

今天，下雨了，小朋友陆续离开了幼儿园，活动室里还有五六个孩子坐在一起玩雪花片。小雨刚用雪花片插了一把“宝剑”，他的妈妈就来了。我摸摸小雨的头说：“看，妈妈来接你了。”小雨抬起头，看着妈妈说：“我还要玩一会儿。”妈妈站在门口说：“不行，赶快走！”小雨大喊：“我要玩。”妈妈生气地说：“你再不走，我走了。”“不，我还要玩一会儿。”我见状立即对小雨说：“妈妈回去还要做饭，我们就玩一小会儿，好吗？”

小雨高兴地答应了。于是，我示意小雨的妈妈到活动室里等他一会儿，小雨的妈妈却一脸不高兴地坐在小雨的旁边。小雨拿着他插的“宝剑”在小纯身边走来走去，说：“我是奥特曼，打死你这个怪兽。”说完，他用“宝剑”刺向小纯的胸口，“宝剑”断了，于是小雨用手当“宝剑”，在小纯身上乱打，小纯哭着喊：“老师，他打我。”小雨的妈妈看见小纯哭了，站起身来，“啪啪”给了小雨两个耳光，气愤地说；“打呀，你再打打看。”小雨嘴巴一咧，大哭起来……小雨的妈妈生气地拉起小雨的手，一边朝活动室门口走去，一边说：“看我回家怎么治你。”

2. 微信息分享。请围绕学前儿童的“重要他人”，收集一些小故事之类的案例素材，并在班上与同学们分享。分享时请从以下三个方面进行汇报：故事讲的是什么？你明白了什么？对你有什么启示？

第二节　学前儿童社会教育的目标与内容

基础知识

凡是有目的的教育活动，首先要确立教育目标，根据教育目标选择适宜的教育内容，然后贯彻科学的教育原则，采取有效的教育方法与途径来达成教育目标。学前儿童社会教育也不例外。本节我们针对学前儿童社会教育的目标与内容展开比较详细而具体的介绍。

学前儿童社会教育的目标既是教育者对幼儿实施社会教育，也是幼儿社会性学习与发展最基本、最重要的核心价值导向，社会教育的内容是实现社会教育目标的具化条件与重要保证。

一、学前儿童社会教育的目标

学前儿童社会教育的目标是促进幼儿社会性的发展。幼儿的社会性是在其自身与社会的相互作用中发展起来的。即生命个体从呱呱坠地的那一刻起，社会就通过各种途径和方法对其施加影响，期待他们成为社会需要的人。同时，幼儿也在积极地适应社会，逐渐接受与内化社会规范、道德准则和行为方式，并在自己的个性中显现出来，这就是幼儿社会化的过程。由此可见，社会的要求、儿童的发展和学科本身的特点是确立学前儿童社会教育目标的依据。

（一）学前儿童社会教育的总目标

《幼儿园工作规程》第五条中规定幼儿社会性发展的目标是：萌发幼儿爱祖国、爱家乡、爱集体、爱劳动、爱科学的情感，培养诚实、自信、友爱、勇敢、勤学、好问、爱护公物、克服困难、讲礼貌、守纪律等良好的品德行为和习惯，以及活泼开朗的性格。这也是幼儿园社会教育的总目标。

（二） 学前儿童社会教育的领域目标

1.《纲要》中的社会领域目标及阐释

教育部2001年颁布的《幼儿园教育指导纲要（试行）》（以下简称《纲要》）所提出的幼儿园社会领域目标包括以下内容：

（1）能主动地参与各项活动，有自信心；

（2）乐意与人交往，学习互助、合作和分享，有同情心；

（3）理解并遵守日常生活中基本的社会行为规则；

（4）能努力做好力所能及的事，不怕困难，有初步的责任感；

（5）爱父母长辈、老师和同伴，爱集体、爱家乡、爱祖国。

从以上表述中我们可以看出，《纲要》关于社会领域的教育目标是从四个方面对幼儿的社会认知、情感态度和行为方式提出总体要求的，这四个方面是：

（1）具有良好的自我意识。幼儿个人良好的生活态度，取决于他们对自己的看法和态度。幼儿应当逐渐发展正确估计自己的能力，知道自己哪方面能力强，哪方面能力弱；哪些事自己能做，并且能做的事情要充满信心地去做；幼儿言语要坦率、诚实，行为落落大方；以乐观的态度对待困难；养成良好的日常生活习惯，生活有规律；要有自立的意识，凡是自己能做的都自己做，不依赖他人；爱劳动，主动为集体和他人做一些力所能及的事情；积极主动地投入学习和游戏等活动中，并能有始有终；爱惜粮食和各种食品、玩具、服饰、学具等，养成勤俭节约的习惯。

（2）善于与人交往。幼儿应能尊敬父母、教师等长辈，对他们有依恋感和信任感；要有初步的责任意识，积极、主动、努力地完成成人交给的任务；能察觉他人的情感与需要，对人诚恳、善良、谦虚、友好、有同情心、有礼貌、言语文明，能对他人的好意表示感谢，对别人的过失表示宽容，对自己给别人造成的不便表示歉意，敢于承认自己的过错；努力做到活泼开朗，乐意与人交往，和同伴相处能做到互助合作、公平、公正、共享欢乐；在游戏时，对于玩具、分配角色、职责等方面能自觉考虑同伴的兴趣和愿望；能正确评价自己和同伴的行为；具有初步的自我控制能力和随机应变能力；在与人交往过程中，要有足够的自信心、自尊心、有胆量，逐步学会以善意的态度与人交往的基本规则和本领。

（3）乐于集体生活。幼儿应该以愉快的心情积极主动地参加集体活动，逐步适应并喜欢集体生活，喜欢上幼儿园，习惯与家人短暂的分离；遵守集体生活的基本规则；在公共场所举止文明，仪表得体，符合基本的文明行为准则；关心集体，乐于为集体做事，并尽量做好，有责任感和合作精神；能和集体中的成员和睦相处，团结友爱，助人为乐，尊重同伴，耐心倾听别人讲话，不插嘴，不打断别人的话；爱护公共财物和设施，节约用水和其他资源。

（4）对周围社会生活中的事物感兴趣，并持有正确的态度。幼儿应该知道自己的家庭地址，父母和家庭其他成员的名字、电话号码、工作单位，以及家庭附近的代表性建筑和主要设施；关注周围社会生活中发生的事情，关心与自己生活密切相关的各种机构和公共设施；熟悉当地的交通工具，知道从家里到幼儿园、公园和附近的商店可以使用哪些交通工具，遵守交通规则；热爱家乡，知道家乡的土特产、风土人情、主要工厂、学校、商店等；乐于观察和感受当地的自然景观，关心、爱护动物、植物，珍惜自然资源，能自觉地保护环境；对成人的生活、劳动以及劳动成果感兴趣，能认识到社会上许多不同职业的人都在为小朋友的快乐成长而辛勤劳动着，应该关心热爱他们，并珍惜他们的劳动成果；了解我国的主要民族，懂得各民族的主要特点，热爱自己的民族，懂得各民族地位平等，应当团结友好、和睦相处；热爱祖国，知道国旗、国徽，了解祖国最著名的风景名胜和“世界之最”，初步具有爱国情感。

2.《指南》中的社会领域目标及阐释

幼儿社会领域的学习与发展目标是按照人际交往与社会适应两个子领域来进行表述的（见表 1-1）。

表 1-1　幼儿社会领域的学习与发展目标

领域	子领域	目标	目标在各年龄段的表现
社会	人际交往	1. 愿意与人交往。 2. 能与同伴友好相处。 3. 具有自尊、自信、自主的表现。 4. 关心尊重他人。	具体见《指南》相关内容
	社会适应	1. 喜欢并适应群体生活。 2. 遵守基本的行为规范。 3. 具有初步的归属感。	

我们对这些目标及各年龄段的表现进行分析，可以发现，《指南》中社会领域的学习与发展内容大致包括：交往态度和交往技能；对自我和对他人的认知、态度和行为；对群体、群体生活及我群关系的感受、态度和行为。其核心价值是逐步引导幼儿学会共同生活，建立和谐的社会（包括人际）关系，形成良好的社会性与个性品质。

（1）对《指南》目标的总体分析。《指南》中的这些目标体现了幼儿社会教育领域的核心价值，是一种理念的指引。《指南》是通过引导幼儿社会领域学习与发展的方向来表达幼儿社会教育的要求的，不是对幼儿具体的社会性发展水平或社会化程度做出统一规定或提出量化标准。《指南》提出的幼儿社会领域学习与发展的目标中，将正确的儿童观、教育观和发展观有机地融合，从保障儿童权利出发，以文件形式对幼儿社会性学习与发展的“应知、应会”进行界定，引导幼儿教师、家长和社会沿着正确的方向，更科学、更有效地提升幼儿社会教育质量。

（2）人际交往子领域目标分析。人是一种群体性的动物，不可能离群索居。既然要在群体中生存，就必然要与他人交往。能不能主动与人交往、善于不善于与人交往，会在很大程度上影响一个人的生存与发展。对幼儿来说，形成积极的交往态度，发展基本的交往能力，与周围的人建立亲密和谐的人际关系，既是当前生存与发展的需要，更是一生发展的重要基础。所以，《指南》将人际交往作为幼儿社会领域学习与发展的一个重要方面。人际交往子领域包括四个目标：愿意与人交往，能和同伴友好相处，具有自尊、自信、自主的表现，关心尊重他人。这四个目标分别反映交往态度、交往能力以及在交往中形成并表现出来的对己对人的认识、态度和相应的行为表现。

（3）社会适应子领域目标分析。入园适应、入学适应就是比较明显的社会适应。人一生不可能永远只在一个固定不变的社会环境（如家庭）中生活，有变化就会有适应的问题。幼儿更是如此，他们总要成长，伴随成长他们总要不断地接触、进入一个个新的社会环境（幼儿园、小学、不同的同伴群体等）。每个新的社会环境都有不同的组织结构、行为规范，对其成员都会有不同的角色期望和要求以及不同的行为规范。只有很快意识到这些要求和规范，并根据这种认识迅速做出调整，幼儿才能很快融入新环境，情绪安定愉快地生活、学习。因此，《指南》将喜欢并适应群体生活、遵守基本的行为规范、具有初步的归属感作为社会适应子领域的三个目标。

（4）其他领域的社会性目标分析。《指南》健康领域中有关于“能较快融入新的人际关系环境”，科学领域中有关于“探究中能与他人合作与交流”等看似社会领域的学习与发展目标，那么社会领域与其他领域的社会性目标是什么关系呢？

社会领域的学习是幼儿“社会性不断完善并奠定健全人格基础”的过程，说到底，是“学做人”“学会共同生活”的过程。“做人”和“共同生活”所需要的基本素质不只是表现在社会领域的各种活动中，也必然表现在其他领域的活动中。例如，现在科学界公认的科学素养就包括合作与交流，因为在现代，没有合作，就无法完成发现新知、创造新知的任务；没有交流，即便是新知也是无法传播开来为人所用的。把“能较快融入新的人际关系环境”作为健康领域的学习与发展目标，主要是从心理健康的角度来考虑的，因为幼小儿童的情绪状态是与人际关系密切相关的。能较快融入新的人际关系环境，意味着安全感、信任感的建立，也意味着情绪的安定。从幼儿社会领域学习和发展的特点来看，它跟其他领域的学习与发展是密不可分的，常常伴随着其他领域的学习与发展。

（5）《指南》与《纲要》中的社会领域目标的关系。虽然《指南》和《纲要》中的社会领域目标在表述上不完全一样，但对其内涵进行细致的比较就会发现两者的一致性程度很高。《纲要》社会领域除了在“目标”部分提出了五个目标之外，还在“内容与要求”部分通过指出教师“应该做什么、怎样做、最终希望达到什么结果”的方式将一些比较具体的目标表述出来。最终希望达到的结果就是对幼儿学习与发展的期望，换句话说，也就是“目标”。而《指南》对目标进行了更高层次的分类概括，它将社会领域的所有目标归纳为“人际交往”与“社会适应”两部分，提纲挈领，条理更加清楚，重点更加突出，更好地反映了幼儿社会领域的学习与发展的实质，即在交往中学交往，在适应中学适应。

（三）幼儿园各年龄阶段的社会教育目标（见表1-2）①

表1-2 各年龄阶段的社会教育目标

小班（3～4岁）	中班（4～5岁）	大班（5～6岁）
1. 初步了解自己身体主要部分的基本特征和功能，初步学会自我保护，自己能做的事情愿意自己做，能根据自己的兴趣选择游戏或其他活动，具有一定的独立性和最基本的自我控制能力，喜欢承担一些小任务，乐于从事简单的自我服务性劳动，为自己的好行为或活动成果感到高兴，初步了解、体会并尊重他人的劳动成果。 2. 知道和自己一起生活的家庭成员及与自己的关系，能感受到家庭生活的温暖，爱父母，亲近与信赖长辈。 3. 知道自己是幼儿园的小朋友，学着逐步熟悉幼儿园的环境；认识幼儿园中的同伴和成人，初步了解他们与自己的关系；对幼儿园的生活好奇，喜欢上幼儿园，对群体活动有兴趣，愿意和小朋友一起游戏，能适应幼儿园生活。 4. 能说出自己家所在街道、小区（乡镇、村）的名称，认识国旗，知道国歌。 5. 初步掌握日常生活中常用的礼貌用语，学会有礼貌地同他人交往；初步懂得不提无理要求、不无故发脾气的道理，能做到不打扰别人；见了老师等长辈能主动问好，愿意与熟悉	1. 能按自己的想法进行游戏或其他活动；知道自己的一些优点和长处，并对此感到满意；自己的事情尽量自己做，不愿意依赖别人；敢于尝试有一定难度的活动和任务，具有基本的自我控制能力，能够大胆表达自己的见解，初步学会克服困难，坚持有始有终地做一件事。 2. 初步了解自己和他人身心特征等方面的异同，初步了解自己的与他人的情绪，学会同情和关心他人，能注意到别人的情绪，并有关心、体贴的表现，具有与他人交往的愿望，在与同伴或成人交往时，学会准确地使用礼貌用语。 3. 喜欢和小朋友一起游戏，有经常一起玩的小伙伴；会运用介绍自己、交换玩具等简单技巧加入同伴游戏，对大家都喜欢的东西能轮流、分享；与同伴发生冲突时，能在他人帮助下和平解决；活动时愿意接受同伴的意见和建议，不欺负弱小；会用礼貌的方式向长辈表达自己的要求和想法，喜欢和长辈交谈，有事愿意告诉长辈。 4. 能感受规则的意义，并能基本遵守规则，不私自拿不属于自己的东西，知道说谎是不对	1. 有自己的好朋友，也喜欢结交新朋友；知道别人的想法有时和自己不一样，初步了解自己的成长历程和成人为此付出的劳动，具有爱父母、爱老师的情感；学会控制自己的情绪和行为，初步学习在紧急状况下的应变方法；做了错事敢于承认，不说谎；能认真负责地完成自己所接受的任务，做了好事或取得了成功后还想做得更好；自己的事情自己做，不会的愿意学。 2. 能倾听和接受别人的意见，不能接受时会说明理由；接纳、尊重与自己的生活方式或习惯不同的人，与别人的看法不同时，敢于坚持自己的意见并说出理由；爱惜物品，用别人的东西时也知道爱护；能关注别人的情绪和需要，并能给予力所能及的帮助。 3. 有问题愿意向别人请教，有高兴的或有趣的事愿意与大家分享，能想办法吸引同伴和自己一起游戏，活动时能与同伴分工合作，遇到困难能一起克服；与同伴发生冲突时能自己协商解决，不欺负别人，也不允许别人欺负自己；能够主动、准确地使用礼貌用语，以恰当的方式与他人交往，学会

① 根据虞永平主编的“幼儿园课程实施指导丛书”中的《社会》（南京师范大学出版社，1997：80-82）与《3～6岁儿童学习与发展指南》中的社会领域各年龄段典型行为表现综合编制而成。

续前表

小班（3～4 岁）	中班（4～5 岁）	大班（5～6 岁）
的长辈一起活动，并能听从长辈的要求。 6. 想加入同伴的游戏时，能友好地提出请求，在成人指导下，不争抢、不独霸玩具，爱护玩具和其他物品；与同伴发生冲突时，能听从成人的劝解，知道不经允许不能拿别人的东西，借别人的东西要归还。 7. 在提醒下，能遵守游戏和公共场所的规则；能够遵守最基本的学习活动规则，初步养成良好的学习习惯；初步了解最基本的交通安全知识，能遵守基本的交通规则。	的；初步学会评价自己与同伴，并勇于承认错误、改正缺点；知道接受了的任务要努力完成，初步学会与他人合作、分享和谦让；在提醒下，能节约粮食、水电等。 5. 知道父母的职业，能体会父母为养育自己所付出的辛劳；愿意并主动参加群体活动，愿意与家长一起参加社区的一些群体活动；喜欢自己所在的幼儿园和班级，积极参加集体活动；了解周围成人的劳动，能够做一些力所能及的事，初步养成爱劳动、爱惜劳动成果的习惯。 6. 了解生活周围主要的社会机构、社区设施，知道它们与人们生活的关系；具有初步爱家乡的情感，能说出自己家所在地的省、市、县（区）名称，知道当地有代表性的物产或景观。 7. 知道自己是中国人，奏国歌、升国旗时能自动站好，初步了解重大的节日，感受和体验节日的快乐，初步感知我国的民间艺术及传统文化精品。	主动照顾、关心中班和小班的小朋友，初步养成爱心和同理心。 4. 了解自己所在的班级，初步懂得应为班级做有益的事，养成初步的集体荣誉感和责任感，主动承担任务，遇到困难能够坚持而不轻易求助；能主动发起活动或在活动中出主意、想办法，在群体活动中积极、快乐，愿意为集体做事，为集体的成绩感到高兴；对小学生活有好奇和向往。 5. 能够遵守各种行为规则，初步学会以规则的要求对照自己或他人的行为，理解规则的意义，能与同伴协商制定游戏和活动规则。 6. 喜欢从事力所能及的劳动，懂得爱惜自己的劳动成果；爱惜公物，尊重为大家提供服务的人，珍惜他们的劳动成果，理解周围的社会生活；初步了解各社会阶层成员的劳动及其与人们生活的关系，拥有尊敬、热爱劳动者的情感。 7. 爱护身边的环境，注意节约资源；初步感知家乡的社会环境及人文景观，了解我国主要的自然景观和人文景观；对民族文化感兴趣，具有保护自然、社会环境的初步意识；认识和了解我国的国旗、国徽与国歌，初步了解我国主要的民族文化、主要的物产等，知道

续前表

小班（3～4 岁）	中班（4～5 岁）	大班（5～6 岁）
		国家一些重大成就，为自己是中国人感到自豪，具有爱祖国的情感。 8. 初步感知世界著名的人文景观及优秀艺术精品，对世界文化感兴趣，初步认识和了解世界，具有粗浅的多元文化意识与爱好和平的情感。

根据《指南》精神，如上对 3～4 岁、4～5 岁、5～6 岁三个年龄段末期幼儿在社会领域学习与发展应该知道什么、能做什么，大致可以达到什么发展水平提出了合理期望，这些仅仅指明了幼儿社会领域学习与发展的方向，不可当作是某一年龄段的每一个幼儿必然表现出来的发展特点。教育者通过观察或其他方式发现幼儿在社会学习与发展的某一（些）方面与表 1－2 中的目标有差距，教育者就需要全面认真分析原因，反思教育，积极采取有针对性的方法来帮助幼儿。教育者如果发现幼儿行为特点或者能力表现与表 1－2 中不完全一致，不能简单轻率地做出好坏判断，应进一步细致观察幼儿的行为表现，深入了解其特点，看看是否有其他个性化表现。如果幼儿有自己的特点或天性使然，即使表 1－2 中没有列出，也应当尊重其天性与个体差异性，给予肯定与重视。

二、学前儿童社会教育的内容

（一）《纲要》提出的幼儿社会领域教育的内容与要求

（1）引导幼儿参加各种集体活动，体验与教师、同伴等共同生活的乐趣，帮助他们正确认识自己和他人，养成对他人、社会亲近、合作的态度，学习初步的人际交往技能。

（2）为每个幼儿提供表现自己长处和获得成功的机会，增强其自尊心和自信心。

（3）提供自由活动的机会，支持幼儿自主地选择、计划活动，鼓励他们通过多方面的努力解决问题，不轻易放弃克服困难的尝试。

（4）在共同的生活和活动中，以多种方式引导幼儿认识、体验并理解基本的社会行为规则，学习自律和尊重他人。

（5）教育幼儿爱护玩具和其他物品，爱护公物和公共环境。

（6）与家庭、社区合作，引导幼儿了解自己的亲人以及与自己生活有关的各行各业人们的劳动，培养其对劳动者的热爱和对劳动成果的尊重。

（7）充分利用社会资源，引导幼儿实际感受祖国文化的丰富与优秀，感受家乡的变化和发展，激发幼儿爱家乡、爱祖国的情感。

（8）适当向幼儿介绍我国各民族和世界其他国家、民族的文化，使其感知人类文化的多样性和差异性，培养理解、尊重、平等的态度。

（二） 幼儿园社会领域教育的内容

幼儿园社会领域教育的内容是实现社会教育目标的重要保证。幼儿园社会领域教育的内容包括自我意识教育、社会文化教育、社会规范教育和社会交往教育四个方面。

1. 自我意识教育

自我意识是幼儿个性发展的心理基础，幼儿的自我意识是通过知、情、意三种形式反映出来的。知，即自我认知，包括自我知觉、自我概念等；情，即自我体验，包括、自尊、自信、自卑等；意，即自我调控，包括自我监督、自我控制和自我调节等。自我认知、自我体验和自我调控是幼儿学习认识自我的三个最主要的方面。在自我认知方面，应让幼儿了解自己的姓名、性别和身心发展的简单特点。如“我是女孩”“我会自己穿衣服、洗手”“我的家乡在北京”等。在自我体验方面，帮助幼儿了解自己哪些地方有进步，做出了哪些成绩，还有哪些不足，使幼儿客观地看待自己，欣赏自己的长处，也接纳自己的缺点，建立起自信心和成就感，能面对失败，即使遇到困难，也不气馁，热忱地参与学习和游戏活动，愿意出主意、想办法，养成独立自主的个性。在自我调控方面，帮助幼儿学会自我控制和自我调节，教育幼儿控制自己的欲望和情感的方法，遇到不顺心的事或挫折，能调节自己的心态，控制自己的行为。如打针虽然很痛，但很快就会过去的。指导幼儿在与人发生争执时，尽量抑制自己的激动情绪，帮助幼儿养成良好的生活习惯，如有秩序地进行盥洗，按照时间顺序安排生活的习惯，吃饭时尽量不把饭菜撒在桌上。

2. 社会文化教育

幼儿园社会文化教育要引导幼儿对本民族文化具有初步的好奇心、观察的兴趣、积极的情感和自信心，让幼儿初步具有简单比较风格迥异的各地文化、领悟不同文化特色的能力，并能利用各种创造性的活动表现民族文化，习得本民族的风俗习惯，初步了解所在社区的人文景观，知道我国主要的传统节日，喜欢我国的民间歌舞、戏曲，对一些民间游戏活动有兴趣并乐于参与其中，知道世界有代表性的文化习俗、著名文化圣地和世界著名的儿童文学作品。另外，教师要引发幼儿对其他民族文化和世界文化的兴趣，逐步让幼儿有尊重其他文化和维护文化平等的初步意识。

3. 社会规范教育

社会规范的接受是指个体把外在于主体的行为要求转化为主体内在的行为需要的过程。幼儿行为规范的养成，要经过由“他律”到“自律”的演化过程，最终转化为具体的行为规范，即一开始是教师要求必须这样做，到后来转化为自己认为应该这样做的过程。在公共场合，理解并能遵守各种公共秩序、交通规则。在集体活动中，能遵守各种集体活动规则；在与人交往过程中，会用基本的礼貌用语、初步懂得简单的交往规则，学会理解和尊重他人等。例如，在幼儿园，大家一起分享玩具，向其他小朋友借东西时学会用“我能借你的蜡笔用一下吗？”“谢谢你！”等简单的礼貌用语，知道借东西“好借好还”于己于人都愉快，逐渐理解并接受这些交往规则，在平时的交往活动中，能主动遵守和运用。

4. 社会交往教育

人是社会中的人，人生活在社会环境中，就不可能不与人打交道。幼儿的人际交往具有交往范围小、交往的程度浅、交往的结果难以马上体现等特点。幼儿的社会交往包括与同伴的交往、与成人的交往、在集体中的交往以及交往技能的学习和运用等。在与成人的交往中，教师应引导幼儿从了解父母的姓名、职业，父母对自己的关心爱护扩展到熟悉教师的姓名、工作内容，从而建立起良好的亲子关系、师生关系，对父母、老师有依恋感和信任感。同伴交往，包括幼儿园中的同班、同园的伙伴以及幼儿日常生活中的同龄玩伴。同伴之间由于身心特点相似，更具有交往的平等性和体验的共鸣性，他们彼此支持，相互模仿学习。同伴的姓名、性别、体貌、爱好，与同伴关系是否良好等，都能直接影响到幼儿的生活和发展。在社会交往教育中，教师应注意引导幼儿养成积极交往的态度和有礼貌地同周围人交往的习惯，指导幼儿学习基本的交往技能。

幼儿园社会领域的具体教育内容以及设计与实施将在后面四章进行详细介绍。

技能训练

请阅读《静谧中的礼仪》，说说文中蕴含了哪些社会教育目标与内容。

静谧中的礼仪

在澳大利亚的许多公共场所，家长们对子女经常要做这个动作：将右手食指放在嘴上“嘘……”。这时，哪怕最好动的孩子，也会立刻安静下来。

英国伊丽莎白女王致孙女的“行为礼仪”，条款多达32项。有关声音的规范，如“就餐时，咀嚼食物尽可能闭合嘴，不发出大的声响，不高声说笑，不可嘴里塞满食物同时说话”“进入安静场合脚步要轻，避免在公共场合大声说话、咳嗽或动作发出很大的声音”。

在悉尼郊外贝尔蒙镇的一家“麦当劳”餐厅，一群孩子在举行生日庆祝会。有趣的是，生日会没有“响声”，孩子们多用手势和眼神“交谈”着，还不时以水代酒碰杯祝贺，偌大的餐厅竟然听不到他们在说什么。如果不是服务小姐邀请在场的顾客与他们同唱生日歌，你会误以为这是一群“聋哑”孩子。

资料来源：白兰. 静谧中的礼仪. 人民日报，2006－08－22.

学练结合

请根据下面现象，试确定一个有关幼儿园社会教育活动的内容并拟出这个活动的目标。

在一辆公共汽车上，一个争先上车的五六岁孩子一坐上座位，便对后上车的父母直嚷："我抢到一个位置！我抢到一个位置！"其实，车上还有好几个空座位，根本无需去抢，可他还是一口一个"抢"字，这显然是日积月累地受大人影响所致。

除了抢座位，我们身边还有很多事情也好像与"抢"结下不解之缘，"抢购""抢道""抢劫""抢生意""抢手货""抢答""抢风头""抢饭碗""抢头功""抢镜头""抢地皮""抢眼""抢占道德制高点""抢生源"……

许多应该争取的东西不去争取，不该"抢"的事物偏要使劲地大"抢"特"抢"，这反映了哪些问题呢？

第三节 学前儿童社会教育的原则与方法

基础知识

学前儿童社会教育是幼儿全面发展教育的有机组成部分，社会教育与其他领域的教育密切相关，有着许多共同的地方，也有自身的规律和特点。

一、学前儿童社会教育的原则

教师在设计和实施幼儿园社会教育活动时，必须要考虑《纲要》与《指南》对社会领域教育提出的要求和建议，考虑幼儿自身的年龄特点和发展水平，这就需要遵循科学、合理的社会教育原则，以便更好地促进幼儿社会化。

（一） 社会教育的总原则

1. 正面教育原则①

好模仿是幼儿的年龄特征之一，他们对各种影响都容易接受或模仿，需要成人从正面加以引导。社会教育要通过树立榜样、说服诱导营造良好氛围，积极引导幼儿辨别是非，掌握正确的行为准则。

（1）以积极的方式对幼儿提出要求。根据幼儿的认知发展特点，幼儿教师要多采取积极的、正面的方式，如直接告诉幼儿做什么，而不是告诉他们不要做什么，避免使用反语，避免与幼儿产生直接的情绪对抗。在培养幼儿同伴交往技巧时，教师可以向幼儿示范如何以积极的方式对同伴提出要求，切忌语言过激或使用命令等方式，而要多使用礼貌用语，如“请”“谢谢”“对不起”等。

① 教育部基础教育司.《幼儿园教育指导纲要（试行）》解读. 南京：江苏教育出版社，2002.

（2）创设积极的环境。幼儿园环境是幼儿园教育赖以进行的一切条件的总和，不同的环境里蕴含着不同的教育信息，环境对幼儿具有启迪、暗示、诱导的作用，正如瑞吉欧人所说“环境是会说话的”“环境是幼儿的第三位老师”，幼儿社会化的方方面面，无不受到环境的影响。《指南》社会领域也明确指出：家庭、幼儿园和社会应共同努力，为幼儿创设温暖、关爱、平等的家庭和集体生活氛围，建立良好的亲子关系、师生关系和同伴关系，让幼儿在积极健康的人际关系中获得安全感和信任感，发展自信和自尊，在良好的社会环境及文化的熏陶中学会遵守规则，形成基本的认同感和归属感。因此，教师应为幼儿创设积极的活动环境，让幼儿通过各种角色游戏，宣泄其追求的欲望，满足幼儿进行社会交往、情感表达、模仿成人劳动的需求。此外，教师还应为幼儿创设良好的园所文化环境及宽松的心理环境，并树立积极的榜样，建立良好的师幼关系，使幼儿在和谐的氛围中得到更好的发展。

（3）纵向比较而不是横向比较。教师常常采用“比赛”的方式来激发幼儿参与活动的积极性，如谁吃饭吃得快、谁起床起得早、谁第一个完成任务等。但是教师往往只看到它功利的一面，而没有看到它的副作用，实际上这种副作用远远大于它的价值。“比赛”在本质上是对抗性的，它容易在人与人之间建立分解性的关系而不是联合的关系。在有些比赛中会产生一些经常的失败者，他们总是输，总是落在后面，从而感到灰心丧气和不满；而胜利也并非总是有益，胜利者容易产生一些不恰当的优越感。教师常常使用的另一种横向比较的方法是“要和别人不一样”，似乎借此可以调动幼儿发言的积极性，调动他们的发散思维，以提高他们的创造性。但是和别人不一样不仅容易导致标新立异、刻意追求特殊的心理，对于幼儿的社会化也没有好处。

与上述横向比较的方法相反，我们更推崇纵向比较的方法，纵向比较可以激发幼儿积极的动机和创造性。纵向比较不是同别人比较，而是将幼儿的过去同他的现在比较，将幼儿的现在同他的未来比较。用纵向比较的方法，既可以肯定幼儿所取得的进步（他和以前不同了），又可以鼓励他继续向前发展（他还可以做得更好，或者他还可以用与原来不一样的方法来完成任务）。横向比较并不是不能用，而是在幼儿阶段，要特别慎重使用这一类方法。

（4）行为和言语互相强化。有经验的教师会用相应的行动来强化所提出的要求。例如，一个新教师可能对幼儿说：“好了，该收拾东西出去玩了！”自己却站在那里不动。而有经验的教师则会一边提出这样的要求，一边自己也帮着幼儿一起收拾东西，然后往外走。在对低龄幼儿提要求的时候，如收拾玩具、整理教室等，尤其需要教师在言语说明的同时配合相应的行动。这种配合里暗含有一层深层理念：教师所提出的要求，不仅仅是针对幼儿，也是针对自己，教师将自己放在与幼儿平等的位置，也是身体力行所提出的倡议。这其中包涵着一种平等的师幼观、儿童观和教育观。

2. 生活教育原则

首先，幼儿园的日常生活是琐碎的、充满细节的，是自然的、随意的，没有经过精心设计的，幼儿园社会教育也应该体现幼儿园生活的这些特点，而不应仅仅拘泥于集体教育中知识、技能的传授，应为幼儿营造宽松的学习情境，将社会教育渗透在幼儿园一日生活的各个环节，注重随机教育对促进幼儿社会化的重要作用。

其次，幼儿园的社会教育应该来源于幼儿的生活，体现幼儿的生活，围绕幼儿的生活，在生活中教育。社会教育应该贯穿于幼儿的日常生活之中，帮助幼儿适应生活并主动更新、创造生活，且面向未来生活。此外，幼儿园还应该是幼儿真正的生活场所。

最后，幼儿园社会教育要回归幼儿的生活，脱离现实生活，社会教育就失去了意义，幼儿园社会教育只有扎根于幼儿的生活与经验，才能发挥出社会教育的效能，才能更好地促进幼儿社会化。在幼儿参与的各种活动中、日常生活中遇到的各种有趣的事，都蕴藏着丰富的社会教育内容。教师在设计、组织社会教育活动时，应充分考虑幼儿现实生活的各种因素，增强教育活动与生活活动的联系，如对于刚入园的幼儿，教师可以开展“上幼儿园我不哭”“我爱我的幼儿园”“有礼貌的好宝宝”等活动，帮助幼儿逐渐熟悉、了解并喜欢上幼儿园，初步学会一些简单的交往技巧和礼貌用语，逐渐适应幼儿园生活。

对学前儿童进行社会教育，幼儿教师应该肩扛正面教育和生活教育两面大旗。

资料链接

维护童年幸福是我们幼教人的使命

易中天在批评当下教育时很尖锐地说过：中国教育的目标是“望子成龙”；标准是“成王败寇”；方法是“死记硬背”；手段是“不断施压”，还美其名曰“压力即动力”；至于孩子们是否真实、是否善良、是否健康、是否快乐、是否幸福，没人去想。

作为当下的幼教人，维护童年幸福是我们的使命！

幸福的童年是儿童生命成长历程中不断活动、不断感受幸福的基础和前提。一切有利于儿童精神世界成长的活动，一切与儿童身心发展需要一致的活动都有可能给儿童带来幸福，幸福的感受能引发儿童不断地创造、探究和成长。维护童年幸福，应该是学前教育的终极价值追求。

儿童权利必须成为一种普世价值观，即：儿童优先、儿童的独特性、儿童的不可侵犯性、儿童天性的守护、儿童自由的维护、儿童保护的跟进。

童年幸福也必须成为一种普世价值观。《纲要》与《指南》精神明示学前教育变革的基本立足点是为儿童的一生幸福奠基。童年幸福意味着：自然的童年才是幸福的，童年应与天真为伴，幸福童年意味着无损天性，幸福童年意味着自由和创造，幸福童年意味着充实和满足，幸福童年意味着挑战和追求。这六点可以作为判断一个儿童童年是否幸福的标准。

对于幼儿教师而言，我们要让孩子去体验幸福。幸福，是一种自我感觉，也是一种自我心境。更重要的，我们要让孩子去寻求幸福。“一个幸福的经验会创造另一个幸福，小小的幸福经验会带来更大的幸福体验。”开启孩子的幸福之窗，就是开启人生的幸福天空。

把童年幸福融入每一个幼教人的信念中！让每一个孩子的童年都能成为他们在意、愿意、乐意和快意的幸福童年！

（二） 社会教育的一般原则

1. 综合渗透性原则

幼儿园社会教育是综合性很强的教育，其内容涉及对人、对物的认识，对人与人之间、人与物之间关系的认识。它的教育形式和教育方法也是多种多样的，有参观、社会实践、谈话、游戏等。幼儿社会教育渗透在幼儿的一日生活中，如进餐时渗透培养幼儿爱惜粮食、文明进餐的好习惯，盥洗时则渗透着节约用水、盥洗方法、轮流谦让意识的教育。此外，社会教育还渗透于其他各个领域的教育活动中，如在游戏活动中，可以培养幼儿分享、合作、协商的品质，提高人际交往能力，逐步“去自我中心化”；在美术活动中，让幼儿了解笔、墨、纸、砚文房四宝，在浓浓的民族艺术氛围中，激发幼儿对祖国传统绘画艺术的兴趣，具有初步的民族自豪感。

2. 实践参与性原则

实践参与性原则是通过真实的生活事件和生活情景，增长幼儿的社会知识，激发幼儿的社会情感，提高幼儿的基本社会生活能力。这一原则充分利用实践活动中一切可以利用的机会，让幼儿充分参与实践练习，以形成、巩固甚至改变幼儿基本的社会行为。因此，教师除了组织专门的社会教育活动之外，还应注意在日常生活中给幼儿提供实践练习的时间和机会，通过生活实践中的练习促使幼儿不断地将外在的行为规范内化成其本身自觉的行为。教师不仅要树立良好的榜样、模范作用，要注意自己的一言一行对幼儿的影响，还要对幼儿的活动和一日生活中的各个环节提出恰当的要求，让幼儿的社会行为在实践中得到练习和发展。如一位中班老师发现班上一些幼儿离园后将香蕉皮、牛奶盒、糖纸等随手就扔掉，于是及时开展了以“我是环保小卫士”为主题的活动，教师让幼儿观看了随地乱扔垃圾的图片，组织幼儿讨论乱扔垃圾的坏处，并带领幼儿到附近的公园当环保小卫士，让幼儿初步懂得爱护环境的重要性，知道保护环境应从我做起，并时时刻刻监督自己和身边的人。

3. 一致性和一贯性原则

在幼儿社会化过程中，受到来自幼儿园、家庭、社区等多方面的影响，要促进幼儿社会化朝着健康的方向发展，教师之间、幼儿园与家庭之间、幼儿园与社区之间等在幼儿社会教育方面应该协同一致，形成教育合力，达成目标一致、愿望一致的共识，给予幼儿正面的教育影响。此外，教师自身在社会教育过程中也要保持教育态度的前后一致、言行一致等。

幼儿的性格、生活态度、行为的养成是一个长期、反复、逐步积累的过程，这就决定了社会教育是一项需要长期坚持的工作。对幼儿的社会教育，不能仅仅停留在某一段时间，或只进行一次、两次，应该连续不断地施加正面的影响，长期观察和引导，促使幼儿不断地社会化。

4. 适宜发展性原则

适宜性原则就是指我们进行的教育内容必须适宜幼儿当时的发展水平，符合他们的年龄特点。第一，适宜性体现在对教育内容、教育要求的适宜性方面，即我们不宜选择成人化的、在幼儿生活中不常接触的教育内容。第二，即使是幼儿生活中常见的内容，在不同年龄班也要注意适宜性问题。例如，同是引导幼儿热爱劳动，在小班，我们只要求幼儿“自己的事情自己做”，如自己穿衣，自己吃饭，强调幼儿应有生活自理能力。而对于中大班幼儿，我们除了要求幼儿“自己的事情自己做”以外，还可以要求幼儿“看看别的小朋友，有没有需要我们帮助的地方”“看看老师，有没有需要我们帮助的地方”，帮助老师打扫卫生，把玩具、书籍都摆放整齐，帮助家长做些力所能及的事。第三，教师教学艺术的适宜性。幼儿教师的教学艺术与中小学教师相比有其独特性，幼儿教师应具有较强的表现力、感染力，大量运用游戏式的语言引导幼儿，多使用肢体语言，面部表情丰富、协调、生动有趣，以符合幼儿的理解力和接受力。第四，教学方法的适宜性。幼儿园社会教育应采用多种多样的活动进行教育，如游戏活动、实践活动、音乐活动、美术活动等，而不是单一采用语言传授的方法。

二、学前儿童社会教育的方法

（一）社会教育的一般方法

1. 语言传递法

语言传递法是指教师有目的地运用语言和幼儿交流，让幼儿了解社会行为规范、社会认知，以使幼儿获得某种社会学习的方法。常见的有讲解法、谈话法和讨论法。

（1）讲解法是幼儿教师向幼儿说明一些简单的、基本的知识和道理，让幼儿知道一些基本的事实，知道判断对错的基本标准，如什么是对的、什么是错的、应该怎样做、为什么要这样做等。教师对幼儿的讲解根据具体情况，还应该包括小组讲解和个别讲解。幼儿园社会教育中的讲解法应该是感性的、生动的、具体的，关注幼儿兴趣和已有生活经验的教育方法。①

（2）谈话法是教师与幼儿之间、幼儿与幼儿之间围绕某个问题进行的思想和情感交流，它经常表现为教师与幼儿之间、幼儿与幼儿之间的相互提问、对答等。在社会教育中，教师引导幼儿进入谈话主题，并表达自己的想法，提出自己的疑问，使谈话围绕社会教育目标进行。话题可以是教师引起的，也可以是由幼儿提出的，但任何话题一定要蕴涵社会教育的价值，并具有可谈性。一般而言，话题内容与幼儿日常生活关系越密切，就越具有可谈性。另外，谈话可在全班进行，也可在小组中进行，还可以是教师与幼儿之间的个别谈话。

（3）讨论法是指教师与幼儿围绕某个论题进行的思想碰撞。幼儿园社会教育中的讨论有两种性质，一是价值冲突型的讨论，如谁对谁错等；二是多种求解可能性，如

---

① 虞永平. 幼儿园社会教育的方法. 幼教园地，2005（9）.

“我们如何帮助小狗找到它的家”。在讨论过程中，教师的首要作用是引导，而不是指导，教师参与幼儿的讨论时，应做到少问、多说，引发幼儿表达个人见解，在平等讨论中潜移默化地影响幼儿。如某幼儿在自由活动时撞倒了同伴，不但没有主动将同伴扶起来，连“对不起”也没有说。教师在后来的集体活动中，以讲述故事的形式再现了此情境，并鼓励幼儿探讨谁对谁错，朋友之间发生了不愉快的事情应该怎样解决，可以怎样避免不愉快的事情发生……后来，在盥洗的时候，老师发现该幼儿主动向当时撞倒的同伴道歉，并提出在下午的活动中一起搭积木的建议，同伴也很愉快地答应了。

例如，在“安全我知道”的主题活动中，幼儿教师组织“应该怎么做”的游戏活动，在该活动中，教师充分利用了讨论法进行教学。

实例链接

应该怎么做（中班）

活动目标：

(1) 通过游戏，进一步了解生活中的安全行为。

(2) 增强自我保护意识。

活动准备：

(1) 教师自摄一段不安全行为教育的录像。

(2) 有关幼儿在家庭生活中的安全行为图片若干幅。

(3) 一只鼓，每人一块泡沫板坐垫。

活动过程：

1. 情景导入

播放一段有关幼儿在家或户外发生不安全行为的真实生活情景的录像。

——“在录像中，你看到发生了一些什么事情？”

2. 开展“击鼓传花”游戏

方法：让幼儿围着圆圈坐在泡沫板上，图片间隔放置在泡沫板坐垫下，听到击鼓声开始传花，鼓声停时花落在谁处，该幼儿便要说明附近图片上的事该不该做。大家可以一起参与讨论，以明辨哪种行为正确，哪种行为不正确。

教师就图片内容设问，引发幼儿讨论：

——“听到敲门声，该不该开门？为什么？应该怎么做？”

“能不能随手从窗户往外扔垃圾和物品，为什么？应该怎么做？”

“能不能站立在窗台或阳台上？为什么？”

“能不能随便开煤气？为什么？”

“能不能随便碰电插座？会有什么危险？”

“能不能随便吃药品？会造成什么后果？应该怎么做？”

"上下楼梯应该怎么走?"

……

资料来源：王正可. 多元整合幼儿园活动课程：中班（上册）. 上海：少年儿童出版社，2008.

2. 行为练习法

这是一种组织幼儿按正确的社会行为规范进行实践的教育方法，是形成和巩固幼儿社会行为习惯的基本方法。行为练习法的形式是多种多样的，既有在教师人为创设的特定情境中的行为练习，如教师在活动室里摆几条平衡木，布置成独木桥，请幼儿想办法过桥，以练习幼儿勇敢、互助的行为等。也有通过教师组织的各种实践活动进行的行为练习，如开展"今天我是值日生"活动，通过行为练习，让幼儿初步知道值日生的工作职责，养成做事细致有条理的好习惯；开展"学做小客人"活动，让幼儿练习使用礼貌用语进行交往，初步懂得一些做客的简单礼节；组织"我的本领大"活动，让幼儿练习自己穿衣、脱鞋、系鞋带，自己整理玩具、书包，帮老师和家人做力所能及的事，具有初步的生存能力和热爱生活的积极情感。

运用行为练习法时，练习的内容和形式应该是幼儿可以理解和接受的，要做到循序渐进；教师要让幼儿明确行为练习的内容和要求；行为练习的要求要做到前后一致，长期坚持以使幼儿能形成习惯。任何行为练习，都要注意激发幼儿练习的欲望，发挥幼儿的主动性，并注意为每个幼儿提供练习的机会，让幼儿在练习中真正体验到快乐，达到练习的目的和效果。

3. 陶冶法

陶冶法是通过创设和利用有教育意义的情境对幼儿进行积极影响，使幼儿在耳濡目染中获得发展的教育方法。它既不向幼儿传授系统的社会知识和技能，也不对他们提出明确的要求，而是寓教育于具体情境之中，通过情境来感化与熏陶幼儿，它没有强制性的措施，是在潜移默化中深刻影响幼儿。陶冶法主要有榜样感染、环境陶冶、艺术陶冶等。榜样感染即教师为幼儿树立正面的、积极的榜样，如教师之间团结、相互关心，见面亲切地打招呼、微笑，借东西时不忘说"请""谢谢"等。环境陶冶即教师和幼儿共同进行环境的创设，装饰墙壁、展出作品、美化园舍，使他们生活在一个整洁、优美、蕴含丰富社会教育价值的环境中。教师还可以通过各种艺术形式，通过有感染力的、有趣的音乐和美术等活动，让幼儿在艺术陶冶中获得社会认知、社会情感、社会行为的全面和谐发展。

（二） 社会教育的特殊方法

1. 移情训练法

这里的移情是指站在别人的位置和立场上考虑问题，理解他人的感情和需要。移情训练法就是通过故事、情境表演等形式，使幼儿理解和分享他人的情绪体验，从而在日后生活中对他人类似的情绪体验会主动地、"习惯性"地产生理解和分享的教育方法。移情训练的主要途径有讲故事、续编故事、情境表演、生活情境体验等。例如，在大班

“他为什么哭?”的教育活动中，教师通过请全班幼儿观看情景表演，引导幼儿自由讨论场景中的幼儿“为什么哭?”“如果是你，你怎么办?”等，引导幼儿学会观察别人的情绪变化，并通过移情训练初步学会站在他人的角度考虑问题，学会理解和尊重他人，知道在别人有困难的时候，能够主动去关心、帮助他人。又如，在一次音乐活动中，教师请幼儿把椅子轻轻地搬到自己身边来。只见有的幼儿拖着椅子，有的幼儿推着椅子往教师身边挤，教室里一片嘈杂与混乱。这时，教师轻轻地走到一位推着椅子前进的幼儿跟前，抱起他的椅子说：“哎呀，小椅子，对不起，你的腿推得很疼，是吗？我帮你揉揉。”教师充满关爱的神情和言行引起了幼儿的注意，教室里一下子静了下来。“老师，我不推椅子了!”“老师，我会小心地爱护椅子!”

在幼儿园社会教育领域中，使用移情训练法要选择能够符合幼儿年龄特点与认知发展的情绪、情感；移情发生需要利用幼儿的自我中心，通过换位思考，让幼儿去理解他人的情绪，并以自己的情感体验去理解他人的情感需要；移情训练中选择移情对象要经常变换身份、性别，以训练幼儿对各种不同的人物移情，扩大移情对象；移情训练法应与情境演示法、行为练习法等有机地结合起来；移情训练不能只停留在对情绪理解和分享上，还应对幼儿进行良好的行为教育，引导幼儿用自己良好的社会行为去关心他人。

2. 角色扮演法

角色扮演法就是创设现实社会中的某些情境，让幼儿扮演一定的社会角色，使幼儿表现与这一角色一致且符合这一角色规范的社会行为，并在此过程中感受角色间的关系，感知和理解他人的感受、行为经验，从而掌握自己承担的角色所应遵守的社会行为规范和道德要求。如在“我是医生”的活动中，让幼儿自由选择自己所要扮演的角色：医生、护士、病人、家属以及其他工作人员，让幼儿在角色扮演中体验医生关心病人的情感，体验病人的痛苦，体验家人的关心、照顾，以及康复之后的快乐，知道健康的重要性等。

运用角色扮演法时，教师让幼儿承担的角色必须为幼儿熟悉和喜欢，符合幼儿认知和理解水平；尊重幼儿自主选择角色、变化角色和创造角色的愿望，教师更多的是指导活动，而不应分配角色、导演角色等；根据幼儿社会化水平与教育目标选择角色，使角色扮演更具有针对性。一般说来，幼儿扮演的角色应以正面角色为主，尤其应避免经常由某几个幼儿扮演反面角色。

3. 观察学习法

观察学习法是通过模仿或观察，个体直接学会新的知识或行为的方法，其核心是替代性学习和替代性强化。替代性学习指幼儿通过模仿直接习得新的行为模式；替代性强化指学习者通过观察榜样的行为及其引起的行为后果来改变自己的行为，使自己的行为趋于正强化，避开负强化。幼儿因为年龄小、生活经验少，要获得知识、习得各种社会规范和行为技能，观察学习是重要的学习方法之一。如小班幼儿蓁蓁不喜欢与其他小朋友共同分享自己的玩具，有一天同桌萌莉带来一个新奇的充气娃娃，蓁蓁也想玩，但昨天她拒绝把自己的玩具给萌莉玩，于是她也遭到了同样的拒绝。这时，教师通过活动“我的玩具变多了”，请班上两组孩子分别表演“交换玩具一起玩”和“我的玩具不给你玩”的场景，引导幼儿观察并说说哪组小朋友能玩更多的玩具，为什么？如果你想玩他人的玩具应该怎么办？第二天，老师欣慰地发现蓁蓁和萌莉开开心心地分享各自的玩具。

教师在进行幼儿社会教育时，要根据具体的社会教育内容和幼儿年龄特点，选用恰当的原则和方法，以更好地促进幼儿社会化。

技能训练

请分析下面三个女孩在活动过程中的行为，谈一谈角色扮演法在学前儿童社会教育方面有哪些作用，运用角色扮演法要注意哪些问题。

娃娃家游戏中，三个5岁多的女孩为谁做“家”中的妈妈争执不休。忽然，A女孩找到了理由：“今天老师表扬我是能干的人，只有能干的人才能做妈妈。”B女孩马上顿悟：“今天老师也表扬了我，我也很能干，我也可以做妈妈。”C女孩只好认输：“好吧，我做小孩，你们俩猜拳，谁赢了谁就做妈妈。”结果B赢了，A很不服气，说：“我当外婆，反正外婆是妈妈的妈妈。”

学练结合

阅读下面活动案例，分析该案例中体现了哪些社会教育原则，使用了哪些社会教育方法。

不做糊涂蛋（小班）

活动目标：

（1）在活动中听听、讲讲、做做，学习简单的生活经验。

（2）具有初步的自我保护意识。

（3）有乐于表达自己的看法和倾听的习惯。

活动准备：

卡通人物“糊涂蛋”大卡片（造型与《白雪公主》中一位叫糊涂蛋的小矮人类似），各种食物和玩具。

活动情境：用立体活动教具设置情境。

活动过程：

一、介绍小客人“糊涂蛋”（引起幼儿兴趣）

教师出示“糊涂蛋”卡片，提问：“你们看过动画片《白雪公主》吗？知道这个小矮人叫什么吗？为什么叫他糊涂蛋呢？”

二、情境表演（引导幼儿讨论获得相应经验）

（一）情境1

早上空气真正好，糊涂蛋呀起得早，穿着拖鞋去晨跑，一二一，一二一，哎呀呀……

提问：

（1）猜猜发生了什么事？

（2）糊涂蛋能跑快跑远吗？为什么？

（3）为什么不能穿拖鞋跑步？跑步时应穿什么鞋？其他的鞋子应该什么时候穿？

小结：小朋友爱动脑，知道什么时候穿什么鞋。我们跑步时就应穿上运动鞋，又舒服又跑得快。糊涂蛋呀真糊涂，穿着拖鞋去跑步，摔个跟斗划不来。

（二）情境2

糊涂蛋在回家路上，看见许多小鸟在天上飞来飞去，真快乐！天上是什么样子呀？我也想飞到天上去玩玩。他爬上一块石头，张开双臂，闭上眼睛，一二三，飞啦！只听“哎哟”一声……

提问：

（1）猜猜糊涂蛋怎么样了？

（2）糊涂蛋能飞到天上去吗？为什么？

（3）谁能飞到天上去？人有什么好办法也能飞到天上去？

小结：小朋友动脑筋，想出那么多好办法，真是小精灵。糊涂蛋呀真糊涂，想学小鸟天上飞，结果摔个大跟斗。

（三）情境3

糊涂蛋来到幼儿园，看见红红的玩具大苹果，心想肯定又香又甜吧！糊涂蛋张开大嘴，“啊呜”一口咬下去……

提问：

（1）这个大苹果为什么不能吃？

（2）（出示脏苹果）这个苹果能不能吃？为什么？吃了会怎样？

（3）还有什么东西不能吃？

小结：玩具、脏东西都不能吃，糊涂蛋呀真糊涂，“啊呜”一口咬苹果，牙齿碰痛直甩头。

三、开展练习活动

（1）今天老师带来许多东西，有的是食品，可以吃；有的是玩具，不能吃。小朋友们动动脑筋找一找，什么可以吃，什么不可以吃。

（2）小结：小朋友呀真聪明，吃东西前想一想，玩具、脏东西不能吃，我们不做糊涂蛋。

资料来源：刘云艳．幼儿园教学艺术：第2版．重庆：西南师范大学出版社，2004：87-89．

第四节　学前儿童社会教育的途径与意义

基础知识

社会教育的途径是保证社会领域教育目标得以实现、教育内容得以教化与内化的基本渠道。但社会教育实施的途径只有以学前儿童社会学习的特点为基点，才能发挥出社会教育的作用与意义。

一、学前儿童社会教育的途径

社会教育途径是促进受教育者获得发展的渠道、方式的总称。从教师的角度而言，教育途径是教师施加社会性影响于幼儿的渠道与方式；从幼儿的角度而言，教育途径是幼儿获得社会性发展的渠道与方式。

（一）学前儿童社会学习的特点

幼儿社会学习涉及社会生活的方方面面，可以说，生活中每时每刻都有社会学习的因素，社会学习无处不在、无时不有。但幼儿社会领域的学习与发展是一个复杂的过程，所包括的学习与发展极为丰富，而不同的内容往往又有各自不同的发展规律和特点。例如，幼儿的亲社会行为和自我意识的发展尽管有一定关系，但各自形成和发展的途径与规律还是不太相同的。教师只有较系统地学习儿童发展心理学和教育心理学，才能较全面地把握幼儿社会学习的特点。幼儿社会学习主要有以下特点：①

1. 模仿

模仿，即自觉或不自觉地重复他人（榜样）的行为，它是幼儿社会学习的基本方式

① 李季湄，冯晓霞.《3～6岁儿童学习与发展指南》解读. 北京：人民教育出版社，2013.

之一。榜样就是幼儿通过观察模仿而学习的“行为模式”。可模仿的行为模式可以是行动类的，也可以是态度类的；可模仿的榜样可以是现实生活中的真人真事，也可以是电视、图书、故事中的虚构形象。

2. 同化

社会学讲的同化，即在一个群体的长期影响下，你会吸收这个群体的好和坏，从而使得自己变得跟这个群体一样，换句话说就是潜移默化。环境的同化作用是幼儿社会学习的另一种重要方式。它指的是幼儿的态度和行为受周围其他人的影响而逐渐变得与其相似的现象，即所谓“近朱者赤，近墨者黑”。同化中含有模仿的因素，但更强调团体行为、情感态度的感染和熏陶。幼儿社会学习的同化作用，为我们进行社会教育提供了广阔的空间，教师可以将社会教育渗透在各种活动中，并有意识地加以引导。

3. 强化

奖励或惩罚也是社会学习的重要方式。在社会学习过程中，幼儿的行为往往会产生不同的结果，并伴随不同的情感体验，这些结果和体验会对其行为产生一定的影响。一般而言，带来益处和愉快体验的行为会得到增强，带来坏处和消极体验的行为会减弱甚至消失。改变幼儿行为的结果和体验可以是直接的，即亲身感受的（如自己经常争抢玩具而被同伴孤立），也可以是间接的（看到小朋友因帮助别人而受到大家的赞赏）；可以来自外部（如成人的表扬或批评），也可以是自我强化（如与同伴一起做游戏时的快乐，做了好事之后的自我满足感和自尊感）。需要注意的是，外在的奖励固然也能增强幼儿正向的行为，但是只有最终唤起幼儿内在的自尊和自我满足的奖励才是最有效的。否则奖励就会变成一种贿赂和交换，产生不良后果。

幼儿的社会学习是一个长期和反复的过程。幼儿良好习惯的养成、道德品行的形成不是一朝一夕的结果，而是一个长期学习和巩固的过程，需要持之以恒。幼儿处于人生的初始阶段，可塑性较大，这种可塑性一方面为幼儿的教育工作提供了较大的可能性，使幼儿易于接受教育；另一方面这种可塑性又造成了较大的可变性，为幼儿教育带来了一定的困难。如幼儿在幼儿园已经初步形成合作、谦让等良好的社会行为，但过了一个暑假，由于家长的娇惯、宠爱，或由于缺少与同伴的交往，这些已形成的行为可能出现反复。又如有的幼儿在家与在幼儿园的行为表现完全不一样，即所谓的“一个小宝两个样”。幼儿社会学习反复性的特点增加了对幼儿进行社会教育的复杂性。

4. 体验

体验也是幼儿社会学习的重要方式。《指南》社会领域的教育建议中经常出现“感受”“体会”等词，说的都是体验这种学习方式。体验是主体亲历某件事并在此过程中对事物产生真切的感受，从而形成某种态度和认识的过程。这种感受和领悟是直接的，也是深刻的。例如，在社会规则的学习中，模仿、同化和强化都可能让幼儿表现出符合规则的行为，但“只知其然而不知其所以然”，是不利于幼儿形成自觉性和主动性的，因此理解规则的意义是必要的。但对幼儿来说，理解规则的意义往往不能靠说教，而需要以实际体验为基础。当因没有规则或有规则不遵守而给幼儿的活动带来诸多不便时，他们就会理解为什么要有规则以及为什么要遵守规则。

（二）学前儿童社会教育的两大途径

教育作为一种有目的地培养人的社会活动，通过对受教育者个体施加积极影响，发挥着促进个体发展与社会发展的双重功能，以实现教育的目的。教育过程的实施，是教育者运用一定的教育途径、教育内容、教育手段在一定的环境中进行的，因此教育途径在教育过程中具有十分重要的意义。教育途径是教育活动不可或缺的构成要素，是教育活动的基本保证，也是影响教育质量与效果的重要因素。学前儿童社会教育的途径，主要表现为教学活动、区域活动、游戏活动与日常生活活动等。鉴于后面第二至五章要讲到这几种途径，这里重点介绍《指南》提出的两大途径。①

1. 人际交往

（1）交流与沟通。幼儿的学习（包括社会知识的学习）主要来自于自身的经验，但在交往中运用语言与他人进行交流和沟通也是一个重要渠道。在交往中幼儿不仅能够分享来自他人的信息，了解他人的想法和感受，解决同伴之间的冲突，也能将自己的经验贡献给他人，让别人了解自己的观点。

（2）组织共同活动。共同活动往往是两个或更多人为了某个共同目标而集合在一起进行的活动。通过人际交往进行沟通、协调、联合与合作是共同活动必不可缺的条件。幼儿成长过程中，能够共同游戏是其社会性发展中的重大进步，意味着幼儿的目标意识、合作意识、沟通能力、自我调控能力等都有了一定的进步。同时，通过交往开展游戏或其他活动会进一步促进幼儿相关能力的发展。

（3）形成和发展人际关系。儿童从出生时起就处在某种人际关系之中，出生后，随着交往对象的增多，人际关系会变得更加复杂多样。一般来说，人际关系越丰富，儿童就越能在宽阔的交往空间中得到更大的发展。但人际关系有着不同的性质。人际关系的优劣虽然不单纯取决于儿童一方，但人际关系良好的儿童往往表现出积极、乐观、自信的个性特征和更多的亲社会行为，也更可能在交往中获得更丰富的经验。

（4）增进对自己、对他人的认识。社会交往与幼儿形成对人对己的认识和态度有着密切的关系。交往中，幼儿不仅通过他人的外显行为了解其特点，形成对他人的评价和态度，也通过他人对自己的态度和评价形成自我认识和自我评价。“自我只存在于一定的与他人的相互关系中”，在某种意义上，“自我概念是他人反馈的函数”。认识他人与认识自己的过程也促进了幼儿社会认知能力（如观点采择能力）的发展。

2. 社会适应

社会适应是个体在与社会环境相互作用中，不断地学习、修正各种行为和生活方式，最终达到与社会环境保持和谐与平衡的过程，也是个体逐步接受所在社会群体的生活方式、行为规范和价值观的过程。儿童生活的社会群体和机构（家庭、幼儿园、社区等）常常具有一定的组织结构、行为规范和文化特征，会通过角色期望、行为规范、习俗传统等方式影响儿童。儿童作为一个具有主体性的成员也会有选择地接受这些影响，

---

① 李季湄，冯晓霞.《3～6岁儿童学习与发展指南》解读. 北京：人民教育出版社，2013.

积极地适应社会。

(1) 适应不同的社会群体或组织的过程是儿童社会化的重要途径。儿童成长过程中往往会加入不同的社会群体。不同的社会群体有着不同的组织结构特点、不同的社会规则，赋予其成员不同的社会角色和不同的角色期待。幼儿从家庭走进幼儿园，从幼儿园走进小学，所经历的不仅是生活空间的转换，更是生活方式、角色身份、人际关系、行为准则等诸多方面的变化。社会环境的这些变化要求儿童必须从心理到行为有所转变，以适应新的社会群体。儿童只有认识并理解这种变化，主动变换角色、调节行为，才能与新群体建立起和谐关系。因此，每一次社会环境的改变对儿童都是一次挑战，也都提供了更多的学习与发展的机会。

(2) 在社会适应过程中培养起来的适应能力是儿童生存发展所需要的基本能力。社会适应能力是一种综合能力，包括对社会情境的判断能力，对自己在群体中角色地位的认识能力，对规则的理解和接受能力，对自己行为的调控能力，以及融入新的人际关系时所需要的交往能力等。在变化迅速的今天，这些能力显得更为重要。积极主动地适应环境，以不断增强的自主性、判断力和个人责任感来行动，是健康个性的重要表现。因此，从小培养儿童的社会适应能力无疑是为其快乐生活和健康成长奠定基础。

(3) 在社会适应过程中形成归属感是儿童的精神需要。“归属感”是指个体认同所在的群体（团体）并感觉自己也被群体认可和接纳而产生的一种隶属于这个群体、与这个群体休戚相关的感觉。美国著名心理学家马斯洛提出的“需求层次理论”，将“自我实现需要”列为人的重要心理需要。这是一种精神需要，一种对“心灵家园”的渴望。研究发现，一个人对某个群体（家庭、班级、学校、家乡、祖国等）的归属感会影响他对这个群体的亲疏度和对群体规则的接受度。一般而言，归属感强的人往往具有主人翁意识和责任感；能自觉接受和遵守群体规则；会自动将个人与群体联系在一起，为自己作为群体的一员感到自豪并愿意同群体荣辱与共。一个人如果没有可以归属的群体，就会觉得没有依靠、孤独、缺乏心理安全感等。

幼儿的归属感往往来自于他们对群体生活的直接感受和体验。家庭是幼儿最早接触的社会群体，父母对幼儿无微不至的照顾会使他们对家庭产生一种归属感。如果幼儿园能像家庭一样带给幼儿温暖、关爱、尊重、支持和鼓励，他们也会对这个群体产生归属感。

二、学前儿童社会教育的意义

（一） 学前儿童社会教育的具体意义

1. 帮助幼儿学会理解别人，尊重别人，并正确认识自己

现代家庭中，家长往往视子女为“小皇帝”“掌上明珠”，一切活动以幼儿为中心。但在幼儿园，每一个幼儿都是平等的，家庭中的生活习惯和处事方式在幼儿园的集体生活中往往行不通。在幼儿园，通过教师有目的地开展各种活动，通过同伴之间的相互交

往，让幼儿逐渐学会理解他人的想法，学会尊重别人，克服自私、任性的弱点，学会合作、谦让、分享等基本的社会交往技能；通过同伴和教师的评价，让幼儿初步学会客观地认识和评价自己，帮助自我概念的形成和自我意识的发展，认识到自我的价值，促进良好个性和品德的形成和发展。

2. 帮助幼儿学会控制自己，掌握人际关系准则，提高交往技能

自我控制是个体对自身的心理与行为的主动掌握，是个体不受外界因素的影响，自觉地选择目标，控制自己的情感和行为，从而保证目标的实现。它不仅是人类个体意志力的表现，也是个体完成各种任务、协调与他人关系、成功地适应社会的必要条件。[①]在幼儿园社会教育中，应通过教师有目的地开展各种活动，让幼儿在与同伴交往的活动中学会控制自己的情感，调节自己的情绪，掌握基本的人际关系准则，初步具有独立化解同伴间矛盾冲突的能力，提高自己的交往技能。

3. 帮助幼儿学会生存、学会生活、学会做人

在幼儿园，教师通过引导幼儿感受生活、了解生活、创造生活来启迪智慧、培养个性、陶冶情操、发展能力，为其一生的生存和发展打下坚实的基础。教育是生活中一个必不可少的内容，幼儿园社会教育需要贴近生活、关照生活，幼儿园开展的各种活动，应以幼儿的实际生活为出发点，回归生活教育。如让幼儿在日常生活中逐渐学会自己穿衣、系鞋带、自己吃饭、洗脸擦手、自己收拾玩具，并乐于帮助同伴解决困难，初步了解基本的生活常识；在与老师交往中，能主动向老师问好，尊敬师长，乐于完成老师交给的任务；在与同伴交往中，初步学会合作、分享、谦让的交往技能，学习做一个受欢迎的人。通过幼儿园社会教育，让幼儿具有初步热爱生活的情感，掌握基本的生活和交往技能，学会以积极的方式生活、学习，帮助幼儿养成良好的生活习惯和积极的生活态度。

4. 促进幼儿独立性、自主性和应变能力的发展

对刚入园的幼儿来说，幼儿园是一个陌生的环境，他们离开父母，需要独自面对幼儿园的老师、同伴，并需要逐渐适应幼儿园的集体生活。在幼儿园集体当中，幼儿更多的是自己独立去完成很多事情，如自己穿脱衣服、自己吃饭、收拾玩具、自己睡觉等，这些都能促进幼儿独立性、自主性的发展，从而迁移到家庭和其他环境当中。幼儿园开展的各种活动是提高幼儿社会适应能力的重要途径。在老师的引导下，通过面对和解决纠纷，幼儿逐渐学会正确处理人与人之间的关系，学会解决与同伴之间的矛盾，提高自己的自主性和社会应变能力。

（二） 幼儿园实施社会教育的有利条件

与家庭、社区相比，在幼儿园进行社会教育有着它特有的优越性。具体表现在：

1. 幼儿园为幼儿提供了更多的同伴交往机会

幼儿园拥有不同年龄、不同性别和不同性格的幼儿群体，这是幼儿园对幼儿进行社

① 张明红. 学前儿童社会教育. 上海：华东师范大学出版社，2008.

会教育所特有的优势。这一特点对于城镇幼儿园来说显得尤其重要，因为其中的独生子女占有一定的比例。独生子女家庭生活中缺乏同伴交往的机会，这在一定程度上导致了幼儿一些不良性格的形成，对其社会化也非常不利，如长期缺乏与伙伴交往可能会使幼儿产生孤独、焦虑感，独立自主性较差，处处以自我为中心，难以与别人分享、合作等。

心理学的许多研究都表明：同伴交往对幼儿身心发展所起的作用，是教师和家长所不可替代的。而幼儿园可以为幼儿提供充分的与同伴交往的机会和环境，有利于幼儿更好、更快和更自然地摆脱“自我中心”。幼儿对同伴言行的反馈是直接而坦率的，那些符合集体行为准则的、友好的、积极的言行，如协商、合作、分享、同情等，会受到同伴的认同、肯定，反之则不然。在与同伴交往的过程中，幼儿可以根据同伴的态度来思考、判断自己的言行，了解自己的言行是否被同伴接受等。如有些幼儿只要看到自己喜欢的玩具，就会占为己有，他的行为会招致其他同伴的谴责，若不改正，可能会没有伙伴愿意与他共同游戏，甚至被排除在集体之外。只有通过反复多次的同伴交往、交流，经过实际的感受和体验，幼儿才能直接而又比较深刻地理解同伴的想法、集体的准则；学会尊重别人的权利，从而逐渐认识到调整自己言行的必要性；学会控制自己的行为，摆正自己与他人的关系，并从与别人的比较中，更好地认识自己，对自己的评价也会逐渐走向客观。

同伴交往还能促进幼儿独立性、自主性的发展，提高幼儿的社会认知和社会交往能力。幼儿园以游戏为基本活动，幼儿之间的同伴交往大部分是在游戏中进行的。在游戏中，每个人都有发表意见的权利和机会，当彼此的认识出现差异、产生冲突时，为使游戏继续进行，幼儿就要自己寻求解决问题的方法。解决问题的过程常常是幼儿互相交流自己的想法、理解对方、共同协商、达成共识的过程。这样，一些外在的社会行为准则，通过游戏中同伴的相互作用，就很容易地被幼儿接受，内化为他们自己的行为准则，从而促进幼儿社会认知的发展。①

2. 幼儿园实施社会教育有明确的目标、合理的计划和全面的教育内容

幼儿社会化是一个连续变化的过程，幼儿园在实施社会教育时，教师会遵循幼儿生理和心理的发展特点，确定不同年龄阶段社会教育的内容和途径，制订符合幼儿年龄特点的、切实可行的目标和合理的计划。

如在培养幼儿与同伴交往的过程中，首先只要求幼儿能知道同伴的性别、姓名，并喜欢与其交往；然后，在交往中，能初步学会合作、协商、谦让等基本的交往技能；最后要学着协调并化解同伴之间产生的矛盾，建立良好的友谊。教师在实施社会教育过程中，应该观察和了解每一个幼儿在社会化过程中的不同特点，有针对性地创设环境，设计、开展丰富有趣的活动，让幼儿在轻松、自由的氛围中，获得初步的社会知识，养成良好的社会情感，掌握基本的社会技能。

---

① 全国幼师工作协作会. 幼儿社会教育活动指导. 北京：北京师范大学出版社，2002.

3. 幼儿园的社会教育资源丰富而集中

幼儿园进行社会教育有着其他机构无法比拟的丰富资源，其中包括广泛而充分的同伴交往、稳定而持久的家园联系以及多种多样的社区活动等，幼儿园与家庭、社区的密切联系是幼儿园社会教育的有效途径。

幼儿园是同伴交往的大舞台，不仅有自己班级的同伴，还包括幼儿园其他班的幼儿。在幼儿园，幼儿有很多机会参与同伴交往，小到晨间活动、游戏活动、教学活动、幼儿园一日生活的过渡环节等，大到幼儿园展开的班级联谊、升旗仪式、节假日开展的全园性游戏活动、联欢活动、社区活动等，这些都是幼儿园社会教育的良好途径。

家园联系是幼儿园的常规工作，家长不时被邀请到幼儿园参加各项活动，如亲子游戏、班级开放日、节日的游艺会等。家长的广泛参与不仅能增进幼儿与父母之间的情感交流，而且可以使幼儿接触到各行各业的人，有助于幼儿对社会职业的认知。教师还可以利用各种机会与家长进行及时的交流、沟通，如在接送幼儿入园、离园时与家长的沟通等。通过沟通，家园双方在对幼儿的教育方法、教育目标等方面达成共识，形成家园共育的合力，使幼儿园社会教育朝着更加良性的方向发展。

4. 教师和家长的情感维度不同，有利于幼儿的“心理断乳”

幼儿园中的师幼关系兼具学校教育中师生关系的特点与家庭教育中亲子关系的特点。根据幼儿身心发展的特点，在幼儿园需要保教结合，在教育方面，教师充当着教学活动的组织者、指导者，材料的提供者，甚至是幼儿游戏的同伴等；在保育方面，教师又需要充当养护的角色，照顾、关怀每一个幼儿在园的一日生活，与每一个幼儿进行情感交流等。

但教师对幼儿的爱与家长对幼儿的爱是有差异的。教师面对的是一个集体，相比之下，教师的爱是更理智的爱，能在教育教学活动和日常生活活动中给予幼儿更多的锻炼机会，更多地鼓励幼儿学会自己去解决生活、学习、游戏、交往中的各种难题，培养他们的独立自主性，有利于幼儿的“心理断乳”，使其在幼儿园集体生活中，逐渐学会如何生活、如何学习、如何做人。

师幼关系与亲子关系也是有差别的。家长往往受到亲情的影响，造成对幼儿的评价不够客观。如有些家长看到的都是自己孩子的优点，却忽视了孩子的缺点；也有些家长对孩子的期望过高，当孩子未能做到自己的期望时，就对孩子失去信心，甚至夸大孩子的缺点。这样的评价是不公平的，不利于孩子的健康成长。而教师的视角是面对全班幼儿，能做到对孩子的评价客观和公正。这种客观、公正的评价能帮助幼儿客观地看待自己，自觉地调整自己的行为，以更好地适应集体生活。

幼儿园社会教育涉及幼儿社会化的方方面面，是幼儿早期社会化的重要途径之一，也是幼儿社会化的主要场所之一，对幼儿社会认知、社会情感、社会行为的学习与发展起着重要的作用。

技能训练

请阅读一位家长写的真实故事《这是从哪儿学来的呀?》，试从幼儿社会学习的特点进行分析。

这是从哪学来的呀?

在家人眼里，小雅虽然只有3岁半，但已经像个小淑女一样了，文文雅雅的。

开学了，小雅上了一所条件不错的幼儿园，不到两个月，小雅做了一件让妈妈大吃一惊的事。

某星期六下午，妈妈正在把一些用过的塑料袋折成小三角，准备收好再用。这时，小雅走过来，先把自己的三个娃娃摆在沙发上坐好，然后对妈妈说："妈妈！我们来玩上课的游戏吧！你也坐到沙发上当小朋友吧！"妈妈答应着，立刻走到沙发上坐下，但是手里还在折最后一个塑料袋。

"你是怎么回事！没听见我说上课了吗?"突然一个凶巴巴的声音传过来，妈妈吓了一跳，抬头一看，小雅正瞪着眼睛看着自己。她不由自主地赶快把塑料袋放到一边。

"你！请把嘴闭上！"小雅的脸转向一个娃娃。

"没听见啊！说她就不是说你啊！"

……

"小雅这是怎么啦？这都是从哪儿学的啊?"妈妈真是弄不明白。

资料来源：李季湄，冯晓霞.《3～6岁儿童学习与发展指南》解读. 北京：人民教育出版社，2013：95.

学练结合

请阅读案例，首先分析两位幼儿在交谈中的人际交往策略，再请两位同学将"剧本"表演出来，通过表演来移情体验儿童的交往。

玩具枪引发的争执

某大班在玩游戏时，明明在独自玩玩具枪，玩了一会儿，他把枪放在桌子上去厕所了，强强走过来，看到了玩具枪便拿起来玩。

明明从卫生间出来后，跟强强说："这是我的枪，还给我！"

强强："谁说是你的？放在桌上没有人玩，我才拿来玩的。"

明明："这本来就是我的，我刚才上厕所去了，才把它放在桌子上的。"

强强："你说是你的就是你的呀！就不给！"

明明："本来就是我先拿的，你要是不还给我，我就去告老师……"

强强："你告诉老师我也不怕，本来这个枪就没有人玩，我拿着就是我的。"

……

明明继续说："这枪吧，就是我放在这里的。要不然你先玩一会，等一会再还给我，好吗？"

强强："不！这枪就是我的！干吗要给你！"

明明只好到活动区里去玩别的玩具。玩了一会，明明拿着一个玩具来找强强。

明明："你都玩了一会了，该让我玩了吧！要不然咱俩换着玩？我用这个玩具和你换……"

最终，强强同意了，他们两人交换了玩具。

第二章　学前儿童自我意识教育

目标导航

［**知识目标**］通过对本章内容的学习，了解自我意识概念及相关经典理论，熟悉学前儿童自我意识的发展特点，理解学前儿童自我意识教育的社会意义和个体意义，掌握学前儿童自我意识教育的内容、目标、评价及活动实施途径等。

［**能力目标**］在日常教育教学实践中，能运用所学知识解决学前儿童自我意识教育中的问题，并能独立完成幼儿园自我意识教育活动的设计、实施与评价。

第一节　自我意识教育概述

基础知识

自我意识是组成个性的一部分，是个性形成水平的标志，也是推动个性发展的重要因素。自我意识的形成标志着个体社会性的发展。本章重点讲解自我意识以及学前儿童的自我意识教育。

一、自我意识教育的内涵

自我意识主要是个体在与外界相互作用的过程中逐渐发展起来的，对自身特性以及周围事物关系的认识。幼儿的自我意识处于朦胧期，尚不能把自我从客体中完全分离出来，自我控制能力较薄弱，以具体形象思维为主。对幼儿进行自我意识教育有利于帮助个体完善自我、心理走向成熟。由于学龄前儿童的自我评价能力和水平极低，极易受到成人的影响，在个体自我意识发展的关键时期对个体进行积极的引导具有重要意义。

（一）自我意识概述

自我意识的出现是人和动物在心理上的最后分界线。自我意识的发展究其本质是人逐渐走向自主乃至自由的过程，自我意识的发展标志着个体心理成熟的程度。[①] 自我意识也称自我，是对自己存在的觉察，即自己认识自己的一切，包括认识自己的生理状况、心理特征，以及自己与他人的关系。从形式上看，自我意识表现为认知的、情感的和意志的三种形式，分别称为自我认知、自我体验和自我调控；从内容上看，自我意识

① 姚本先. 心理学. 北京：高等教育出版社，2005.

可分为生理自我、社会自我和心理自我；从自我观念来看，又可分为现实自我、投射自我和理想自我三个维度。良好的自我意识对人的良好个性的形成具有至关重要的作用。

1. 自我意识的含义

自我意识是意识的一种形式，指主体对自身的意识。它包括对自身机体及其状态的意识，对自己机体活动状态的意识，对自己的思维、情感、意志等心理活动的意识。自我观念、自我知觉、自我评价、自我体验、自我监督和自我调节控制等是其重要的内容。自我意识的发展过程是个体不断社会化的过程，是个体个性特征形成的过程。

首先，自我意识是一种意识活动。意识是对大脑内外表象的觉察，是人脑特有的反映现实的机能。意识是人类经过漫长的发展在社会实践活动中产生的，是借助于语言对客观世界的高级反映形式，是心理发展的高级阶段。意识是自然历史发展的结果，是一种自然现象，同时意识又是社会历史发展的结果，是一种社会现象。

其次，自我意识是人所特有的区别于动物的心理特征。虽然动物也能反应周围的客观世界，可是当动物心理在进化过程中发展到人类意识的阶段时，就产生了更为复杂的功能。这时候意识不仅能反应周围客观的环境，而且还能积极地反应主体本身。自我意识反应主体自身的意愿、态度和能力的倾向，反应主体和客体之间的关系，这大大发展了主体自身的反应活动的能动性质，改善了他在同客观现实环境相互作用过程中的地位，增强了他改造客观世界和驾驭周围变化着的环境的能力，从而使人类有可能成为现实世界的主人。

最后，自我意识是个体个性的重要组成部分，是个性形成水平的标志。自我意识的形成是个体社会化的结果，自我意识作为隐藏在个体内心深处的心理结构和人格的自我调控系统，个体正是通过它来认识和调控自己，在环境中获得动态平衡，求得独特发展的。①

2. 自我意识的结构

自我认知、自我体验、自我调控三种心理成分构成了个体的自我意识，分别代表了知、情、意三个维度。这三种心理成分相互影响、相互制约，统一于个体的自我意识中，共同作用于个体的思想和行为。

(1) 自我认知。自我认知包括个体对自身的认知，以及对个体与外部世界的关系的认知两方面。个体对自身的认知是主体我对客体我的认识和评价，自我认识是对自己身心特征的认知，自我评价是在自我认识的基础上对自己做出的某种程度上的判断。实现自我认知的途径主要有自我观察、自我分析、社会比较、自我暴露、自我蒙骗五种方式。

对于3～6岁的儿童而言，自我概念、自我评价和性别意识的发展是自我认知发展的主要内容。具体而言，自我概念是个人心目中对自己的印象，包括对自身存在以及个人身体、能力、性格、态度和思想等方面的认识。自我评价是个体对自己的思想、愿望、行为和个性特点的判断与评价，这是儿童在别人评价他（她）的过程中逐渐学会

---

① 姚本先. 心理学. 北京：高等教育出版社，2005.

的，是自我概念发展的产物。对性别的认知也是学前儿童对自己的认知的重要内容。1～2 岁的儿童开始知道自己的性别，直至 6 岁，儿童才形成比较全面、稳定的性别意识。①

实例链接

活动一 “我的表情”

在开展“认识自己”的主题活动中，幼儿最先感知和发生兴趣的是自己身体的外部特点，例如他们喜欢变化多端的脸部表情。因此，我将“我的表情”作为本次主题活动的第一个单元。

我们带领幼儿观察了产生不同表情时的五官变化后，我问幼儿：“人为什么会有高兴、生气、难过等表情?”启发幼儿理解产生表情的原因与自己遇到事情或心情有关。鼓励幼儿大胆回忆表达自己经历过的事情。月龙说：“我做错事时大人批评我，我会难过，掉眼泪。”小晴说：“妈妈送我礼物时，我会很高兴。”孩子们都争着要表达自己的想法，积极性很高。我又问幼儿：“记录表情有什么方法?”有的孩子说拍照片，有的说画下来……最后孩子们采用了简单易行的绘画方式，他们不仅画出了自己的表情，而且把表情产生的原因画了出来，可以说每一幅作品都表现着一个生动的故事。

活动二 “我的动作”

认识了表情之后，我们又开展了“我的动作”这个活动，中班幼儿身体各部位的运动机能和发现事物变化的能力，都处于发展和提高阶段，他们喜欢跳、喜欢唱，更希望了解自己身体的特征，因此，我们将艺术领域中的音乐、舞蹈、绘画等运动形式与语言表达的训练融汇在一起，开展了此次活动。我们以动作产生为基础，对幼儿进行提问：“请小朋友说一说人的身体中哪些地方可以活动?”幼儿的回答很丰富，如手腕、胳膊肘、膝关节、颈部等，还有的幼儿观察更细，说出了手指关节。孩子们边说边体会动作，之后教师通过舞蹈形式让幼儿观察、体会自己身体的动作变化，最后我们请幼儿把自己的一种动作画出来。孩子们通过亲身感受后，绘画的兴趣更强烈了，他们的动作各种各样，非常生动。在这次活动中，孩子们边说边动，积极性很高，观察能力也得到了提高。

活动三 “我的生日”

每个班里都会有过生日的小朋友，每当他们快到生日的那几天，他们总会主动地去告诉老师和小朋友。当问他们过生日时最高兴的事时，大部分孩子都会说“喜欢吃生日蛋糕”“喜欢收到生日礼物”，但他们对过生日的具体日期及生日的意义并不是很了解。

① 钱文. 3～6 岁儿童自我意识及其发展. 幼儿教育：教育教学，2015 (5)：14 - 16.

于是我们设计了一个“我的生日”活动，目的是让幼儿了解过生日的真正意义及对父母的感激之情。在活动中我们还根据幼儿的兴趣，鼓励幼儿设计生日蛋糕，设计生日贺卡，孩子们很喜欢这些活动，经常在美工区中重复地练习，并把自己设计的贺卡带回家，送给自己的爸爸妈妈。通过本次活动，幼儿了解了过生日的真正意义，同时幼儿的想象力和创造力得到了提高。

活动四 “我喜欢……”

“我喜欢”是从“我”出发，让幼儿通过了解自己的相貌、身体、情绪等方面与他人的不同，进而获得各种不同表达喜好的方式；让孩子们充分享受着表达“我喜欢……”的那份愉悦。当我问幼儿“你们最喜欢什么”时，他们的回答是丰富多样的，有的小朋友说喜欢吃×××，有的小朋友说喜欢玩玩具，有的小朋友说喜欢和爸爸妈妈一同出去玩。我问他们在幼儿园最喜欢做的事时，很多幼儿都说喜欢当值日生。根据幼儿喜欢当值日生的愿望，我引导幼儿一起唱“值日生歌曲”，设计值日生服，设计值日生胸卡，孩子们可高兴了。通过值日生活动，孩子们为他人、为集体的服务意识更加强烈了。

通过“认识自己”主题活动的开展，孩子们能认识自己的外貌、身体、情绪、喜好与他人的不同，同时在这次主题活动中增强了孩子们主动表达的意识。以上开展的这些活动都是根据幼儿发展目标及幼儿兴趣生成的，我们遵循了陈鹤琴先生“做中学、做中教、做中求进步”这一原则，活动中孩子们的积极性较高。在平时我们也注重多元智能理论的学习，用欣赏的目光去发现每一个幼儿的优势智能领域，使幼儿的优势智能得到很好的发挥。因此，孩子们在活动中表现得更自信、更爱表达自己。

资料来源：中班主题案例：认识自己．(2009－07－08)［2017－08－15］. http://www.youjiao.com/e/20090708/4b8bcc3c7d764.shtml.

(2) 自我体验。自我体验是一种情绪体验，即主观的我对客观的我所持有的一种态度。自我体验可以分为积极的和消极的两大类，前者包括自尊、自信、成功感和自豪感等；后者包括自卑、失败感和羞耻感等。自尊和自信在学前儿童的发展中是非常重要的人格特质，其中自尊是一种内驱力，激励着个体尽可能努力获得别人的尊重，自信则是个体对自己能力的信念，相信自己具有完成任务的能力，对儿童的情感、动机、社会适应性行为、认知活动及其品德有着重要的制约作用，还有助于儿童心理健康和良好个性发展。

实例链接

辰辰是个活泼好动的孩子，喜欢玩“拼插王国”玩具。一次在活动区的活动中，孩子们拼出了楼房、大树、花篮等，摆在了展台上。辰辰经过努力搭成了一架飞机，他把别人的作品全都碰倒放在一边，把自己的飞机放在那里。同区的小朋友看见，气愤地指责他。有的跑来“告状”，我走过去惊讶地说：“哎呀！多可惜呀，这么漂亮的楼房都倒了，小朋友多不容易才搭好的，咱们一块重新搭好吗?”这时，活动区的时间到了，小朋友们很扫兴，于是我安慰那些小朋友：“一会有时间，我们再搭好。”在总结活动时，我先肯定了这个区的小朋友能动脑筋，每人搭出与众不同的作品，尤其表扬辰辰搭出了规模较大的飞机。“如果刚才的楼房、大树都不被推倒，那就更好啦！现在只有一个作品，太孤单了。”这时我看到辰辰有点难为情的样子。

孩子最初并不懂得什么是好，什么是不好，但教师的鼓励与肯定会使他们获得积极的情感体验，从而朝教师所希望的方向发展。而他们的进步又将获得肯定和认可，便会有良性循环形成。集体接纳了他们，而他们也学会了去接纳与适应集体，并从中找到乐趣。

资料来源：社会性案例：生活中体现幼儿的社会教育.（2013—07—14）［2017—08—15］. http://www.jx-teacher.com/baby/column27805/a2429dc6—5266—4f2d—91b9—373f43f9a41d.html.有删减.

（3）自我调控。自我调控是自我意识中的意志成分。自我调控体现的是主观的我对客观的我的制约，是指个体对自己思想、情感和行为的控制和调节，主要包括自我监督、自我控制和自我调节三个成分，具有能动性、反馈性和修正性等特征。首先，自我调控的前提是自我监督，自我监督是指个体自主、独立、自觉地从事和管理自己的行为，因此具有能动性。其次，在自我监督的基础上，个体依据周围环境的变化来进行自我控制，自我控制具有反馈性，自我调节过程要求个体不断去获得关于自身行为的进展、变化和结果的相关信息，与此同时还要不断地审视周围环境中的变化。最后，自我调节具有修正性，自我调节的目的是让个体的行为能更好地符合环境中的要求，在反馈的基础上，个体只有不断修正自己的行为，才能使自己的行为符合外部的要求。对学前儿童自我调控的研究主要集中在自我控制能力上。自我控制是在缺乏外在监督时，个体按照社会期望行为的能力，主要体现在坚持性和自制力等方面。

3. 自我意识的特征

自我意识具有社会性、能动性和同一性等特征。①

（1）自我意识的社会性是指自我意识是在分工协作的社会集体劳动中慢慢开始和发展起来的，是个体长期社会化的产物。个体的自我意识具有一定的社会属性，在群体中个体需要清楚地认识自己与他人、自己与集体的关系，需要认识到自身的社会角色，认识到自身在群体中的地位和作用，自我意识的社会性特征也是自我意识发展成熟的标志。

（2）自我意识的能动性是指自我意识的发生发展是人区别于动物的重要标志，是人发挥主观能动性的体现，在人身上可以明显地看到人所独有的自我意识，不仅表现在个体能根据社会或他人的态度和自己实践所反馈的信息来形成自我意识，还能形成自身心理活动和行为的调控系统。

① 姚本先. 心理学. 北京：高等教育出版社，2005.

（3）自我意识的同一性是指个体经过多年的成长和变化，虽然期间的自我意识可能因个体经验的成败和外界的评价的改变而发生变化，但个体对自身的本质特点、信仰及其他身心方面的基本认识和基本态度始终保持一贯性。正是由于自我意识的同一性特征，个体的个性才与他人区别开来。自我意识的同一性也是判断个体是否存在人格障碍的标准之一。

4. 自我意识的发展过程

心理学研究表明，个体自我意识从发生、发展到相对稳定和成熟，需经过二十多年的时间，直到青年中后期才能形成比较稳定、成熟的自我意识。

自我意识的发展需经过以下三个阶段：

（1）自我中心期。这一阶段从出生 8 个月到 3 岁，是自我意识的最原始形态，称生理自我。8 个月左右，个体的生理自我开始萌生；1 岁左右，个体开始能把自己的动作和动作对象区别开来，初步意识到自己是动作的主体；1 周岁以后，个体逐步意识到自己身体的感觉，能把自己作为客体来认识。

（2）客观化时期。从 3 岁到青春期，这是获得社会自我的时期，是个体接受社会文化影响最深的时期，也是学习角色的时期。个体在这一阶段通过潜移默化形成角色观念，开始意识到自己在社会关系中的作用和地位，能意识到自己的社会角色，及自己所承担的社会义务和享有的社会权利，形成社会自我。

（3）主观化时期。为从青春期到成人期的阶段，个体的自我意识趋于成熟，进入心理自我时期。在这一阶段身体和心理的变化明显，由于思维能力的发展和经验的累积，个体的主观性进一步增强，对问题的分析加工不再简单地依附别人的观点，而是形成自己独到的见解，这是心理自我的发展，也是个体自我意识水平发展的标志。

5. 学前儿童自我意识的发展特点

学前儿童自我意识的发展处于自我中心期向客观化时期的过渡阶段，是自我意识发展的客观化时期的初级阶段，具有重要的阶段意义。这一阶段的自我意识发展有其独特之处。

（1）学前儿童自我认知的发展特点。

自我概念是幼儿认知自我后对自我形成的看法，幼儿自我概念的发展具有以下几个特点：

第一，具有渐成性。幼儿在 3 岁左右才开始把对自己的称呼从名字改成了“我”，这标志着他们开始知道我是谁、我的名字叫什么、我是哪里人等关于自己的最基本特征。到了 4 岁以后，幼儿会逐渐加深对自己的认知，开始出现对自己心理特征的描述，如“我是好孩子”“我喜欢笑”等。5～6 岁的儿童在与他人的交往中逐步加深了对自己特征的了解，对于社会性方面的自我概念有了较大的发展，如“我和某某是好朋友”等。但是总体而言，学前儿童自我概念的发展水平仍较低。

第二，呈现出具体性。如果让一个 6 岁的儿童来介绍一下自己，你会发现他的描述非常具体，从自己的姓名、性别、年龄、会做什么事情，一直到自己最喜欢的玩具等，但是很少会有幼儿给自己下一个概括性的结论，如“我是一个内向的孩子”。

第三，认知维度简单。例如，3 岁幼儿对自己的描述多与性别、年龄有关，“我 3 岁了，我是个女孩子”。4～5 岁时，幼儿典型的自我描述常常集中于身体特征（如长头发）、所有物（如有 2 个芭比娃娃）和喜好（如喜欢吃巧克力）。5～6 岁的儿童则会从能力（如会自己吃饭）、社会关系（如有很多好朋友）等方面来介绍自己，并开始意识到自己对于物体与事件的简单态度和情绪（Harter，1998）。7 岁之前，儿童对自己的描绘仅限于身体特征、年龄、性别和喜爱的活动等，还不会描绘内部心理特征，随着年龄的增长，儿童在进行自我描述时不仅语言增多，而且对自我生理性的描述发展为对自我能力、行为、内心活动和个性品质的描述。① 伯内特（Burnett，1996）的研究发现，儿童自我概念的发展还存在性别差异。例如，在数学和身体技能方面，男孩自我概念的得分比女孩要高；而在阅读方面，女孩自我概念的得分要比男孩高。

在自我概念的基础上，幼儿开始形成自我评价。陈帼眉和沈德立（1979）对幼儿自我评价的发展趋势进行研究后，认为幼儿期自我评价具有以下特点：从他评到自评；从主观情绪性到客观性；从笼统到细致；由外部行为到内心品质；由局部到全面。还有学者研究认为：幼儿自我评价的发展表现在以下三个方面：第一，自我评价的内容由外部的具体行为渐渐过渡到内在的品质。3～5 岁儿童自我评价的对象往往是自我外部表现的某个具体行为，如 4 岁的儿童会说“我很乖，因为吃饭吃得快”。而 5～6 岁的儿童开始出现一些对自我内在品质的评价，他们可能说“我很乖，因为我对小朋友很谦让”。第二，自我评价遵从权威。幼儿对自己具体行为的评价大多是成人对其评价的翻版，带有一般化和笼统的特点，常常缺乏针对性。一直到大班，儿童才开始对自己有了初步的判断，虽然有时会不同意成人的评价，提出异议，但是大部分时候仍然屈从于成人的评价。例如，幼儿说自己不是乖孩子，是因为“老师经常批评我”。第三，自我评价带有明显的情绪性。幼儿处于积极情绪状态时，其自我评价也往往比较高，反之其自我评价就比较低。②

3～6 岁儿童性别意识的发展非常关键，在这个时期，儿童获得了性别认同。性别认同是对自身性别的正确认识，即掌握自己的性属性或相应的作用。柯尔伯格把儿童性别认同的发展划分为三个阶段：第一，性别标志（3～4 岁）。这时的儿童能正确标志自己和他人的性别，但认识性别的根据是外部的、表面的特征，如头发长度、服饰等。第二，性别固定（4～5 岁）。这时的儿童对性别的“守恒性”有了一定的理解，如知道男孩将来要长成大男人，但他们仍相信改变服饰、发型等就能导致性别转换。第三，性别一致性（6 岁以后）。幼儿园大班幼儿开始获得性别的一致性，他们知道即使一个人“穿错了衣服”，也不会改变性别。③

（2）学前儿童自我体验的发展特点。

学前儿童的自我体验仍带有强烈的自我中心痕迹。在自我体验中，诸因素的发生发展也是不同步的，其中愉快感和愤怒感发展较早，自尊、羞愧感和委屈感发展较晚。

---

① 李红. 幼儿心理学. 北京：人民教育出版社，2007.

② 钱文. 3～6 岁儿童自我意识及其发展. 幼儿教育：教育教学，2015（5）：14－16.

③ 钱文. 3～6 岁儿童自我意识及其发展. 幼儿教育：教育教学，2015（5）：14－16.

1）自尊的发展特点。自尊是指个体在社会环境中，对来自外界关于自身评价比较过程的差异所引起的自我价值评价和行为趋向的情感体验。个体自尊体验的年龄在3岁左右出现，且稳定于学龄初期，在整个学前期都呈现出先扬后抑的态势。国内外大量研究都表明，4岁是儿童自尊水平最高的时期，4～7岁儿童自尊水平开始下降。较高自尊体验的儿童，在学校生活、社会关系处理中表现出较高的满意度和幸福感，而低自尊体验则往往导致与周围环境的不适应。这是因为随着年龄增长，幼儿的抽象逻辑思维能力开始萌芽，角色采择能力、合作能力、道德感和责任感都在渐渐发展，他们不再盲目相信自己的能力，而是会比较客观地来判断自己的自我价值。学前儿童的自尊水平不稳定，他们遭遇挫折后会很容易对自我价值做出负面的判断，形成与自尊相对的挫败感。因此我们要抓住学前期儿童自尊体验的关键时期，不失时机地促进幼儿高自尊体验的养成。

2）自信的发展特点。3～6岁儿童的自信发展与年龄相关，随着认知、运动、语言等能力的不断发展，儿童能够完成的任务越来越复杂，自信一步步发展起来。学前儿童所表现出来的自信不足，通常是因为尚未充分形成自信，而不能贸然断定为自卑。自信的幼儿一般表现为：情绪愉快，行动积极，比较活泼；有良好的人际交往能力，喜欢合作游戏，表现出较高的学习兴趣和自发的探索精神。小、中、大班儿童间的自信水平有着显著差异，且都有性别差异，女童的自信水平要高于男童，这主要是由于儿童语言能力发展的性别差异造成的。幼儿的自信存在明显的个体差异，造成这种个体差异的主要原因是家庭教养环境。家庭环境中的言语刺激数量、亲子关系的亲密度、孩子自己解决问题的机会、与其他儿童玩耍的时间长短等变量均会影响儿童自信的发展。教师的责任就是要注意发现这种客观存在的差异，对不自信的幼儿给予必要的个别教育和帮助，使每个幼儿的个性都能得到健康发展。

（3）学前儿童自我调控的发展特点。

新生儿是完全没有自我调节和自我控制能力的，3～4岁，幼儿才逐渐发展自我调控能力，大多数学者认为自我控制转折年龄在4～5岁，5～6岁已具有一定自控能力，但幼儿的自控能力总体来说还是较弱的。自我控制的发展是一个“由外向内”的过程，可分为前道德、遵从、认同和内化四个阶段（Marion，1999），其中3～6岁儿童的自我控制发展主要处于遵从阶段和认同阶段。处于遵从阶段的儿童表现为能够听从成人的指令，遵守成人制定的规则。大部分3～4岁的儿童都会表现出对家长和教师的遵从，这是儿童学习自我控制的序曲。例如，当教师告诉一个3岁的孩子：“你可以直接和小朋友说你也想玩积木，而不是用推开别人的方法。”通常孩子会遵从教师的教导去做。但是，处于遵从阶段的儿童仅仅是为获得奖赏或逃避惩罚而遵循规则听从成人的指令，并没有形成真正的自我控制。此时，儿童只有在成人直接监督下才能根据要求完成任务。一旦缺乏成人的指令，儿童往往不能控制住自己的冲动或需求。在著名的延迟满足实验中，幼儿完成某项任务后，研究者告诉幼儿如果你现在就要奖励的话，你能获得一颗糖；如果你可以等待一会儿，那么可以获得两颗糖。处于遵从阶段的幼儿往往会要求马上获得奖励，因为此时成人没有对他们提出要求，他们不能控制马上想要得到糖果的本能。

处于认同阶段的儿童能够遵循一定的行为规则来控制自己的行为，如知道在集体面前讲话要先举手，但儿童并非是由于认识到了规则的社会价值而去遵守这些规则，而是为了与特定的人确立或保持一种令人满意的关系，如举手发言就是为了让自己的行为与教师的预期相一致。4 岁以后的儿童开始能够用外在的规则来控制和调节自己的行为，应该说此时出现的才是真正意义上的自我控制行为。处于认同阶段的儿童在成人不在场的情况下，也能依据规则对自己的行为进行控制，如中班儿童开始渐渐地能够自觉遵守班级的规则，即使教师并不在眼前也能做到。①

（二） 学前儿童的自我意识教育

个体可通过与周围环境长期的相互作用促进自我意识的形成与发展，个体只有通过觉察自己心理活动的内容、过程、特点等因素才能有效地适应环境和创造条件利用环境。自我意识在学前期的发展，对个体在青少年期，甚至整个人生历程中的发展都具有深刻的影响，它制约着个体人格的形成、发展和重建。因此，通过教育来促进幼儿自我意识健康、积极地发展是教育工作者的一项十分重要的任务。

自我意识教育是指运用有关心理健康教育的理论和技术，帮助个体科学地认识自我、悦纳自我、激励自我、调适自我、管理自我的一种教育活动。通过自我意识教育，促进个体良好自我概念的形成和自我意识的发展，形成自尊、自信、自重、自爱、自强、自制的健康人格。② 对个体进行自我意识教育即是训练个体对自己的生理状况、心理特征以及自己与周围人的关系进行正确的认识，培育和促进个体积极健康的自我意识的发展，帮助个体形成良好的自我概念。

学前儿童的自我意识教育主要是针对学前期儿童的身心发展特征及水平开展的、以促进积极健康的自我意识的形成与发展的教育活动。学前儿童自我意识教育主要包括学前儿童自我认知的教育、学前儿童自我体验的教育和学前儿童自我调控的教育。在教育活动中学前儿童是自我意识教育的主体，教师或家长起主导作用。实施良好的自我意识教育就是要帮助幼儿建立自信、自尊的行为模式和典范；要以成功的经验培养幼儿的自我观；要尊重儿童的理智与情感，防止不当的褒贬；要教育幼儿正确对待家庭、学校或社会的贬抑；要关怀幼儿人格和学业的成长与发展。

实例链接

介绍我自己（大班）

活动背景：

大班的孩子马上就要升入小学了，交往范围扩大，会认识许多新朋友，让孩子学会

① 钱文. 3～6 岁儿童自我意识及其发展. 幼儿教育：教育教学，2015（5）：14－16.

② 姚本先，伍新春. 学生心理健康教育. 北京：中国轻工业出版社，2008.

自我介绍十分必要。

活动目标：

(1) 了解自我介绍的基本内容，愿意向大家大胆介绍自己。

(2) 增进对自我的认识，体验相互交流的乐趣。

活动重难点：

了解自我介绍的基本内容，学会介绍自己。

活动准备：

(1) 大图卡一份，小图卡每人一份，小话筒一个。

(2) 会唱歌曲《认识你啊真高兴》。

活动过程：

1. 师幼相互介绍姓名

(1) 教师做自我介绍。

(2) 请三四名幼儿做自我介绍，并指导幼儿说“认识你真高兴”。

2. 了解自我介绍的基本内容

(1) 老师详细地做自我介绍，让幼儿仔细听（老师介绍：我的名字叫……我的家住在……我喜欢……我的好朋友是……）。

(2) 师：“老师介绍了哪些内容？”（根据幼儿的回答出示图卡）

(3) 请一两名幼儿模仿老师的介绍来介绍自己，让幼儿集体鼓掌。

(4) 师：“他介绍了自己的哪些方面？”（对照图卡，引导幼儿补充不完整的地方）

3. 找个好朋友介绍自己

(1) 每个幼儿拿着小卡片，先把自己的介绍记录下来，可以画画或者做记号，然后对照卡片内容和好朋友互相做自我介绍。

(2) 请个别幼儿上台介绍自己，幼儿集体鼓掌。

(3) 找个其他班的老师来做自我介绍。

(4) 师：“什么时候需要介绍自己呢？还可以介绍哪些方面？”

(5) 小结：介绍自己时，可从姓名、家庭住址、爱好、朋友、家庭成员等方面来介绍。

4. 结束活动

师：“今天通过自我介绍，认识了许多新朋友，我们真高兴，我们一起来跳个舞吧。”（放音乐《认识你啊真高兴》）

教学反思

孩子们在活动中积极参与，愿意大胆做自我介绍，我很欣喜。我在教学准备中利用图卡和话筒激发了幼儿参与话题的兴趣，并通过老师先介绍，引导幼儿获得了信息，了解了自我介绍的基本内容，接着安排幼儿利用小卡片内容和小朋友之间互相介绍、上台介绍、找其他班老师做自我介绍，并每次集体为幼儿鼓掌，增强了幼儿的成功感和自信心，增进了幼儿对自我的认识，让幼儿体验到了相互交流的乐趣。

资料来源：肖小晨. 大班综合活动“介绍我自己”案例与反思.（2013－07－17）［2017－08－15］. http://new.060s.com/article/2013/07/17/780611.htm.有删减.

二、自我意识教育的意义

奥地利心理学家弗洛伊德曾说过：早期的心理健全，对一个人的未来发展很重要。幼儿心理健康教育的核心是培养健全的人格，而培养幼儿健全人格的关键是自我意识的良好发展。对个体进行自我意识的教育，将对社会和个体具有双重的重要意义。

（一）自我意识教育的社会意义

自我意识的功能十分巨大，从社会的角度来看，人类之所以能优越于动物建立人类社会，是因为人优越于动物具有自我意识。进行自我意识教育的社会意义主要体现在以下几个方面：

1. 促进社会道德的形成

人是社会中的个体，每个个体在社会系统中都有自己的角色地位，自我意识的形成与发展受制于社会意识的形态，同时个体的自我意识又反作用于社会存在，健康积极的自我意识是促进社会道德形成的催化剂。社会道德通过个体的自我意识来调节、激发个体的心理与行为，促使个体完成社会赋予他的角色期望。对个体进行自我意识教育，有利于个体形成道德和信念，形成正确的价值观。

2. 保障社会的稳定和发展

对个体进行自我意识教育是促进社会和谐与稳定的保障。个体健康的自我意识，是找准个体社会角色的前提，积极的自我意识可以激发个体追求更好自我的意志，是进行自我完善的源泉和动力。自我的这种不懈追求带动了社会的进步，对个体进行自我意识教育，让个体正视自身在集体中的地位和作用而不至于为了取得不正当利益做违背道德的行为。对个体进行自我意识教育不仅是社会稳定和谐的保障，更是促进社会发展的动力。

（二）自我意识教育的个体意义

现代发展心理学的研究表明，幼儿期是一个人心理发展的关键期。在幼儿时期发展良好的自我意识，有利于幼儿在成长过程中形成对自己、他人和周围事物的正确态度，使幼儿更易建立良好的人际关系，产生学习的兴趣，拥有较稳定的情绪；反之幼儿会产生自卑感，对周围环境缺乏探索精神，产生更多的消极情绪，不利于发展交际能力和培养适应能力。对幼儿实施心理健康教育，不仅有益于形成健康心理，而且有利于增强社会适应力。

1. 促进幼儿认识水平的提高

教育对于幼儿发展的作用在于主导和促进，对幼儿进行自我意识教育，促进幼儿主体我向客体我的转变，以大大地提高幼儿认知活动的效能。对幼儿的感觉、知觉、记忆、想象、思维等进行训练，可帮助幼儿建构更丰富的元认知策略，不断对现有认知过程进行完善，从而提升幼儿的认识水平。

2. 丰富幼儿的情感体验

自我意识的存在和发展，使得个体的情感生活变得日益丰富、细致而复杂，幼儿阶段更是如此，幼儿期的情感体验对幼儿人生观、世界观、价值观的形成有重要影响。幼儿体验到自尊的需要，才会产生与自尊感相联系的羞耻感和腼腆感。当幼儿意识到自我的独特性，才会逐渐在集体交往中找到自己的角色和地位。在对幼儿进行自我意识教育的过程中，需要引导幼儿体验自信、自尊、成功感、满足感和羞耻感，这些丰富的情感体验有利于幼儿更好地适应周围的环境。

3. 保障幼儿身心健康发展

身心的健康发展需要健康积极的自我意识，对幼儿进行自我意识教育是引导幼儿在面临事件时进行自我调控，通过调节使身心平衡发展而不至于走向极端。有关研究表明，自我评价过高的个体更容易产生孤独心理。孤独感是一种负面的情绪体验，这种消极的自我概念使人更加抑郁，甚至变得淡漠而毫无激情。健康的自我意识可引导个体在挫折面前坚韧而乐观，勇敢克服困难，有利于心理健康的发展。

4. 促进幼儿意志能力的发展

自我的主体性的实现需要个人监督，需要意志的力量。无论是个体通过能动性创造条件使环境能符合个体发展要求，还是个体通过自身修缮达到适应环境的需要，都需要个体在意识中对自我和环境进行明白的区分，都离不开自我意识的作用。加强对学前期儿童的自我意识教育，有利于幼儿根据适宜的自我认知和自我评价进行相关活动，并勇敢地克服困难实现自我肯定。让幼儿在成功的体验中，享受通过意志力克服困难取得成功之后的满足感，感知意志力的重要性。

5. 帮助幼儿发展良好的人际关系

早期国外相关研究表明，积极的自我概念与个体受欢迎的情况显著相关。个体较低的自尊和自我评价会对建立与维持令人满意的人际关系产生消极影响。幼儿的自我意识教育旨在培养幼儿的自尊心和恰如其分的自信心，引导幼儿对自我进行较客观的评价，在集体交往活动中能积极地展示自己，发展良好的人际关系。通过自我意识教育，幼儿的自我概念得到了完善，自我体验得到了丰富，在人际交往中能够实现自我调控，这些都是幼儿良好人际关系发展的促进剂。

总之，对幼儿进行自我意识教育可以提高幼儿的认识水平，给幼儿带来更丰富的情感体验，保障幼儿身心的健康发展，促进其意志力的发展，教给幼儿在集体中如何发展良好的人际关系。

技能训练

根据下面的活动教案，与同学模拟教学活动，活动后进行评价和反思。

面对挫折我不怕（小班）

活动目标：

知道生活和学习中存在困难，会遭受挫折，只有勇敢面对才能获得成功。通过努力克服困难，感受成长的快乐，增强自信心。

活动准备：

图片一幅：摔倒了自己爬起来，其他有对比的图片若干；编排情境表演：摔倒了自己爬起来；粘贴“春天的花”所需材料、工具；平衡木一个。

活动过程：

(1) 出示图片，看图讲述摔倒了自己爬起来。

(2) 讲述画面内容，让幼儿谈谈谁做得好，谁做得不够好，并说明为什么。

(3) 情境表演：摔倒了自己爬起来。引导幼儿思考自己摔倒了、别人摔倒了，我们应该怎么做。

(4) 粘贴：“春天的花”。教师出示范例，示范粘贴过程，引导幼儿克服粘贴中的困难和挫折，体验成功的喜悦。

活动延伸：

(1) 开展体育活动：“过独木桥”，鼓励幼儿克服困难，努力尝试，从而获得“过桥”成功的体验。

(2) 在家庭生活中，提供幼儿在生活中面对困难、失败并尝试克服的机会，进行适当的指导和鼓励，使幼儿不断体验成功的乐趣。

学练结合

请根据故事《大嗓门的小黑熊》完成下面的学习任务：

1. 故事中涉及自我意识教育的哪些方面？

2. 进行学前儿童自我意识教育应注意哪些方面？

3. 根据所提供的故事，设计一个自我意识教育活动教案。

大嗓门的小黑熊

在森林幼儿园里，小黑熊是出了名的大嗓门。

每当户外活动时，小黑熊就跟伙伴们玩踢球游戏，大嗓门在操场上可管用了，喊这个接球过去，喊那个传球过来，像个指挥员一样的小黑熊真神气。

可是，每当游戏结束，进入活动室、寝室时，小黑熊的大嗓门有时就不受欢迎了。一天，上课了，小动物们都坐得端端正正地听山羊老师开始讲《小马过河》的故事，活动室里静悄悄的。小黑熊因为找踢到草丛里的球迟到了，他抱着球匆匆走进教室，一声“报告”像打雷一样，把听故事的小动物们吓了一跳，大家的眼睛都不由自主地朝小黑熊看去，山羊老师不得不将刚开始讲的故事停下来。小动物都埋怨起小黑熊来：“真讨厌，这么大的声音!”“大嗓门，你也不看看这是什么地方，什么时候。”大家你一句我一句，课堂秩序变得很乱，山羊老师费了好大劲儿才使大家安静下来重新上课。

下午开展图书区角活动，小动物们领到图书后，都在安安静静地看。小黑熊阅读的连环画正好是《小马过河》的故事，他的大嗓门又忍不住了："小花狗，你瞧，这就是今天老师讲的笨小马呢。"小花狗用眼睛瞄了他一眼，头一扭，不理他了。"小猫咪，快来看，小马碰到牛伯伯了。"小猫咪指着嘴"嘘"了一下，也轻轻地走开了。

小黑熊感到很无趣，就在这时，山羊老师走了过来，对小黑熊说："要注意管住自己，在需要安静的公共场所，要遵守纪律，不要大声说话。"小黑熊明白了这个道理，不再说话了。

从此，小黑熊的大嗓门只有在幼儿园的操场上才能听得到。

第二节 自我意识教育的活动指导

基础知识

对幼儿进行自我意识教育的活动指导可帮助幼儿正确地认识和评价自己，增进幼儿的自我价值感和自信心；帮助幼儿学习自由选择、自我决策，培养其独立的人格；帮助幼儿学会认识、理解和适当地表达自己的情绪、控制自己的行为。

一、自我意识教育的目标

（一）《纲要》和《指南》中有关自我意识教育的目标

《纲要》的社会领域目标指出：幼儿要“能努力做好力所能及的事，不怕困难，有初步的责任感”。同时在社会领域的内容与要求中又指出幼儿社会教育要“为每个幼儿提供表现自己长处和获得成功的机会，增强其自尊心和自信心，提供自由活动的机会，支持幼儿自主地选择、计划活动，鼓励他们通过多方面的努力解决问题，不轻易放弃克服困难的尝试”。

《指南》在社会领域中讲述人际交往方面的目标时，特别提出了对学前儿童自我意识方面的要求：通过正确认识和评价自己，不断深入认识自我；通过培养自尊、自信、自主使幼儿获得良好的情绪体验；通过培养对独立性、坚持性、自我情绪的控制帮助幼儿学会自我调节。

（二）幼儿园各年龄班自我意识教育目标

1. 目标1：能正确认识和评价自己（见表2-1）

表2-1 能正确认识和评价自己

小班（3～4岁）	中班（4～5岁）	大班（5～6岁）
1. 知道自己的姓名、性别、年龄。	1. 能说出自己的身体特征。 2. 理解性别差异的稳定性。 3. 知道自己的爱好。 4. 能对自己做出简单的评价。	1. 知道自己的优缺点。 2. 能具体地评价自己。 3. 能比较客观地评价他人。 4. 能对自己的性格做出评价。

2. 目标2：具有自尊、自信、自主的表现（见表2-2）

表2-2 具有自尊、自信、自主的表现

小班（3～4岁）	中班（4～5岁）	大班（5～6岁）
1. 能根据自己的兴趣选择游戏或其他活动。 2. 为自己的好行为或活动成果感到高兴。 3. 自己能做的事情，愿意自己做。 4. 喜欢承担一些小任务。	1. 能按自己的想法进行游戏或其他活动。 2. 知道自己的优点和长处，对自己感到满意。 3. 自己的事情尽量自己做，不喜欢依赖别人。 4. 敢于尝试有一定难度的活动和任务。	1. 能主动发起活动或在活动中出主意、想办法。 2. 做了好事或取得了成功后还想做得更好。 3. 自己的事情自己做，不会的愿意学。 4. 主动承担任务，遇到困难能够坚持而不轻易求助。 5. 与别人的看法不同时，敢于坚持自己的意见并说出理由。

3. 目标3：具有独立、坚持的品格，情绪稳定（见表2-3）

表2-3 具有独立、坚持的品格，情绪稳定

小班（3～4岁）	中班（4～5岁）	大班（5～6岁）
1. 在老师鼓励和要求下能独立做事情。 2. 能有始有终地完成一件简单的事情。 3. 情绪较稳定，经劝说能控制消极情绪。	1. 自己能做的事情不请别人帮助。 2. 能坚持一段时间完成有一定难度的事情。 3. 能用较平和的方式表达情绪，较能控制消极情绪。	1. 喜欢独立做事情，独立思考问题。 2. 能在较长时间内主动克服困难，实现活动目标。 3. 能用恰当的方式对不同的情景做出适宜的情绪反应。

二、自我意识教育的内容

对学前儿童进行自我意识教育主要从自我认知、自我体验和自我调控三个方面展开。学前儿童自我认知教育即是训练个体对自己的生理状况、心理特征以及自己与周围人的关系进行正确的认识，培育和发展个体积极健康的自我意识和良好的自我概念。

（一）自我认知

学前儿童自我认知教育就是让幼儿了解自己，认识自己的姓名、性别、身体特征等，进而引导幼儿认识自己的兴趣爱好、能力、社会关系等，让幼儿能初步掌握自我的概念，认识到自己与周围事物的关系，对自己的能力做出正确的评估。例如，开展“我的家庭”活动，介绍“我”的家庭成员，“我”与他们每个成员的关系，了解他们和我的身体特征有哪些不同。还有开展“我有一张圆圆的脸蛋”“我的个子小小的”“我会洗菜”“我会唱歌”等活动，通过这些活动使幼儿认识自己可以做什么或者应该怎么去做，让幼儿自己建立一个小目标，并采取相应的行动来促使目标的达成。

实例链接

好听的名字（小班）

活动目标：

(1) 每个人都有属于自己的名字。

(2) 喜欢自己的名字，并且愿意在集体中大方地进行自我介绍。

(3) 能讲述自己名字的来源。

活动准备：

准备一只布袋木偶小狗。

活动过程：

(1) 幼儿围坐在教师身边，教师手持木偶小狗向小朋友问好，介绍自己的名字叫“小花狗”。

(2) 教师以小花狗的口吻告诉大家：它的鼻子很灵敏，只要闻一闻，就能猜出小朋友的名字。小花狗先闻了闻几个小朋友，猜出了三个幼儿的名字，并请这三个幼儿大胆地说出自己的名字。大家为小花狗猜对了拍拍手。小花狗再闻一闻几个幼儿，故意说错其中两个幼儿的名字，请这两个幼儿响亮地说出自己的名字。小花狗让每个小朋友说出自己的名字。

(3) 教师：小花狗夸小朋友真能干，知道自己的名字叫什么。小花狗很高兴，他要亲亲你。

(4) 教师：小花狗非常喜欢小朋友，它想记住你们每一个人的名字，与你们交朋友。它请小朋友帮助它尽快记住你们的名字（提醒幼儿说出自己名字的来源）。

（二） 自我体验

学前儿童自我体验教育即是对幼儿积极情绪的培养和体验，是对自尊心、自信心和自豪感的体验教育，教师通过教育教学行为引导幼儿正面评价自己、认识到自己的优缺点，学会能够愉快地接纳自己。可以指导幼儿将自己的现在与过去进行比较，体验自身的变化，也可以让幼儿将自己与他人比较，从而客观的看待自己，欣赏自身的长处也接纳自身的缺点，虚心学习别人的长处也积极展示自己的优点，建立起自信心。如开展“包饺子”的亲子活动，要求幼儿和家长一起包饺子，相互交流、协作，在整个活动过程中，父母不断地鼓励表扬幼儿，让幼儿可以尽情地展示自己的才能。“哇！你包的饺子形状真好看！”“宝贝，你太棒！”旁人的鼓励和表扬比自己家长的鼓舞更加有效果。通过开展类似的活动，幼儿不仅展示了自己的动手能力，树立了自信心，更体会到了来自于他人的肯定和尊重，这对幼儿的自我体验有重要的影响。

实例链接

我是妈妈的小帮手（小班）

活动目标：

（1）知道为父母做力所能及的事。

（2）学会关心、爱护自己的家人。

（3）体验帮助家人的快乐。

活动准备：

电话一部，餐具若干，玩具若干等。

活动过程：

1. “妈妈，我们回来了。”

（1）教师带头扮演兔姐姐，幼儿扮演小兔，一起在草地上念儿歌：“小白兔，蹦蹦跳，跳到草地吃青草。”同时自由地做小兔动作。

（2）下雨了，小兔子们跑回家，走到家门口，兔姐姐带领小兔们敲门：“妈妈，我们回来了。”

2. 推门进去，“妈妈去哪里了？”

（1）小兔们走进家门，自由地围着兔姐姐坐在家中的椅子上或者地上。

（2）咦？妈妈呢，妈妈不在家，她会去什么地方呢？

（3）这么长时间了，妈妈怎么还不回来？真着急，怎么办呢？（请幼儿想象怎样才能知道妈妈去哪里了呢？）

（4）根据幼儿的回答，兔姐姐决定打电话。

3. 打电话了解妈妈的去向

（1）怎么打电话呢？

（2）妈妈没有去上班，手机也关机了，这可怎么办呢？（引导幼儿提出给爸爸打电话的办法）

（3）我们怎么问爸爸呢？请大家想想怎么问爸爸。

（4）兔姐姐打电话，与爸爸通话："喂，爸爸，我是小兔，你知道妈妈上哪里去了吗？哦，原来奶奶生病了，妈妈去照顾奶奶了。"放下电话。

4. 接到妈妈的电话

（1）电话铃响了，兔姐姐拿起电话，原来是妈妈打来的电话。

（2）播放妈妈电话的声音："小兔们，我是妈妈，奶奶病了，现在在医院里。我在照顾奶奶，现在不能回来，你们帮妈妈做些事情好吗？小兔们，你们把外面的衣服收进来，折叠好；把桌子上的碗、勺子及杯子收到厨房里摆放整齐；把桌子、椅子擦干净；把地打扫干净；把自己的玩具整理好；把书架上的书整理整齐。小兔们听清楚了吗？妈妈再说一遍……好了，等一会妈妈回来看看我的宝宝们能不能干，妈妈带上好吃的东西给你们吃，好吗？小兔宝宝们再见。"

（3）听清楚妈妈刚刚打电话时说的话了吗？（宝宝们再重复一次）

（4）请小兔们帮妈妈干家务事。

5. 妈妈回来了

（请配班老师扮演兔妈妈）兔妈妈："小兔宝宝们，你们把家整理得真干净啊，你们真是能干的好孩子，妈妈给你们带来了许多好吃的，我们一起坐下来吃，好吗？"（幼儿快乐地分享）

（三）自我调控

学前儿童自我调控教育是指教师通过引导和启发，使学前儿童学会自我控制，学会管理自己的情绪，学会处理自我意识问题上的困扰，努力达到自我完善的目的。虽然大部分学前儿童的心智还不是很成熟，不能做到真正意义上的自我调控，但是在成人的引导下，幼儿能够学着进行自我控制和自我调节，幼儿能够学着控制自己的欲望和情感，在困难和挫折面前进行积极的自我安慰。比如：当幼儿自己不小心跌倒受伤时，他会很快调节自己的心态，认为没事就很快地爬起来；当幼儿与周围的人发生冲突时，教师要指导幼儿尽量地克制自己的情绪，自己可能当时很生气，可以向对方诉说"我很生气""我现在不想和你说话"等，而不是直接与人吵架甚至是动手打架；指导幼儿养成良好的生活习惯，比如按时安排自己一日生活的习惯，有秩序地摆放自己的物品，学会合理安排自己的时间和金钱，养成勤俭节约的美德等。

实例链接

做个好赢家（中班）

活动目标：

(1) 培养幼儿形成做个好赢家的意识。

(2) 学会控制自己的兴奋和高兴，与同伴友好交往。

(3) 通过游戏，体验合理表达自己情绪的重要性。

活动准备：

准备60厘米高的拱形门4个，沙包若干个。

活动过程：

1. 玩游戏“小马运粮”

分组钻过一个60厘米高的拱形门到达“磨坊”，背起一袋粮食（沙包）往回跑（途中掉下来，放上去继续跑），到“家”后，拍第二个小朋友的手继续游戏，先运完的组获胜。

2. 让赢的小朋友和输的小朋友讨论

(1) 当你胜利的时候，你是怎么做的？

(2) 问输的小朋友，当其他小朋友赢了他心里的感受是什么？

让赢的小朋友发现当他赢了的时候特别高兴，可是输掉的小朋友心里很不开心。这时，赢的小朋友要学会隐藏自己兴奋的情绪和高兴的笑声，要懂得体会理解他人的情绪。

(3) 让幼儿自由讨论赢家应该怎样做才能让输的人不难过？即不应该做什么？

资料来源：张明红. 学前儿童社会教育. 上海：华东师范大学出版社，2008.

三、自我意识教育的实施

针对学前儿童进行的自我意识教育要更多关注幼儿的心理特点和生理特点，通过家庭和学校两个环境共同实施。学前儿童自我意识教育的手段和形式也是丰富多样的，如在幼儿园可以通过角色游戏活动、绘本阅读活动、趣味体育活动、音乐教育活动等进行教育。

（一）学前儿童自我意识教育的途径

培养学前儿童积极的自我意识是儿童心理健康和人格形成的核心内容，通过科学的方法和途径使儿童从小养成和确立一种积极的自我意识，为他们今后跨入社会、面对挑战增添一份勇气和自信。

1. 通过开展角色游戏活动，实施学前儿童自我意识教育

角色游戏是一种常见的受儿童喜爱的游戏方式，儿童可以根据自己的意愿去扮演游戏中的角色，通过想象、模仿、观察等赋予角色灵魂使游戏得以进行。

角色游戏对幼儿的发展有很大的积极作用。首先，通过角色游戏，儿童需要调动丰富的创造力和想象力来诠释角色，使游戏得以进行。其次，在游戏中没有设定的剧本，儿童需要根据实际情况处理一些应急的状况，这是对儿童应变能力的一种培养。最后，儿童通过角色扮演，锻炼了模仿能力，更是对社会角色的一种学习与认识，有利于形成正确的角色定位。

在游戏的过程中，幼儿的全情投入不仅能给幼儿带来极大的快乐和满足，同时有助于巩固和加深幼儿的社会经验，锻炼手眼脑协调能力，发展语言和沟通能力，在提高幼儿亲社会性等方面具有积极的作用。

实例链接

游戏主题：

角色体验：麦当劳、花店、玩具城、银行、我的家、超市。

游戏目的：

（1）能积极参与角色游戏活动，对角色游戏形成浓厚的兴趣，能正确反映角色的社会职责和角色相互之间的社会关系。

（2）能自主选择角色，学会用协商的方法分配角色，学会分工合作，与同伴友好交往，分享游戏的快乐，学会如何解决在游戏中出现的问题。

（3）通过游戏培养幼儿热爱生活、礼貌待人、遵守规则等良好的品德行为。

（4）尝试选用替代物来丰富游戏。

游戏准备：

（1）汉堡包、薯条、鸡腿、可乐等；

（2）各种绢花、塑料花、纸花、包装纸等；

（3）各种玩具、“存折”“钱”等；

（4）家中常用的家具、炊具、餐具、食品等；

（5）货柜、货架、商品、宣传单、导购员和收银员的服装及工作牌。

游戏预设：

（1）提出游戏主题，幼儿自由选择。

（2）幼儿看录像（之前开展类似游戏的录像），讨论如何解决上次游戏中出现的问题。观察分析：能够从录像上看得很清楚，上次做得不够好的地方，如取钱没排队，花店的东西乱放，很不整齐。孩子们都提出了改正的方法，要排队，请工作人员监督；东西不能放地上，可以多搬一张桌子来放东西；去超市买的东西太多时，可以用袋子来装等。

(3) 幼儿分组，自主选择游戏，学会协商分配角色，合作布置游戏场所。观察分析：大部分孩子们都能互相商量，很快就确定各自的角色了。只有玩麦当劳的孩子，由于有几个人都想当经理，商量了很久都没定下来，后来只好用石头剪刀布来决定。看来孩子们都已经学会运用一些办法来解决问题。

(4) 教师以“记者”的身份参与游戏，在游戏过程中指导幼儿遵守游戏规则，讲文明，有礼貌，引导幼儿大胆地模仿扮演角色，动脑筋大胆地选择可用的替代物。观察分析：因为之前看过录像，所以孩子们取钱时都能排好队，花店的孩子也搬了一张桌子放东西，看上去整齐多了。麦当劳的接待员很热情，会向顾客介绍各种好吃的东西。玩具城的生意非常好，组装玩具的技术员都忙坏了。不过孩子们对价钱还没什么概念，对物品的标价和收钱都是随意的，而且较没有想象力，不会利用替代物。

(5) 结束游戏，讲评游戏。

1) 请幼儿说一说，你在玩游戏时有什么开心的事，你最喜欢谁，为什么？

2) 说说在游戏中发现的问题，让幼儿思考解决的办法，为下一次游戏做好准备。

观察分析：孩子们能够说出开心的事，最喜欢和谁玩。看来老师的引导和提问的技巧是非常重要的。

资料来源：大班角色游戏活动案例.（2011－05－23）［2017－08－15］. http://wenku.baidu.com/view/c949018dcc22bcd126ff0ca0.html? re=view.

2. 利用绘本阅读活动，开展学前儿童自我意识教育

绘本阅读活动是当下大部分幼儿园开始提倡和普及的教育活动，绘本作为图文结合的一种复合文本，栩栩如生的图画是亮点，被专家认为是最适合幼儿阅读的图书形式。绘本阅读活动对于幼儿有独特的魅力，体现在：首先，绘本符合幼儿的思维特点，能激发幼儿的阅读兴趣；其次，绘本画面精美，富有内涵，能给幼儿艺术审美的熏陶；最后，绘本能激活幼儿的想象，培养幼儿的创造力。

利用绘本阅读活动，选择具有代表性的主题绘本，根据绘本故事折射的意蕴，在合适的时机进行提问和讨论，在保证趣味性的条件下引导幼儿展开思考，可从幼儿自我认知、自我体验、自我调控几方面入手予以引导。在具体的绘本阅读活动中，主要是立足于绘本的故事情节，通过提问、讨论等方式展开阅读指导，引导幼儿感知和内化积极的自我意识。

资料链接

我不！我不！

总是说“不”，争抢玩具，不爱理发，丢东西，动不动就生气，眼泪流成河，不爱吃胡萝卜，不睡觉……真是活灵活现。“我不！我不!”系列的每一个封面，都能让人想象出这些孩子在怎么“折磨”妈妈，而他们的妈妈又该怎么对付这些让人劳神的事情呢?

哇、哇、哇，是每个初上幼儿园的孩子都会发出的声音，对孩子、对妈妈都是一次分离焦虑。可这样一场“悲剧”在《哇～哇～哇》作者笔下却变成了极具夸张色彩的“喜剧”：眼泪真的流成了河，孩子们都变成了小鱼，到了放学的时候，妈妈得穿着雨靴，拿着水桶和网子去“捞”孩子……

黑暗是孩子们最容易感到恐惧的事情，《哪个小孩还没睡》的封面背景就是黑色的，但色彩明快的小妖怪却笑眯眯地看着你。想象一下，在温暖的夜灯下，在妈妈温柔的语调里读这本书，孩子感受到的一定不是害怕，而是带着一种温馨的幽默进入梦乡。

一位妈妈细心观察了她给即将过2岁生日的儿子读《气球猫》的情形：

“开始时他的反应是‘噗噗——’，好像挺感兴趣的样子，笑嘻嘻地听着我读，但是，当我读到猫猫说‘我不要收拾东西!’的那一页开始，他的小脸就开始没了笑容……等读到猫猫飞上天的那页，又开始笑了。哦，似乎儿子对‘飞’很感兴趣，这使他的情感变化一起一伏的。最后读到妈妈在房顶上哭时，他嘴里边叨咕着‘哎——’脸上又没了笑容，似乎被那黑夜的画面，猫猫大概回不来了的内容吓住了。我在旁边解释说‘如果猫猫不再任性，也不再刁难人，他就能回到妈妈身边。’但是，儿子还是没有反应……于是，我感到有些后悔给孩子读。没想到，读完这本绘本后，儿子突然问‘妈妈，之后猫猫怎样了?’这让我很吃惊，忽然感到，在爸妈的温暖的怀抱里，儿子既可以体验到‘快乐’‘有趣’‘高兴’‘喜欢’，同时又能体验到‘紧张’‘害怕’‘焦急’等丰富多元的情绪。”

其实孩子的感觉器官在胎儿时就开始工作了。出生后，他更是要体会或舒服或不舒服，接收正面或负面的信息，产生丰富复杂的心理活动，并且不断表达各种各样的情绪。在这个过程中，他们渐渐长成一个身心健康的人。经常读各种各样的书，孩子对世界的感知将更加丰富，这是一件非常重要的事情。当那个2岁的孩子问妈妈“之后猫猫怎样了?”的时候，我想，他的想象力就开始驰骋了。

孩子是不是被“吓唬”住了，不仅要看父母说什么，做什么，更要看父母自己的心态和情绪，以及平时跟孩子之间的感情基础、家庭氛围和周围环境。例如，孩子是否有安全感，家人之间是否有爱，是否积极乐观面对生活，成人有没有幽默感……比起一个故事，爸爸妈妈的不耐烦、大声训斥，甚至打骂，才会更让孩子真正感到害怕。

3. 组织趣味体育活动，进行学前儿童自我意识教育

趣味体育活动包括趣味体操、体育游戏等，这里重点介绍趣味体操活动。趣味体操包含走、跑、跳、平衡、踢腿、弯腰等基本动作，在选择合适音乐的基础上，根据音乐节奏、速度和旋律，配以操节口令，把基本动作编排为成套简单而又富有艺术性的体操，以培养幼儿身体各部位的灵活性和协调性。

趣味体操的学习有时需要团队的协作，可使幼儿在其中达到人际沟通的练习，是幼儿个体自我向社会自我转化的重要手段。要完成体操项目，幼儿需要克服困难、学会坚持、学会战胜自我、学会自我调控。在活动过程中，教师应提供轻松愉悦的教学氛围，让每个幼儿能够在快乐中展示自我，教师可以引导幼儿对自己的表现进行客观的评价，建立起幼儿的自信心。

在设计趣味体操活动时，教师可以有针对性地在幼儿自我认知、自我体验、自我调控三个方面设计活动环节，注意发挥幼儿的主体作用。

实例链接

你追我赶（大班）

活动目标：

（1）学习简单的追逐跑玩法，发展身体的灵敏协调能力。

（2）商讨游戏规则，体验合作游戏的快乐。

重点难点：

（1）玩追逐跑游戏，体验跑的乐趣。

（2）商讨游戏规则，增强团队合作意识。

活动准备：

（1）哨子，自制奖章，一个配班老师。

（2）场地布置。

活动过程：

1. 小兵操练

（1）扛枪操练：原地踏步、弓步冲刺、左右扫雷、锁定目标。

（2）扫雷行动。阵地→雷区→阵地。

面对雷区扫雷。（折返跑）

背对雷区扫雷。（提醒转身）

2. 冲锋陷阵

（1）布局。

大本营（安全区）、敌营（禁区）

（2）冲锋。

听哨行动：一声长哨“冲锋”，两声短哨“警报”。

出现一名敌人，提高警惕。

出现多名敌人，紧急躲闪。

（3）营救。

尝试救援，冒险营救同伴。

商讨策略，合作营救同伴。

3. 凯旋

（1）嘉奖欢呼。为勇敢者颁发优秀士兵奖章，齐声欢呼。

（2）扛枪返程。

资料来源：聚优．幼儿园大班体育游戏：“你追我赶”．（2016－06－29）［2017－08－15］．http://www.jy135.com/jiaoyu/194148.html.

4. 开展音乐教育活动，促进学前儿童自我意识的发展

实践证明，音乐活动能促进儿童自我意识的发展，音乐教育可以帮助幼儿认识自我，增强自我情感的体验，提高幼儿的自我控制能力。教育者不仅要学会正确运用音乐教育的方法，更重要的是要理解音乐教育蕴含的深远影响，最大可能地挖掘音乐教育的作用，促进幼儿自我意识的发展。

通过音乐刺激幼儿的感知觉，可增加其大脑细胞的突触，进而推动幼儿感知觉的发展。当幼儿倾听音乐时，会不自觉地欣赏和模仿，比如对曲调的欣赏，不自觉地哼唱，对歌词的模仿和重复，通过这种模仿再加以动作指导，可让幼儿认识到“我”，区分出声音的来源，形成客体我和主体我的概念。

当然，音乐教育同时也是一种对幼儿自我情感的体验教育。学前阶段的幼儿词汇量少，语言表达能力较弱，大部分幼儿很难表达自己的情感体验，而音乐就是一架很好的桥梁，在帮助幼儿表达自我情感的同时也帮助教师及家长更加了解幼儿的内心世界。

在学习音乐的过程中，让幼儿学习控制自己的发声器官或者乐器，同时有意识地调整自己的身体动作和行为，使之与音乐协调一致。通过这样的反复训练，可让幼儿形成规则意识，教导幼儿只有学会自我约束、自我监督，不断地自我改善以适应周围的生活环境，才能更好地完成自己的角色任务。

实例链接

我的身体（小班）

活动目标：

（1）在游戏中初步了解身体各部位的名称。

(2) 运用身体各部位积极参与活动，感受身体的重要性。

(3) 体验游戏的乐趣，萌发初步的自我保护意识。

活动准备：

(1) 知识经验准备：已有初步的认识人体的经验。

(2) 物质材料准备：10 个呼啦圈，一块大布，每人一张拼图，三首奥尔夫音乐。

活动过程：

1. 韵律导入，认识身体

师："小朋友，你知道我们的身体有哪些部位吗？"

幼："有脚、头、肩膀……"

师："让我们一起再来认识一下它们，从头开始吧！"

2. 摸摸猜猜，学说儿歌过渡

师："小朋友真棒，身体的各个部位：头、手、脚都协调地动起来了。现在先请小朋友坐下，我们来玩个'猜猜看'的游戏。"

(1) 幼儿触摸，进一步认识身体。

师："这块大布下藏着一个人，我们来摸一摸，猜猜你摸到他身体的哪个部位。"

(2) 揭示人体部位名称，学说"我的××"。

(3) 完整说儿歌。

3. 开展呼啦圈游戏，协调动作

师："现在，老师想和小朋友玩呼啦圈游戏。"

(1) 介绍游戏规则。

(2) 听音乐（奥尔夫——开始、停止的音乐），玩游戏，适当增加难度。

4. 模仿想象，迁移经验过渡

师："我们认识了身体的这么多部位，好能干啊！你的身体平时都干些什么呢？谁能表演一下？"（洗脸、刷牙、打电话……）

(1) 模仿生活动作。

(2) 归纳提升保护身体的办法，升华爱惜身体、珍爱生命的情感。

（二） 对学前儿童开展自我意识教育需要注意的问题

1. 尊重幼儿，以积极的心态对待幼儿的好奇心和探索行为

学前儿童自我意识的突出特点是他律性。幼儿往往特别看重成人对其的评价，并据此形成对自己的认知，尤其是父母的评价，往往成为幼儿评价自己的重要标准和依据。因此，父母要做到充分尊重幼儿，按照幼儿的实际情况，正确地对待幼儿、评价幼儿。父母的及时鼓励、适度表扬，能使幼儿获得愉快而肯定的情绪体验。这些都有助于幼儿形成正确的自我概念，随之转化为幼儿积极努力、乐于探索的动力。

2. 积极创造机会让幼儿体验成功，体验自我实现

充分的、自由的自我表达与表现，个体自我获得成功的重要体验，是培养幼儿自信心的重要途径。当幼儿从事某项活动后感到成功，就会有一种精神上的满足和喜悦体验，进一步产生"自我激励"的心理状态，自信心也会随之建立。相反，如果在活动中幼儿体验到的是挫折和失败的情绪，其自我否定也就会越来越多，自信心便随之减弱。

因此，无论是父母还是教师，在布置幼儿任务或组织幼儿开展各种活动时，要对不同发展水平的幼儿差别对待，通过设置不同的目标使每个幼儿经过努力都能在原有水平上得到提高，获得不同程度的成功体验，增强自信心。

3. 充分给予幼儿人际交往的权利和机会

幼儿的学习和经验累积是通过交往与对话来实现的，有交往与对话的教育才是真正有意义的教育。幼儿享有交往权，成人应积极地在家庭、幼儿园和社区中创设各项活动，并与幼儿真诚地交流，让幼儿通过人际交往拓展思维，解决难题，学会理解他人，学会竞争与合作，不断提高人际交往技能。在此过程中，幼儿通过经验的积累，可掌握基本的社会行为规则，逐渐克服自我中心，适应集体生活和社会活动，不断地实现个性和社会性的和谐发展。

4. 提供多元化的训练，培养幼儿自控能力

学前儿童自控能力的发展主要受环境和教育两大因素的影响。培养幼儿自控能力包括两种相辅相成的机能，即发动和维持一种有目的的、指向性的行动，从而抑制一种合意的、但不符合社会要求的行为。对学前儿童进行自我控制能力训练，首先要利用言语进行自我调节。个体的自言自语以及言语的内容对幼儿自我控制能力的发展具有调节作用，因为进行言语指导有利于分散幼儿对诱惑物的注意力，从而增强幼儿自控能力。此方法对年龄较小的幼儿比较有效，年龄较大的幼儿由于其内在价值观已初步形成，言语调节无显著作用。其次可以通过延迟满足的方式转移幼儿注意力。在幼儿力争满足要求时，可以采取拖延战术，通过沟通谈判的方式，让幼儿不去想所渴望得到的物品。当然这也是言语法的一种衍生，也是一种转移注意力的手段。我们应该在多元的系统中使幼儿获得丰富的社会生活经验，并随着幼儿年龄的增长、能力的提高，对他们提出更高的要求。

总之，幼儿的自我意识教育需要注意的是尊重幼儿、爱护幼儿的自尊心，使之健康发展，同时严格要求，不迁就幼儿的不良习惯和不合理要求，促进幼儿自我控制能力的发展。

实例链接

独特的我（大班）

活动目标：

通过观察、比较、自我介绍、特长展示等活动，使幼儿初步认识自我，形成积极的自我评价，增强幼儿的自信心。

活动准备：

电视机、实物投影仪、教师和幼儿小时候的照片、布、剪刀、别针等。

活动过程：

(1) 玩游戏“请你猜猜他是谁”，把小朋友小时候的照片放在实物投影仪上。

(2) 引导幼儿制定游戏规则，让幼儿自由发言。

(3) 教师在投影仪上依次展示本班幼儿和教师小时候的照片，引导幼儿根据相貌猜测他是谁。

(4) 教师自我介绍并展示特长。

(5) 鼓励幼儿大胆讲述并展示自己的特长。

(6) 幼儿自由结伴交流，分别进行自我介绍，讨论并回答应该从哪些方面做自我介绍。

活动延伸：

(1) 幼儿在表演区继续展示自己的特长。

(2) 开展角色游戏“照相馆”，引导幼儿发现并表现每个人不同的相貌特征。

活动分析与评价：

活动开始，以游戏“请你猜猜他是谁”为基本形式，教师通过运用富有形象直观性、趣味性的实物投影仪，将幼儿身边的人物形象地展示在大家面前，不仅使幼儿从中获取积极愉快的情绪体验，而且调动了幼儿观察、比较、联想、判断的积极性，拉近了幼儿间的距离。

游戏中引导幼儿共同参与制定游戏规则，体现了“幼儿主体”的思想。

从活动组织形式来看，幼儿的自我介绍环节既有个别幼儿面对集体的交流，又有幼儿自由结伴的交流。从课堂氛围来看，教师通过亲切的语言，耐心引导，时刻保持与幼儿的情感交流，使幼儿在宽松、自由的氛围中达到学习的目的。

注意在活动结束后的活动延伸，如何引导幼儿开展进一步的自我认知实践。

资料来源：尹坚勤. 幼儿园教育活动案例精选. 南京：南京师范大学出版社，2002.

四、自我意识教育的评价

在开展幼儿自我意识教育活动时，主要包括对幼儿自我意识发展进行评价和对教师的自我意识教育进行评价。

（一） 对学前儿童自我意识发展的评价

自我意识主要包括自我认知、自我体验和自我调控。与其他方面相比，幼儿自我意识发展相对较晚。一般来说，幼儿可以在与他人的交往中，初步学习了解自己、了解别人，学习把自己的行为、能力与别人的行为、能力作比较，学习简单地评价自己和其他幼儿的行为。但是，由于受自身心理发展水平的限制，幼儿自我意识发展的总体水平还是比较低的，他们还不能对自己进行独立、客观的评价，而往往是根据幼儿教师的评价来评价自己和他人。因此幼儿教师对幼儿的评价对幼儿自我意识的发展有十分重要的影响。

1. 从轻信成人的评价到自己独立的评价

三四岁的幼儿对自己或别人的评价往往只是成人评价的简单再现，而且，对成人的评价，有一种不加考虑的轻信态度。例如，他们对自己的评价过高或过低，往往是因为

“老师是这么说的”。到五六岁的时候，幼儿逐渐对评价持有了批评态度。例如，某大班选值日生，小朋友们选了彬彬，可是小宇说：“他今天骂过我，不能选他。”此时幼儿开始出现独立的评价，开始对成人的评价持有批判的态度。如果成人对儿童的评价不客观、不正确，儿童往往会提出疑问、申辩，甚至表示反感。

2. 从对外部行为的评价到对内心品质的评价

三四岁的幼儿一般只能评价一些外部的行为表现，还不能评价内心状态和道德品质。如问“为什么说你自己是好孩子?”四岁儿童回答“我不打架”或“我不抢玩具”，而五六岁的儿童则可以说出一些比较抽象、内在的品质特点，如“我听话，遵守纪律”或“我谦让，对小朋友友好”等。

3. 从比较笼统的评价到比较细致的评价

三四岁的幼儿对自己的评价是比较简单、笼统的，往往只根据某一两个方面或局部进行自我评价，例如，“我会唱歌”“我会画画”。五六岁幼儿的评价就比较细致、比较全面。例如，教师请小朋友单独朗诵儿歌后，要求其他小朋友评价朗读得如何，幼儿会这样评价，“他朗诵得好，因为他吐字清楚”“声音自然，有表情”等。

在整个学前期，儿童对自己评价的能力还是较差的，成人的态度对儿童的自我评价有着重大的影响。因此，成人对儿童的评价必须适当、客观、公正，任何过高、过低或其他不恰当的评价都是有害的。例如，如果成人对儿童说“你永远也学不会”“你总是不会安静”“你老是爱打人”等，儿童就会认为自己真的是毫无希望的人，变得没有信心。

实例链接

幼儿乐乐因打了人没有拿到小红花，而其他小朋友都拿到了。当天妈妈来接他时，他不肯回家，非要拿到小红花才肯离园。经过了解，原来是老师说了“乐乐今天表现不好。”老师和妈妈给乐乐讲明了道理，他跟着妈妈回了家。从第二天起，乐乐开始逐渐自觉控制自己的行为，每天都要问老师：“我今天表现好吗?”一天，老师说他有进步，给他一朵小红花，乐乐高兴极了。

幼儿还没有独立的自我评价，他们的自我评价常常依赖于他人的评价，特别是在幼儿初期，往往不加考虑地轻信老师和成人对自己的评价。幼儿的自我评价只是成人评价的简单重复，常常带有主观情绪性，从而过高或过低地评估自己，且自我评价还受到认识水平的限制。乐乐在对自己评价时，也体现了幼儿的自我评价依赖于成人对他们的评价，受到认识水平的限制。

幼儿教师应如何对幼儿的自我意识进行积极的评价呢?①

第一，对幼儿的评价应持赞赏性。教师要积极评价每个幼儿，处处尊重幼儿，时常鼓励和肯定他们。他们回答问题正确时，用点头、微笑赞许他或摸摸他的头以示鼓励；当孩子回答错误时，千万不能流露出责备的神情或不满的情绪，可对他们说："哦，某某小朋友还没有想好，没关系，过一会儿你再回答吧。"

而对于把小手举得矮矮的或战战兢兢举起又放下的幼儿，就鼓励他大胆些，对他说："我知道你已经想好了，对吧？你来回答。"

第二，对幼儿的评价应持客观性。幼儿喜欢用老师对是非的评价去判断好与坏，只要是老师赞成的事他们就认为是对的，只要是老师禁止的、批评的事他们就认为是错的，久而久之，是非评价的标准就习惯于"师从性"，而缺乏客观性。例如，在某地发生的一次地震时桌凳剧烈摇晃，大家还没回过神来，大班的一个娃娃喊了一声"房子要垮了"就冲了出去。事后，小朋友都认为他违反了纪律，应该给予批评。老师问他"为什么不等老师发话就开跑"，他说"房子垮下来要打死人"。在特殊情况下面对"纪律"和"生命"他选择了后者，老师表扬了他。小朋友最终受到了一次"灵活性"教育，明白了"纪律"也不是教条死板的。以后，随着年龄的增长和教育过程的深入，幼儿对行为的好坏标准会不断加深认识，教师应着重引导幼儿认识判断是非、好坏的原因，使好的行为不断得到彰显。

第三，对幼儿的评价应持区分性。教师要以不同的标准去要求和评价不同发展水平的幼儿，每个幼儿都希望得到教师的赞许，但由于幼儿间存在个体差异，这就要求教师用不同的标准去要求幼儿。对发展水平高的幼儿，教师要鼓励他们达到更高的要求。如在看图讲述《大象救兔子》故事中，教师先让幼儿看第一幅图，"老虎从树林中窜出来了，三只兔子飞快地跑"，要求幼儿想办法救这三只兔子。当有幼儿想出让黑熊来对付老虎时，老师问为什么，幼儿说："因为黑熊力气比老虎大。"老师又问："你怎么知道黑熊力气比老虎大?"孩子说："老师以前讲的故事《老虎和黑熊》中黑熊比老虎力气大。"这说明这个孩子他能把以前听的故事内容融会贯通，从而解决新问题，所以老师要告诉这孩子"你想的办法不错，不过，我相信，如果你再动动小脑筋，一定会想出比这更好的办法。"这样，又向这个孩子提出了进一步的要求。而对于发展水平较低的幼儿，老师应多给些提示。还是就《大象救兔子》来说明，对水平较低的幼儿只要求他们回答"大象是怎样救了兔子的"，并出示第二幅画。因第二幅画大象正在河中间，这部分幼儿思维受到了一定的启发，当他们想出让大象用长鼻子卷起老虎并扔到河里去淹死时，教师就可以鼓励他们说："你们真聪明！想的办法很好，大象伯伯都觉得这个方法不错，就真的用长鼻子卷起老虎扔到河里去了。"孩子们就会显出一脸的灿烂。

（二） 对学前儿童自我意识教育的评价

学前儿童自我意识教育的评价是依据幼儿自我意识教育的目标来制定的。《纲要》

① 朱洪萍. 幼儿自我发展及教师评价对策. 时代教育，2008（4）.

提出：幼儿园要帮助他们正确认识自己，为每个幼儿提供表现自己长处和获得成功的机会，增强其自尊心和自信心。认识自己就是认识自己的一切，包括认识自己的生理状况、心理特征，以及自己与他人的交往等。只有在自我认识的基础上，才能对幼儿进行自我意识的教育。开展幼儿自我意识教育活动能够让幼儿认识和接纳自己，增强自我价值感和自信心；有助于幼儿充分地表达自己的情感，控制自己的行为；有助于幼儿学会自我选择、自我决断，培养其独立性和自主性，并对自己的行为负责任。幼儿自我意识教育评价的内容主要包括以下几个方面：

1. 幼儿是否形成正确的自我概念

幼儿自我意识突出的特点是具有很强的他律性，他们的交往主要是以成人的评价为依据来评价自己，从而形成对自己的认知。尤其是父母、教师对幼儿的评价，往往成为幼儿评价自己的重要标准和依据。父母或者教师应该充分地尊重幼儿，按照幼儿的实际情况正确地看待幼儿。心理学理论认为：父母或者教师的及时鼓励、表扬能使幼儿获得愉快而肯定的情绪体验。父母的积极评价、流露出的友好感情、显示出的欣赏态度，必然会转化为幼儿积极向上、奋发图强、自强不息的动力，并且有助于幼儿形成正确的自我概念和自我评价。

2. 幼儿是否具有自信心

自信心是人对自己力量的认识与估计，以及在此基础上对自己产生的信心。幼儿自信心的发展是其自我意识不断成熟和发展的重要标志。自信心对于幼儿心理健康和认识能力都具有十分重要的意义，它能促进幼儿产生积极主动的活动愿望，大胆探索、思考问题，乐于与周围人交往，经常保持愉快的情绪，让幼儿在获得更多知识和技能的同时，也能逐渐发展乐观、勇敢、独立性强等性格特征。缺乏自信心的幼儿，稍遇困难就退缩，不敢自由地表达自己的爱好和愿望，怯于与周围人交往，参加活动的积极性、主动性差，不能充分发挥自己的能力去认识和探索事物，而且容易形成胆小、懦弱、依赖性强、优柔寡断等性格特点。教育对自信心的发展具有重要意义。作为自我意识的主要成分，自信心的发展也是在与周围环境的相互作用中，特别是在与人交往中逐渐形成和发展的。周围的人，特别是成人（老师和家长）对幼儿的态度与评价，对幼儿的自信心具有直接的影响。

3. 幼儿是否学会自我评价

幼儿的自我评价是一项非常重要的心理活动，是主体在对自己身心特征认识的基础上产生的某种判断。自我评价高的幼儿在以后的发展中会表现出更多的自信，遇事不怕困难，积极面对，成就动机也高。而自我评价低的幼儿在以后的发展中会认为自己处处不如别人，遇事不求上进，易退缩，缺乏自信。因此，对幼儿进行正确的自我评价能力的培养，有助于幼儿正确地认识自己，培养自信心，对幼儿的发展起到很好的支持和激励作用。

4. 幼儿是否学会自我控制

幼儿的自我控制是幼儿自我意识的重要组成部分，它是幼儿对自身的心理与行为的主动掌握，是幼儿自觉地选择目标，在没有外界监督的情况下抑制冲动、抵制诱惑、延迟满足、控制或调节自己的行为，从而保证目标实现的一种综合能力。自我控制能力是人类重要的心理品质，其发展水平的高低直接影响幼儿将来对社会的适应程度。幼儿自我控制能力的发展可预期他们的儿童期、青春期和成年后的学业成绩和社会认知能力等。可见幼儿自我控制能力的培养与发展对幼儿的成长与各方面的发展有着重要的作用。因此，在教育过程中，我们要抓住机会，促进幼儿良好自我控制的形成和发展。

技能训练

试结合下面材料，分析学前儿童自我意识发展的特点，并尝试设计一个游戏活动帮助幼儿建立积极的自我认知和自我体验，学会感受和理解他人的情绪。

全托小班的阿伟正想拿玩具柜上的毛绒小熊玩，豆豆走到他前面，一把拿下小熊，阿伟毫不示弱想夺回来，两人开始争抢玩具，边抢还边说“我的，我要玩的……”这样的事情在小班幼儿中屡见不鲜，因为在他们的意识中以为“我喜欢的东西就是我的”。

学练结合

阅读故事《小猪学画画》，完成以下任务：

（1）根据故事内容设计自我意识教育活动方案。

（2）依据故事组织一次儿童自我意识教育活动。

（3）对所设计、实施的活动进行评价。

小猪学画画

美丽的森林里住着四个好朋友，大象、小马、小熊、小猪。有一天它们聚在一起，小猪问：“你们各有什么本领？”大象说：“我可以举起很重的柱子。”小马说：“我五秒能跑一百米。”小熊说：“我可以写出文词优美的作文。”大象问：“小猪你呢？”小猪支支吾吾了半天，却什么本领也没有说出来。小猪心里很不是滋味，决定学本领。

它觉得大象举重很轻松，就去跟大象学举重，结果力气太小了，连一根小柱子也举不起来。它想：举重太累了，我还是去学别的本领吧。它看见小马每天早上都在跑步，既可以欣赏森林的美丽风光，又可以锻炼身体，觉得挺有趣，就自言自语地说：“上一次失败了，这一次一定成功。”它就跑去跟小马一起锻炼身体，它们早上跑步，下午跳绳、跳高、跳远，前几天小猪坚持下来了，可后面越来越苦，它吃不了苦，再也坚持不了了。它想：锻炼身体太苦了，我还是去学别的吧。它看见小熊每天都在树洞里写作文，挺轻松的，也去写作文。开始它觉得一点也不难，因为只写一两句话。有一天小熊告诉他："你现在要开始真正地写作文了，一定要把作文写两百字以上。"小猪说："知道了。"可想了半天也写不出来。后来小猪觉得越来越难，再也不学了。

一天，它们又聚到了一起，它们问小猪的学习情况，小猪红着脸低下了头不吭声。大象说："做什么事都不能半途而废。"小马说："一定要吃苦。"小熊说："要根据实际情况去学。"小猪决定学画画，它每天都去找小兔学绘画，不管出太阳、下雨、下雪它都去，经过半年的努力，小猪终于成功了。

最后，大象当上了举重冠军，小马当上了运动健将，小熊当上了作家，小猪当上了画家。

第三章　学前儿童社会交往教育

目标导航

[**知识目标**] 掌握学前儿童社会交往的概念，理解学前儿童社会交往发展的有关理论，明确社会交往对学前儿童身心健康发展的重要性，了解学前儿童社会交往教育的特点。

[**能力目标**] 掌握学前儿童社会交往能力培养的途径与方法，能够设计培养学前儿童社会交往能力的相关教育活动。

第一节　社会交往教育概述

基础知识

《纲要》中明确指出，幼儿园教育应为幼儿一生的发展打好基础，发展幼儿的各项能力是幼儿园教育的重要内容。幼儿是祖国的未来，要求必须具备各方面的能力，而作为幼儿各项能力之一的社会性发展已成为人们普遍关注的问题。幼儿的社会性发展是指进行积极的社会交往，建立和谐的社会关系，掌握和遵守一定的行为准则及控制自身行为能力，用以适应社会的心理特征。未来的社会需要我们的下一代具有较强的社会交往能力，然而现在的孩子以独生子女居多，整天生活在自己的“王国”里，久而久之就丧失了人际交往的能力，变得不合群、自私、霸气、爱发小脾气、不爱说话等，这些不良习惯会阻碍他们今后的发展。因此，对学前儿童进行社会交往能力的培养是十分必要的。良好的人际关系，不仅能给人带来快乐，而且能助人走向成功。

歌德说：“人不能孤独地活着，他需要社会。”交往是人的需要，也是社会对人的要求。儿童的社会性、个性是在社会性交往过程中形成的。在儿童心理发展过程中，儿童接触的各方面的人对儿童的影响都至关重要。儿童只有在与人交往、相互作用的过程中，才能逐步发展其心理能力和社会性。因此本节重点介绍社会交往的基本知识及学前儿童社会交往教育的概念、特点和意义。

一、社会交往教育的内涵

（一）社会交往概述

1. 交往

从词源释义，“交往”起初意指共同的、通常的。现在人们一般把它理解为分享思想与感觉，交流情感、观念与信息。《现代汉语词典》里交往就是“互相来往”。《中国大百科全书·心理学》认为，交往是指由于共同活动的需要而在人们之间所产生的那种建立和发展相互接触的复杂和多方面的过程。

人类的交往从人类发展史出发，可分为人与自然的交往、人与人的交往两大领域。人与自然的交往要靠协作性劳动来实现，经验和成果也要靠人与人的交往来互相交流、传播和深化。因此，社会归根到底是人与人交往的产物。人类社会由互相交往的个体组成，在儿童成长的过程中，他们不可避免地要和其他人往来和相处，心理学称之为社会交往。社会交往简称“社交”，是指在一定的历史条件下，个体之间相互往来，进行物质、精神交流的社会活动。

人类从本质上来说，从一生下来就既是一个生物的人，又是一个社会的人，他被包围在各种社会群体、媒介和关系之中，与多方面的接触者发生着联系，在不断的交往活动中，吸收、形成着各种社会文化知识，发展着自己的能力、语言、情感、社会行为、道德规范、交往经验、人际关系和性情品性等。因为人无论如何“天生是社会动物”。幼儿的社会交往是生长发育与个性发展的需要，是完成个体社会化的过程。通过社会交往，幼儿可以了解和认识人与人、人与社会的正常关系，学习社会道德准则和处理人们之间的关系，幼儿也可以克服任性、自我为中心等不利社会交往的行为，发展行为调节的能力和社会活动能力，充分发展个性，以形成适应社会要求的社会性行为。

2. 社会交往能力

社会交往能力是一种综合能力，也是一种实际操作能力。它指的是一个人与他人交往时表现出来的运用口头语言、身体语言、情绪和认知等方面的能力。① 它对儿童学习能力、适应新环境的能力及长大成人后的社会适应能力具有相当重要的影响。孩子正是在与各种不同的人打交道的过程中，逐渐形成了待人处事应有的态度，获得社交技能，发展社会性行为。同时社会交往是幼儿不可缺少的心理需要，对于维护儿童的心理健康和塑造健全的人格具有重要作用。孩子并非生来就知道如何适应社会生活，教师要帮孩子学习如何与人接触交往，逐渐掌握符合社会要求的行为方式，并能初步根据社会规范调节自己的行为，发展交往能力。社会交往能力在儿童身上则表现为善于体察家长的喜怒和心情，懂得察言观色，能识别他人的情绪变化，善于与他人合作等。

（二） 社会交往的种类划分

1. 交往的广义与狭义分类

社会交往有广义和狭义的划分。广义的交往指人类社会具有普遍形式意义的抽象的交往；狭义的交往则是比较明确的、具体的交往。广义的交往包括物质交往、精神交往和信息交往。物质交往指生产工具、生产资料和劳动力的交流，市场经济将它们作为资源进行合理配置；精神交往包括政治、经济、军事、文化、法律、宗教、外交等的交流；信息交往是当代信息革命使它从精神交往中独立分出来的，指以计算机网络为支持

① 陈会昌. 培养孩子的社会交往能力. 中华家教，2006 (3).

系统的信息高速公路为核心，辅之以广播、电视、通信等高度现代化的交流手段，为人们提供各种高效优质的咨询与服务，随着现代信息社会的发展，这种交往形式日益重要。

2. 以交往的情感状态划分

社会生活中，每个人交往的需要、动机、兴趣不同，加之每个人都有自己的气质与性格，交往时人的情感自然会产生差异。

心理学根据人与人交往中产生的情感特点将交往分为以下四种类型：

（1）自卑型情感交往，指交往时由一种轻视自己、缺乏信心、怀疑自己能力的情感所支配。自卑产生的原因多因长相不如人、工作不如人、学习不如人、生活不如人、经济不如人等。一般说来，自卑型情感的人还是希望与别人来往的，不善交际可能是自卑的一个方面，但不是自卑的主要原因。自卑型人首先要克服自己气质、性格方面的缺点，承认客观事实与自己的不足，主动和人交往，增长才干，弥补不足，虚心学习，获得朋友。同时，群体当中也需要更多的热心人，帮助交往中有自卑心理的人，创造良好的交往小环境，实现群体的和谐、团结与共同进步。

（2）自负型情感交往，指交往时由一种自以为了不起、比别人优越的情感所支配。自负产生的原因无非是长相胜于人、出身胜于人、经济胜于人、能力胜于人、职业胜于人、学历胜于人等。与自卑型情感相反，自负型情感在交往中带有主动性或进攻性，一方面乐于与他人交往；另一方面稍不留意便会得罪人，甚至脱离群体，影响群体的团结。对自负型情感的人，一是要强调自身修养，要谦虚谨慎，把自己的优势和长处变为助人为乐的资源，以得到人们更多的喜欢与尊敬。二是群体要从加强团结友谊出发，及时对自负型人的过分行为给予善意的批评，提醒他注意改正。

（3）结合型情感交往，指交往时由一种希望与他人亲近的情感支配，愿意与周围的人建立良好的人际关系。其进一步可分为三种情况：一是亲和，指初次或一般性的友好往来，这种交往是私人交往的主要内容之一，如日常生活中出门旅游、购物、出差、与人萍水相逢，希望与人建立随和的关系。群体中彼此为一般同事关系，交往不深，见面友善地打招呼表示亲和。二是友谊，指个体之间交往有了一定的情感共鸣，互相需要、互相帮助，来往较密。友谊具有相对稳定性、亲密性。友谊使彼此成为朋友，具有相似的情趣和志向。三是爱情，爱情是友谊的发展和升华，是结合型情感的最高形式，爱情有广义和狭义之分。广义爱情可以指个人对祖国、人民的热爱之情，也可以是对家庭成员的热爱。狭义的爱情指男女之间交往建立的一种特殊感情，爱情的果实便是家庭。

（4）分裂型情感交往，指交往时由一种与他人难以相处、难以结合的情感所支配，轻者表现为冷淡、畏惧、厌恶，重者表现为愤怒、仇恨、报复，是正常交往中的消极倾向和主要障碍。分裂型情感与交往的价值观念、知识水平、需要、性格和动机密切相关。如有的人性格孤僻不愿交往；有的人事业心强，尽量避免社会应酬；有的人素质低，总是想损人利己。应该看到，有些具有仇恨、报复情感的人对社会交往及环境会带来危害，这种情况除提醒个人加强思想品德修养外，群体要多多疏导，给予关怀与帮助，增进相互的了解和友谊，化消极因素为积极因素。

（三） 学前儿童社会交往教育的内涵

1. 学前儿童社会交往的含义

广义地说，学前儿童社会交往是指学前儿童学会与成人、同伴在生活中交往时表达自己的愿望，了解别人的情绪，学会沟通，相互理解。狭义地说就是指同伴交往，即学前儿童学会与自己年龄相同或相近的同伴在游戏、学习、生活中运用各种方法友好相处。

学前儿童的社会交往，特别是与同龄伙伴间的交往，是他们的一种社会性需要，是他们生长发育和个性发展的需要，也是完成个性社会化的过程。通过交往，可以使学前儿童了解人与人之间的正常关系，学习社会道德准则和处理人们之间的关系，还可以发展学前儿童的行为调节能力和社会活动能力，帮助学前儿童逐步形成适应社会要求的社会性行为，这与《纲要》中对幼儿社会教育的目标是完全吻合的。《纲要》中社会教育目标的第一点是“能主动地参与各项活动，有自信心。”第二点是“乐意与人交往，学习互助、合作和分享，有同情心。”第三点是“理解并遵守日常生活中基本的社会行为规则。”而这三点教育目标的实现都需要增强学前儿童的交往能力。如果学前儿童缺乏必要的交往，其心理和性格就会发生障碍，渐渐变得胆怯、孤僻、沉默寡言、难于接近、缺乏社会交往能力等，从而导致其社会性退缩，对现实生活适应困难。因此，培养学前儿童的交往能力对其一生都具有重要意义。

学前儿童的社会交往教育，主要是为了鼓励学前儿童积极交往，指导学习并掌握基本的交往技能，通过创造机会，引导、鼓励学前儿童以主动、积极的心态交往，并在交往的过程中学习、掌握各种交往的技能。

2. 学前儿童社会交往教育的特点

（1）实践性。当孩子刚来到这个世界的时候，并没有带来自身和他人的任何先见，他们是在与他人交往的过程中，认识自己并认识他人的。通过与他人的交往，学会表现自己、理解他人、相互沟通、建立友谊。在与他人交往的过程中掌握规则、学会合作、学会解决矛盾和解决冲突，逐渐成为社会人的一员。成人要经常为儿童创设有利于同伴交往的环境，促进儿童社会交往能力的发展。如教师在教室设立活动区域“角色游戏”，让儿童在扮演角色过程中体验各种交往方式与合作方式。幼儿园里还可以创设混龄教育活动，如采用“以大带小”的方式，给儿童提供一种家庭式的成长环境，有利于儿童相互间的交流。

（2）长期性和反复性。学前儿童的社会交往教育是一个长期的过程，不是通过一两次活动就能够实现的。需要幼儿园、家长、社会一起长期努力。美国著名心理学家布朗芬布伦纳认为：个体发展的环境是由一个个从小到大层层扩散的、复杂的生态系统组成，每一个系统都会通过一定的方式对个体施以影响。学前儿童所生活的环境系统是一些活动、角色游戏及人际关系模式，这些是一个身处特定环境的发展中的个体亲身经历的，家庭和幼儿园是对儿童最有直接影响的两个大环境，我们应充分注意到环境对儿童发展的重要作用，通过塑造环境更好地塑造人。同时，学前儿童的社会交往能力即使在已经习得后也会出现反复性。例如，在幼儿园里教师组织了专门的教学活动学习“大家一起玩”，学会分享，可是下次碰到类似的情况，儿童还是有可能依旧有争抢行为。这样，就要求我们的社会交往教育需要保持长期性和反复性。

（3）互动性。在当今社会，与人合作是最重要的素质之一，也是我们要注重培养孩子从小具备的能力之一。今天我们培养孩子，不能只是培养他一个人独立做事的能力，而是培养他能跟一群人一起做好一件事的能力。只有在真正的人际交往中，儿童才能够切实地体会到集体合作、互相帮助、与人友好相处的好处。因此，在学前儿童社会交往教育过程中，要突出“交往”互动性的特点，幼儿社会交往教育的内容、方法和形式都应该围绕人际交往展开。为了培养学前儿童与各种交往对象的交际能力，可以在不同活动中将不同的对象请入课堂，让儿童与之互动；或者带领儿童走出去，让其与社会上的各种人员互动，从而锻炼儿童的社会交往能力。

二、学前儿童社会交往教育的意义

随着社会的发展，人们之间的联系更加紧密，与人相处的能力已成为生存的一项重要本领，也是决定人能否成功的一个重要因素。孩子并非生来就知道如何适应社会生活，我们必须创造环境、提供机会，让孩子通过与人接触学习一定的交往技巧，积累一定的交往经验，逐渐掌握符合社会要求的行为方式，并能初步根据社会规范调节自己的行为，发展交往能力。大量的研究表明，良好的交往技能将形成良好的同伴关系，而这也是儿童保持心理健康和取得学业成功的前提。因此，对学前儿童进行社会交往教育具有重要的意义。这些意义主要表现在以下几个方面：

（一）社会交往有利于儿童学习社交技能和策略

同伴关系中，交往双方都处于平等地位，需要儿童特别关注对方的反应和态度，注意自己行为的表现，以保证顺利交流，从而能锻炼儿童的社会适应性。年幼天真的孩子，如同他们手里玩的橡皮泥一样具有很大可塑性。孩子们之间能否友好相处，关键在于父母及老师的引导和教育。父母应该有意识带着孩子走出家庭的小天地，让他们多接触一些小伙伴，多结交一些好朋友；孩子们在一起，为了玩得新鲜有意思，就要互相商量，这就培养了幼儿尊重别人意见的习惯；他们玩得融洽欢快，便培养了友爱互助的精神；在游戏中大家约好了一定的规则，谁也不能违犯，就培养了遵守纪律的品德。正是在这些共同活动中，幼儿知道了应该想到别人，懂得了友爱谦让，这样与其他小朋友才能友好相处。

（二）社会交往对儿童情感起积极促进作用

儿童与儿童之间良好的交往关系，就像良好的亲子关系一样，会产生安全感和归属感，从而让人心情轻松、活泼、愉快。通过观察发现，儿童在与同伴交往时经常表现出更多的、更明显的愉快、兴奋和无拘无束的交流，并且能更放松、更自主地投入各种活动。并且不少研究也都发现，当儿童处于困境时，同伴的帮助往往能使其摆脱困境，情绪恢复平静、保持愉快。

（三） 社会交往有利于儿童克服“以自我为中心”的行为

随着社会的进步和发展，人与人的接触和联系日益增多，合作的范围越来越广，这就要求人们具备善于与人交往的良好品质和能力。但越来越多的独立、封闭的商品房隔绝了孩子与外界接触的机会，独生子女家庭游戏伙伴缺乏，电视机、游戏机、手机等现代化电子产品充满了孩子们的游戏时空；家长对孩子的宠爱导致幼儿自私、任性、忍耐性差，与同伴之间不能相互谦让，处处以自我为中心；有的孩子见到陌生人就害羞、胆怯，缺乏交往的主动性和积极性；有的孩子在与人交往时骄横霸道、随心所欲，缺乏交往时的一个良好的心态，这些都会影响孩子今后的发展。皮亚杰曾指出：“一般的同伴交往和具体的同伴冲突是儿童发展视角转换能力的必要条件，是儿童摆脱自我中心的前提。”儿童与其他人交往时，会逐渐“去自我中心化”，能够慢慢地学会站在他人的角度考虑问题。

（四） 社会交往有助于促进儿童认知能力的发展

社会交往在人与人之间进行，涉及内容繁杂，活动过程灵活多变。儿童与他人交往时必须集中注意力，思维敏捷，能及时运用记忆中的经验，预想未来发展的结果，才能正确表达自己的见解，做出恰当的应答反应。良好的同伴交往有利于儿童身心健康发展，有利于促进儿童的社会性交往的发展，是儿童社会化的重要途径。同伴交往为儿童提供了分享知识经验、互相模仿、学习的重要机会。因为不同的孩子具有各自不同的生活经验和认知基础，他们在共同活动中也会做出各种不相同的具体表现，即使面对同样的玩具，也可能玩出不一样的花样，这些都是非常有助于儿童丰富知识，提高自己的思考、操作和解决问题的能力。在与同伴交往中，同伴之间是平等的，同伴之间可能协商合作，也可能发生争执摩擦，儿童必须学会坚持或放弃。在发生矛盾冲突时，儿童需要有分析问题、解决问题的应变能力，学习谈判或感受委屈，学会合作，从而慢慢地懂得为什么要这样做而不能那样做的道理，逐渐获得积极的、富有成效的社会交往技能，进一步发展社会认知能力。通过对儿童的社会交往教育，可使儿童的注意、记忆、想象和思维等认知活动在交往过程中得到进一步发展。

（五） 社会交往教育能增进对自己和他人的认识

社会交往与儿童认识自己、认识他人、形成积极的人生态度有极其密切的关系。在交往过程中，同伴交往可为儿童自我意识的发展提供有效的作用，同伴交往为儿童进行自我评价提供了有效的对照标准。正如社会心理学家米德所指出的“自我只存在于一定的与他人的相互关系中”“自我概念是他人反馈的函数”①。认识他人与认识自己的过程促进了儿童观念采择能力的发展。

如：中班幼儿已经能够将自己与同伴做简单的对比，他们常常会对另一个幼儿说：“我比你快”或者“我画的比你好”等。同伴的行为就像一面“镜子”，为儿童提供了自我评价的参照，使儿童更好地认识自己。同时，与同伴交往中做出不同的行为，往往会

---

① 李季湄．冯晓霞．《3～6岁儿童学习与发展指南》解读．北京：人民教育出版社，2013.

遭到同伴的不同反应，如打人常招来同伴的逃避、厌恶，而微笑则会换回友好。从同伴的不同反应中，儿童可以了解自己行为的好与不好，又可以认识到自己行为与他人的关系，并从中进行调节、控制自身行为。所以，同伴交往尤其是同伴的反应，对儿童的自我意识的调节发展有非常积极的作用。

技能训练

试分析下列案例中幼儿社交行为的特点。

当当是一位个性和口语表达能力比较强的孩子，但在动手能力方面比较欠缺，在操作活动时，只要看到比自己好的作品就“破坏”，常常引得同伴的埋怨，老师的批评对他的教育似乎起不到效果。有一次，当当与言言在结构区建构一辆很有创意的汽车，我及时地表扬了他。当当受到了老师的表扬，十分自豪。当他们在为自己建构的汽车做最后的工序时，琪琪的汽车缺少一个轮子，就趁当当在寻找玩具组件时卸了当当他们汽车的轮子，而且在卸轮子时还把当当的“汽车”弄坏了。一看到自己的汽车坏了，当当就与琪琪争吵起来，而且哭得特别伤心。看到这种情景，我有意地说：“你很伤心哦?”当当说：“我是很伤心，这是我和言言一起拼的汽车，琪琪把它弄坏了，我当然很伤心。”“真可惜，这么漂亮的汽车坏了，是会伤心的，不知道你以前把小朋友的东西弄坏了，他们会不会像你一样伤心啊?”“肯定也会伤心。”……通过交谈，我让当当体验了别人被他“破坏”作品时的心情。这样，通过这种移情的教育方式，逐步改变了他以往“妒嫉”的心理，也使他逐渐懂得珍惜和尊重别人的劳动，学会了与人和谐相处。

学练结合

通过对幼儿园大、中、小班幼儿交往情况的实地观察记录，试分析幼儿园各年龄段幼儿在社会交往中存在的问题并提出解决策略。

第二节　社会交往教育的活动指导

基础知识

对儿童来说，形成积极的交往态度，发展基本的交往能力，与周围的人建立亲密和谐的人际关系，既是当前生存与发展的需要，更是一生发展的重要基础。为了使儿童今后能适应社会生活需要，我们的教育必须面向未来，必须为儿童创造交往的氛围，使他们学会交往合作，分享成果。为此，应尽可能地为儿童创造与周围人们特别是同伴交往的机会，积极保障儿童与同伴及其他人交流、合作、分享，增强他们的集体意识，提高他们的合作能力，促进儿童整体素质的提高。本节介绍学前儿童社会交往教育的目标、内容、实施及评价。

一、学前儿童社会交往教育的目标

（一）《纲要》和《指南》中有关社会交往教育的目标

1.《纲要》中有关社会交往教育的目标

《纲要》明确指出："引导幼儿参加各种集体活动，体验与教师、同伴等共同生活的乐趣，帮助他们正确认识自己和他人，养成对他人、社会亲近、合作的态度，学习初步的人际交往技能。"同时又指出，幼儿园教育目标之一是培养幼儿"乐意与人交往，学会互助，合作和分享，有同情心"。《纲要》关于社会领域的教育目标从四个方面对幼儿的社会认知、情感态度和行为方式提出了总的要求，分别是：具有良好的自我意识；善于与人交往；乐于集体生活；对周围社会生活中的事物感兴趣，并持有正确的态度。幼儿社会领域的学习与发展的实质是促进儿童社会化，形成良好的社会性与个性，幼儿与成人、同伴之间的共同生活、交往、探索、游戏等是其社会性学习的重要途径，应为幼儿提供人际间相互交往和共同生活的机会、条件，并加以指导。

2.《指南》中有关社会交往教育的目标

人际交往和社会适应是学前儿童社会学习的主要内容，也是其社会性发展的基本途径。《指南》中人际交往的目标包括：愿意与人交往，能与同伴友好相处，具有自尊、自信、自主的表现，关心尊重他人。这四个目标分别反映交往态度、交往能力以及在交往中形成并表现出来的对己对人的认识、态度和相应的行为表现。学前儿童在与成人和同伴交往的过程中，不仅在学习如何与人友好相处，也在学习如何看待自己、对待他人，不断发展适应社会生活的能力。①

《指南》在讲述人际交往方面的目标时特别提出了对学前儿童社会交往方面的要求，见表3-1。

表3-1　　目标1　愿意与人交往

3～4岁	4～5岁	5～6岁
1. 愿意与小朋友一起游戏。 2. 愿意与熟悉的长辈一起活动。	1. 喜欢与小朋友一起游戏，有经常一起玩的小伙伴。 2. 喜欢与长辈交谈，有事愿意告诉长辈。	1. 有自己的好朋友，也喜欢结交新朋友。 2. 有问题愿意向别人请教。 3. 有高兴的或有趣的事愿意与大家分享。

通过社会交往教育，儿童了解和认识了人与人之间、人与社会之间的关系，掌握了社会道德规范和处理人际关系，克服了自我中心行为，提高了行为调节能力和社会交往能力。幼儿园的社会交往教育目的是通过教师为儿童提供社会交往的便利，培养其关心、理解、尊重他人的社会交往态度。

根据《纲要》与《指南》精神，我们提出学前儿童社会交往教育的目标如下：

（1）初步了解有关自己成长的最基本的知识，能逐步正确认识自己。

（2）理解并遵守日常生活中基本的社会行为规则，学会用恰当的方法表达自己的爱好、需求、情绪和情感。

（3）逐渐了解父母、老师、同伴和其他社会成员，学会同情、关心他人并乐于帮助他人，初步有爱父母、爱长辈、爱老师、善待他人的情感。

（4）能努力做好力所能及的事，不怕困难，具有初步的自信心、自尊心、独立性、责任感。

（5）积极地同他人交往，学会合作、交往、分享、谦让等基本社会技能。

（6）形成诚实、勇敢、活泼开朗的性格，初步懂得正确与错误，有初步的是非感、爱憎感。

---

① 李季湄，冯晓霞.《3～6岁儿童学习与发展指南》解读.北京：人民教育出版社，2013.

（二） 幼儿园各年龄班社会交往教育的目标

1. 小班

（1）初步学会日常生活中的常用文明礼貌用语，见了老师、长辈和熟人能主动问好，初步学会有礼貌地和人交往。

（2）爱老师，爱爸爸妈妈，愿意帮助他们做事，明白有些事情暂时不会做可以求助，不哭闹，不乱发脾气。

（3）能尽快认识幼儿园的工作人员和班上的小朋友，初步了解他们和自己的关系，对老师有依恋感。

（4）学会与同伴如何交往，一起玩玩具、做游戏，在与同伴活动时不争抢或者独占玩具。

（5）能在集体面前大胆讲话，遇到困难不害怕，具有初步的自信心。

（6）保持愉快的心情，能主动并要求参与其他幼儿正在进行的集体活动，愿意与同伴共同分享。

2. 中班

（1）具有与人交往的兴趣与愿望，学会准确地使用礼貌用语，初步形成有关善良、正义、友好、真诚的观念。

（2）具有最基本的控制自己的情绪和行为的能力，不影响或妨碍同伴的活动，初步学会与同伴互相合作、分享，懂得谦让。

（3）尊敬长辈、老师，初步了解他们工作的辛苦，体会父母、老师对自己的感情，具有初步关心父母、老师的意识。

（4）留意、关注自己和别人的情绪，愿意为需要的人提供帮助。

（5）敢于大胆认错，能够以正确的态度面对失败，愿意接受同伴的意见和建议。

3. 大班

（1）主动、友好地与人交往，掌握基本的交往技能，准确使用礼貌语言。

（2）具有善良、同情、正义的心态，关心他人，学会观察别人的委屈、悲伤、困惑情绪，尽量帮助、保护弱者。

（3）学会独立解决日常生活中自己能够解决的困难，养成一定的自立、自主的意识。

（4）主动承担任务，自己的事情自己做，不会的愿意学。

（5）在交往中学会比较清楚地表达自己的意愿，理解并尊重同伴的愿望，以公平的态度待人。

二、学前儿童社会交往教育的内容

根据学前儿童社会交往教育的目标，我们把幼儿园社会交往教育的内容分为主动与人交往、遵守交往规则、锻炼交往能力、掌握交往技能等方面。

（一）主动与人交往

1. 与自己交往

正确认识自己是与别人交往的前提。对幼儿与自己交往的教育主要包括了解自己，能进行自我评价、自我控制等。这在本书第二章“学前儿童自我意识教育”中有详细阐述，在此不赘述。

2. 与同伴交往

学前儿童学习社会交往的初始阶段是同伴交往，这是人际交往中最初的主要形式。同伴交往是指以同伴为交往对象的活动。同伴关系是学前儿童在早期生活中除了亲子关系之外的一个重要社会关系。同伴交往为学前儿童提供了与众多同龄伙伴平等和自由交流的机会，能让学前儿童在更大范围内体验一种全新的人际关系。当今的独生子女恰恰缺乏与同伴交往、合作的能力，他们身上或多或少地存在“自我中心”倾向。学前儿童同伴交往有以下表现：

（1）同伴交往中存在着攻击性行为，主要表现为骂人、打人、踢人、抢别人的东西、损坏别人的活动成果等。攻击性强的孩子非但不能满足他们自身的需求，反而增添了许多不安全的因素。出于自我保护的本能，其他幼儿产生了回避、拒绝的心理。随着道德感的发展，他们不喜欢与那些在他们看来“干坏事儿”的“坏孩子”玩。

（2）学前儿童在合作性游戏中总会因规则不统一、角色分配不称心、玩具使用不合理等诸多原因而发生矛盾、冲突和对抗。

（3）孩子们在活动时都喜欢与能力强的同伴在一起，因为他们能促进活动向更高层次发展。由于能力差的孩子在活动中往往不能出谋划策，提出有建设性的意见，有时甚至显得笨手笨脚，故此遭到同伴的“排斥”。

（4）儿童在幼儿时期普遍存在着爱美倾向。干净、漂亮能迅速吸引对方，使交往的对方产生亲近感。反之，如果儿童没有良好的生活习惯，穿着不够整洁，易遭到排斥。

（5）随着现代化住房单元结构的普及，有的孩子在家的大部分时间基本是独自一人玩，与在家有良好的同伴交往条件的孩子相比，交往技能得不到锻炼。

（6）不同家庭结构给予儿童交往经验上的差异性，家长的抚养方式，过度包办，使儿童的交往实践得不到锻炼，导致了儿童间社会性发展的不平衡性。

（7）当前在儿童同伴交往中普遍存在的一个突出问题就是以自我为中心。以自我为中心的孩子为人处世总是以自己的兴趣和需要为出发点，从不顾及他人。

同伴是促进同伴交往能力各方面发展的重要因素，它对同伴交往能力的主动性、亲社会性、语言与非语言能力、社交障碍等均有显著作用。而且同伴是家长、教师作用于同伴交往能力各维度的重要的中介因素，这也符合哈里斯的群体社会化理论。

儿童同伴交往的类型是各不相同的。庞丽娟曾对4～6岁儿童同伴社交类型进行了研究，结果表明，幼儿的社交地位已经分化，主要有受欢迎型、被拒绝型、被忽视型和一般型四种基本类型。①

① 陈帼眉，冯晓霞，庞丽娟. 学前儿童发展心理学（第3版）. 北京：北京师范大学出版社，2013.

（1）受欢迎型。这种类型的幼儿喜欢与人交往，在交往中积极主动，且常常表现出友好、积极的交往行为，因而受到大多数同伴的接纳、喜爱，在同伴中享有较高的地位，具有较强的影响力。

（2）被拒绝型。此类幼儿和受欢迎型幼儿一样，喜欢交往，在交往中活跃、主动，但常常采取不友好的交往方式，如强行加入其他小朋友的活动、抢夺玩具、大声叫喊、推打小朋友等。他们攻击性行为较多，友好行为较少，因而常常被多数幼儿排斥、拒绝，在同伴中地位低、关系紧张。

（3）被忽视型。与前两类幼儿不同的是，这类幼儿不喜欢交往，他们常常独处或一人活动，在交往中表现得很退缩，他们既很少对同伴做出友好、合作的行为，也很少表现出不友好、侵犯性行为，因此既没有多少同伴主动喜欢他们，也没有多少同伴主动排斥他们，他们在同伴心目中似乎是不存在的，被大多数同伴忽视和冷落。

（4）一般型。这类幼儿在同伴交往中行为表现一般，既不特别主动、友好，也不特别不主动或不友好，同伴对其有的喜爱、接纳，有的也不特别忽视、拒绝，因而在同伴心目中的地位一般。

上述几类幼儿的社交行为特点可以归纳出学前儿童社交行为的现状，即幼儿在交往中的障碍程度与不同的社交行为特点成正比。幼儿之所以受欢迎，是因为他们具有外向的、友好的人格特征，擅长双向交往和群体交往，在活动中没有明显的攻击行为。而被拒斥的幼儿在同伴交往中是比较单独的和不明智的，经常表现出许多攻击性甚至是反社会行为。被忽略的幼儿在同伴交往中的行为是笨拙的，他们往往逃避双向交往。由于胆小、害羞，他们大多自己玩，很少见到他们表现自己或对他人显示攻击行为。因此，被拒斥和被忽略的幼儿在交往中遇到的障碍通常比受欢迎的幼儿多而且不易解决。

实例链接

3岁的妞妞刚入园不久，她是一个比较内向的女孩，初入园时经常都是一个人坐在座位上，整天也不说一句话，很少与其他的小朋友交往、玩游戏。在一次区域活动中，她像往常一样只是静静地坐在自己的座位上看小朋友玩。她的眼睛总是在小朋友的身上移动，看别人“过家家”“买东西”……但是她从来没有融入进去。她的带班老师刘老师想让她参与到游戏中去，于是走到她身边，轻声问道：“宝贝，你想和小朋友一起玩吗？老师带你去玩好吗？”她听到后，抬起头，小眼睛眨眨地看着刘老师，没说话。刘老师想拉妞妞起来，她却使劲往后挪，坐在座位上，就是不起来。刘老师蹲下来对她说：“我想带你去娃娃家做客，可以吗？”妞妞仍然看着刘老师，什么也不说。正当老师一筹莫展时，楠楠走了过来，笑着对妞妞说：“妞妞，你来我这儿买蛋糕吧，今天的蛋糕可好吃了！”边说边拉着妞妞到了她的“蛋糕店”，开始一样一样地给妞妞介绍。

通过这个案例，我们可以看出，同伴在幼儿社会交往中的作用是不可忽视的，因为楠楠与妞妞是具有相同社会认知能力的人，她们的年龄相同或相近，所以她们更容易沟通。类似这样的同伴交流不仅可促进幼儿形成快乐的交往情绪，而且有助于像妞妞这样的小朋友克服平时胆怯的心理。

3. 与成人交往

儿童与成人的交往，主要指儿童与家长、教师及其他社会成员的交往。

苏联著名儿童心理学家利西娜认为儿童与成人交往主要有三种手段。一是表情性交往手段，主要是通过目光、哭、微笑等，向成人表达自己的情绪状态，也反映出儿童对成人的态度。二是动作性交往手段，主要是采取身体动作“告知”成人他要求成人进行怎样的合作。这种手段更具有主动性和选择性。三是语言交往手段，这是与成人交往最高级、最完善的交往手段。

利西娜认为幼儿与成人交往有以下四种形式：

(1) 情境——个性性交往（2 个月～6 个月）。此阶段成人既满足婴儿一切本能需要，也满足其被人承认和支持的需要。婴儿对成人的抚摸、温存、关注非常敏感。婴儿使用表情手段与成人交往。

(2) 情境——活动性交往（6 个月～3 岁）。此阶段空洞无内容的温存已经不吸引孩子，他需要成人积极参与自己的实物操作活动并在活动中给予指导、注意、关怀。

(3) 非情境——认识性交往（3 岁～5 岁）。此阶段在幼儿各种认识活动背景中产生，幼儿向成人提出很多关于物质世界及其关系的问题，成人以一种提供知识的权威身份出现。如果成人认真对待孩子的“为什么”，幼儿会感受到成人的尊重。此阶段幼儿交往的手段主要是语言。

(4) 非情境——个性性交往（5 岁～7 岁）。这是儿童与成人交往的高级形式。儿童追求与成人的相互理解和共同体验。

儿童的同伴交往是双向平等的，而儿童与成人交往则是不对等的，常表现为一方主动而另一方被动，一方是主体而另一方为对象。儿童与成人交往的方式有①：

(1) 由于信息资源的不均衡而产生的教学、指导行为。

(2) 由于物质资源的不均衡而产生的馈赠、供给行为。

(3) 由于权力地位的不均衡而产生的质问、评价行为。

儿童与成人的交往，就其本质上来说是一种不对等的交往，即使是看起来主动的“告状”行为，其本质还是要寻找成人的权威，需要成人对其告状的事情进行评价或处理。

随着儿童社会交往范围的扩大，儿童的社会生活逐渐丰富化，与成人交往的需要也日渐增多，与家庭以外的成人进行交往，是学前儿童教育资源的另一个重要方面。要让学前儿童逐渐了解父母的姓名、职业，父母为自己所做的事情，建立良好的亲子关系、师生关系，产生对父母、教师的依恋和信任感，学会感恩，同时与其他社会成员交往时形成积极、主动、热情、礼貌等良好的社会交往态度和行为。让孩子从小学习和养成对

---

① 教育部基础教育司.《幼儿园教育指导纲要（试行）》解读. 南京：江苏教育出版社，2002.

大人有礼貌，学会去分辨和判断社会角色；学会需要别人帮助自己时要说“请”，得到别人的帮助时要说“谢谢”等礼貌用语；学会尊重大人和长者，如不干扰成人的活动、不插嘴、不打断别人的讲话等。总之，使孩子学会从别人的角度来看问题，学会判断和分辨社会角色，如男女老幼、亲朋邻居等。这不仅有利于提高幼儿品德素质和发展交往能力，也有利于发展幼儿记忆、想象、思维、表达和意志行为。

可在不同的节日组织不同的活动并指导幼儿用正确的方式与人交往。如重阳节组织幼儿去敬老院慰问爷爷奶奶，可以从中学习如何与长辈交往。在“五一”劳动节的时候让不同职业的家长穿着自己的职业服装来幼儿园与幼儿一起开展“爸爸妈妈的职业”活动，让幼儿尝试与不同职业的家长交往。在“教师节”，教师可以组织一系列活动让幼儿了解幼儿园中的教师、保育员、保健员、厨房阿姨等的工作。

（二）　遵守交往规则

一个人生活在社会上，要想让别人尊重自己，首先要学会尊重别人。掌握规范的社交礼仪，能为交往创造出和谐融洽的气氛，建立、保持、改善人际关系。儿童的礼仪教育问题，其实质是在儿童的社会化过程中学会如何与人相处、与人交往的问题。被同伴拒绝的孩子，很多是因为他们不懂得交往规则，不遵守同伴交往礼仪，而表现出不恰当的行为特征，产生这样或那样的矛盾。如，他在参与团体游戏时，不懂得“轮流”规则，只想自己先玩够了；小朋友们一起商量做哪项活动时，他也不知道“协商”“少数服从多数”，一味地要求按自己的想法做，有时甚至会拉拉扯扯，甚至大打出手伤害同伴。这就要求教师教会儿童掌握和运用各种良好的交往技能，提高交往能力。如指导幼儿在交往中学会使用礼貌用语，指导幼儿早晨来园和晚间离园时向同伴问好、道别。平常遇到困难，需要帮助时用“请”“ 谢谢”等，使幼儿知道只有懂礼貌的孩子，别人才愿意和你一起玩，互相之间才能成为好朋友。针对交往过程中个别幼儿争抢玩具的现象，组织周围的幼儿讨论，让幼儿想出解决的办法，并悟出其中的道理，同时对幼儿在与同伴交往中出现的具体问题有针对性地进行引导。

“幼儿同伴交往礼仪”是指幼儿在与同伴交往活动中所表现出的和谐、文明的态度、行为或品格。它包括礼仪意识、礼仪用语、形体姿态、礼仪道德行为规范等。它为幼儿在与他人交往时的行为设立标准，指明行为方向，是评价幼儿行为的尺度，具有规范导向作用。

资料链接

区域游戏同伴交往礼仪

情感—认识—实践是幼儿良好礼仪习惯形成所必经的三个环节，也是幼儿礼仪习惯形成的动力因素。在这三个环节中，幼儿的礼仪情感、礼仪认知、礼仪行为在反复积累中得到内化，最终形成幼儿稳定的、良好的礼仪习惯。

幼儿园区域游戏同伴交往的礼仪目标

<table>
<tr><th>区域分类</th><th>行为</th><th>语言</th><th>仪态</th></tr>
<tr><td>角色扮演区</td><td>我演谁　就是谁
同游戏　齐互助
懂礼貌　共协商
会表达</td><td rowspan="4">1. 礼貌用语——“谢谢”“不客气”“对不起”“没关系”“请坐”“您好”……
2. 协商用语——“……行吗？（好吗？）”“可以（能）……？”“还需要什么吗？”“能借我一下吗？”“换一种方法，好吗？”……
3. 谦让合作用语——“你先用吧，没关系！”“我们一起玩（看）。”“玩具借给你玩。”“请耐心等待，好吗？”……
4. 接纳用语——“请你（您）跟我们一起玩，好吗？”“欢迎你加入我们的游戏！”“我们一起玩吧！”……
5. 安慰用语——“别害怕”“别着急”“没关系”“我能帮助你吗？……
6. 服从、赞赏用语——“我愿意这样……”“太好了！你真棒！”“你真聪明！”“太美了！”……
7. 拒绝用语——“对不起，我现在还不能给你，等我用完好吗？”“不好意思，这个我不喜欢。”“不对吧，好像是……”“我不想”……</td><td rowspan="4">真诚
友好
热情
主动
欣赏
宽容
善意
耐心
平等</td></tr>
<tr><td>表达表现区
（美工、表演等）</td><td>共合作　互分享
齐表演　共接纳
善征询　巧拒绝
互谦让　诚赞美</td></tr>
<tr><td>探索操作区
（科学、益智、建筑等）</td><td>遵秩序　善等待
同质疑　齐探索
会分工　互合作
共协商　愿互助
享成功</td></tr>
<tr><td>阅读区</td><td>轻走动　轻翻阅
认真看　细细赏
书看完后即送还</td></tr>
</table>

资料来源：邱红燕. 区域游戏背景下中大班幼儿同伴交往礼仪培养的实践与探索. 思想理论教育. 2009（4）. 有删减.

（三）锻炼交往能力

社会交往能力是一种综合能力，也是一种实际操作能力，包括合作、分享、移情、谦让、遵守规则等几方面。它对儿童学习能力、适应新环境的能力及长大成人后的社会适应能力具有相当重要的影响。愉快的交往经验可以提高儿童的自信心，而自信心的增强又会引发更强的交往主动性，两者相互促进，以形成良性循环。为了让儿童体验同伴之间友好相处、互相帮助的快乐，发展交往的能力，可以根据学前儿童的年龄特点和不同的情况创设不同的环境，开展多样化的集体活动，如开展庆祝节日、运动会、创造性游戏、外出参观、组织观察等。让幼儿在丰富多彩的集体活动中，加深幼儿之间的共同感受，增加相互帮助的机会。让幼儿在学习自己解决与同伴之间纠纷的过程中，逐渐意识到要克制自己的欲望，考虑别人的意见，加深同伴之间的友谊。对能力较差的个别幼儿，可先在班内为他们创设一个说悄悄话的环境，在教师的引导帮助下，从幼儿感兴趣的事情入手，让他们从不愿意交往到与个别人交往，再由和个别人交往到与几个人交往，最后逐步过渡到与集体交往，逐步感受到集体活动的乐趣。还可以有意识地安排他们去帮老师办事或传话，鼓励他们主动与周围的人交往，经过一段时间的练习，使幼儿的交往能力都得到不同程度的发展。例如，开展“自助餐”活动，让大班的哥哥姐姐和小班的弟弟妹妹共同就餐，使他们友好相处、互相帮助。或者在各种节日活动中，为幼儿创设愉快的交往机会，如在庆祝“六·一”“国庆”“元旦”等节日的集体娱乐活动中，开展一些提高交往能力的有益活动。又或者开展“我是小记者”的活动，通过让幼儿采访各个领域的人们，与不同的交往对象进行谈话，提高幼儿的社会交往能力，促进幼儿社会交往能力的发展。

实例链接

我来照顾你（大班）

设计意图：

大班幼儿带小班幼儿活动蕴含着丰富的教育价值，能有效地弥补独生子女缺乏与不同年龄儿童交往的机会，帮助他们学习社会交往的技能，培养他们关爱他人的情感。为了在更多领域和范围内进行尝试，最大限度地促进不同年龄段幼儿之间的互动和双方的共同发展，我设计了本次活动，意在让幼儿多层面体验人际关系，学习带好弟弟妹妹的方法，更好地相互学习并吸收同伴的经验，进而形成责任感和集体意识。

活动目标：

(1) 喜欢“以大带小”的活动，充分体验做哥哥姐姐的自豪感，体验关爱、分享与互助带来的快乐，激发照顾他人的责任心。

(2) 在活动中能关注弟弟妹妹，发现他们的困难并给予帮助，增进主动交往的能力。

(3) 在共同游戏中，学习并探索带好弟弟妹妹的方法。

活动重点：

激发幼儿的责任心。

活动准备：

(1) 心理兴趣准备：有帮助弟弟妹妹的愿望。

(2) 物质材料准备：多媒体设备，小组活动材料（第一组：彩纸、水彩笔、展板等；第二组：香蕉、梨、苹果、切板、切刀、纸盘；第三组：各种拼插积木；第四组：娃娃厨房的厨具）。

活动过程：

1. 开展谈话导入活动（激发幼儿兴趣）

(1) 介绍小班的弟弟妹妹，在音乐声中消除陌生感，自然结对。

(2) 和新朋友聊一聊，加深相互间的了解。

1) 和新朋友说说悄悄话，了解新朋友的姓名和年龄等。

2) 向大家介绍新朋友。

2. 开展“以大带小”的实践游戏活动（关注幼儿之间的互动过程）

(1) 小组游戏活动。

1) 制作“心意卡”：画出自己身体的一部分（大手和小手、大脚和小脚等），表现哥哥姐姐和弟弟妹妹是一对好朋友。

（指导重点：幼儿之间的互相商量和情感交流）

2) 制作蔬菜拼盘：切香蕉、梨、苹果，用这三种水果制作拼盘。

（指导重点：引导大班幼儿发现弟弟妹妹遇到困难时主动帮助他们）

3) 用各种拼插积木自由搭建。

（指导重点：幼儿之间的合作、互教互学）

4) 用娃娃厨房的厨具玩做饭的游戏。

（指导重点：幼儿之间的互相配合）

(2) 教师和幼儿一起参观、欣赏大班幼儿带小班幼儿共同完成的作品。

3. 分享交流带好弟弟妹妹的方法

(1) 谈谈带弟弟妹妹的感受，让大班幼儿发现弟弟妹妹的优点，让小班幼儿感受到哥哥姐姐的关爱。

(2) 讨论并分享带好弟弟妹妹的方法，帮助幼儿提升经验。

4. 开展音乐游戏：“快乐变变变”

引导幼儿在音乐游戏中互相配合，用身体表现同一种熟悉的事物，感受共同游戏的快乐。

“快乐变变变，你变我也变，变成小袋鼠，变成小汽车，变成小蚂蚁，变成小老虎、变成小山洞……”，最后教师变成火车头带领幼儿依次穿过小山洞，变成一列小火车。

5. 活动结束

在音乐声中友好话别，收拾整理玩具，送弟弟妹妹回活动室

资料来源：胡琦敏. 大班社会教案：“我来照顾你”. http://www.61xue.com/jiaoyu/dabanjiaoan/2010－08－27/5402.html. 有删减.

（四）掌握交往技能

社会交往技能是指在与人交往和参与社会活动时表现的行为技能。社会交往是一种综合能力，仅有交往的愿望还不够，如缺少交往的技巧和经验，儿童容易在交往中受挫。大多数孩子内心都渴望与他人交往，希望自己为他人所喜欢，所以学会一定的交往技巧是十分必要的。

实例链接

方方和另外三个男孩一起用几何积木砌宫殿，看得出他非常喜欢这个游戏，卖力地与大家配合着。但他似乎很难从同伴那儿得到经验，又没有自己的主见，所以搭了又垮，搭了又垮，最后，方方变得很急躁粗暴，同伴们也不耐烦起来，将他排除出局。

分析：方方的交往意识较强，行为也很主动，但理解能力较弱，易冲动，控制力较差，因此交往时常常被排斥或引起冲突。

要提高儿童社会交往的质量，交往技能必不可少。交往的技能有很多方面，如：怎样友好地与同伴交谈；用别人喜欢的称谓招呼别人；当别人正在活动时，能以适当的方式请求参加；当轮流使用器具、玩具或进行活动时，能耐心地等待；当需要向别人借东西时，会先征求别人的同意，并在用后及时归还；当集体使用玩具、用具时能与同伴共同分享，不独自占有；当同伴提出加入自己正在进行的活动时，能乐意接受；在活动中能理解同伴的兴趣和爱好，既能服从别人的兴趣，而又不盲从，并能积极地提出自己的建议和意见，愉快地与同伴合作。

美国学者布吉林教授等人曾经提出一条在人际交往中成为受欢迎者的“三 A”法则。即：

第一个 A（Accept）：接受对方。第二个 A（Appreciate）：重视对方。第三个 A（Admire）：赞美对方。

幼教工作者可利用游戏、角色扮演等行之有效的方法来培养学前儿童良好的交往技能，如通过分享、合作、谦让、助人、抚慰等游戏和活动，鼓励幼儿之间找朋友，辅导幼儿使用礼貌用语，增加交往的机会，使幼儿在与人、事、物的相互作用中逐步提高交往能力。老师在孩子活动中可以以“伙伴”的身份加入，当孩子们发生争执时，尽量不去充当“裁决者”，而是和孩子们一起寻找争执的原因，通过商量协调的方法解决孩子们之间的争执，在寻找争执原因和商量协调的过程中，培养孩子们谦虚、诚实的品德，引导和培养孩子们勇于承认错误、敢于道歉的勇气，赞赏孩子们豁达、宽容、与人为善的大度，以实际而又生动活泼的游戏活动，帮助学前儿童掌握正确的交往技能。

在孩子成长过程中，模仿学习是他们获得知识的主要途径，他们往往不能区分好坏。孩子刚开始骂人说脏话时，如果能及时加以阻止，一般是很容易奏效的；相反，如果成人听见孩子骂脏话觉得好玩，表现出很开心甚至很欣赏的样子，孩子就会把成人的这种反应视作鼓励，使骂人行为得到强化。良好的家庭氛围有助于孩子养成好的习惯，因此父母应注意言传身教。另外，要细心了解孩子为什么说脏话，针对不同的情况对症下药，对孩子不要武断地训斥甚至恐吓打骂，应耐心讲明道理，让他意识到这样做的危害。如果这样做无效可以配合适当的惩罚。注意教育过程中不要重复脏话，以免反面强化。

资料链接

法国、澳大利亚和德国的幼儿园社会交往教育

1. 法国："表达和交往活动"

"表达和交往活动"是法国学前教育课程的主要内容之一。法国幼儿园经常开展木偶戏表演、听故事、角色游戏等活动，帮助幼儿习得新概念，发展幼儿的口语表达能力，使他们能正确表达自己的思想、情感和需要，促使幼儿有能力与教师、同伴交往。

2. 澳大利亚：家园合作学习交往

苏珊·斯特瑞格尔是澳大利亚墨尔本市著名的奥蒙德社区幼儿园的老师。她认为，在幼儿园里，孩子的心理发展和交往能力培养最重要。交往能力包括5个方面：(1) 孩子有同伴，并与同伴友好相处；(2) 学会与别人分享；(3) 会解决与同伴的冲突；(4) 可以离开父母，与另一个成年人在一起；(5) 会与成年人交往。除了在幼儿园鼓励孩子交朋友，她还给每个家长发了一份《家长联系表》，表上印有班上每个孩子的姓名、住址、家庭电话、出生年月日，供家长互相联系，让孩子们互相串门，包括举行生日聚会等。

3. 德国：幼儿园内的混龄编班

德国幼儿园招收0～10岁的儿童，一个班内有各年龄段的孩子。但为了更好地开展活动，他们一般会按幼儿年龄将他们分成不同的组。幼儿园还允许小学生中午到幼儿园用餐，下午放学后到幼儿园做作业、踢球或做游戏。德国幼教工作者认为混龄编班有利于幼儿间互相学习及发展幼儿的社会交往能力。他们认为大小孩子在一起，大孩子会感到很骄傲，同时知道要去爱护弟弟妹妹，而小孩子可以向大孩子学到很多东西。

三、学前儿童社会交往教育的实施

学前儿童社会交往教育与幼儿园、家庭、社区都有密切联系，下面主要从幼儿园的角度，介绍学前儿童社会交往教育实施的途径、形式和方法。

（一）学前儿童社会交往教育实施的途径

1. 创设适宜的环境是促进学前儿童社会交往能力发展的重要条件

《幼儿园工作规程》要求教师"创设与教育相适应的良好环境，为幼儿提供活动和表现能力的机会与条件"，发挥环境育人的功能。幼儿园是幼儿集体生活的地方，作为教师应充分利用这一资源，为幼儿创设交往的环境，使他们在这一大环境中树立交往的意识。如创设"玩具大家一起玩""有礼貌的好娃娃""朋友越多越快乐"等主题墙饰、区角环境，因为美丽的图画、丰富的情景时时都能提醒儿童分享、合作、关心、互助、友爱、谦让等。幼儿园环境的营造除了园内的大环境，更重要的是班级环境，教师应为幼儿营造一个宽松、充满关心和爱的班级氛围，让幼儿能够轻松、愉快地生活在班级的大集体中，从而情绪稳定、积极乐观、充满自信。老师的一个微笑、一声赞许、一下抚摸、一个拥抱等，都能给幼儿带来亲切、温暖和快乐的感觉，对幼儿社会交往能力的培养与发展起到积极的作用。

在区域活动中，可以让大班幼儿自选游戏内容，自结游戏伙伴，自定游戏主题，自定游戏规则，让幼儿在自主交流中完成游戏内容。同时，教师要注重交往方式的多样性，由单一性向多样性转化，将班级内部的活动向外延伸，激活幼儿与幼儿、班级与班级之间的联系，如植物认领活动可设计为小中大班共同参与的活动，将“六一”、端午节、中秋节等活动设计为全园性互动活动等。通过互动方式的不断变化，给幼儿创设不同的交往环境，提供交往机会，让幼儿在自主方式中，自然而然地学会主动交往，提高交往能力。

2. 通过丰富多彩的一日活动，提高学前儿童的社会交往能力

（1）开展教育活动。采用集中教育活动形式，有目的、有计划地利用故事、儿歌、讲述、谈话、情境表演等手段，向幼儿介绍有关社会交往的知识，教给幼儿交往的方法，指导幼儿进行社会交往，使幼儿建立正确的社会交往意识，形成积极交往的态度，习得各类交往策略，从而为今后建立良好的人际关系打下基础。教师可在各领域的教学中，有意识地结合幼儿平时交往中发现的问题，利用教材进行教育；通过创设社会交往的情境，让幼儿在轻松、快乐的交往氛围中积极与人交往；让幼儿分别处于不同的位置，扮演不同的角色，在特定的情景中去辨别、体验、理解、感受他人。例如，根据某些幼儿想独占玩具而争吵打架的现象，教师可创编故事“玩具坏了”，让幼儿听故事，扮演故事中的角色，并组织幼儿讨论：玩具坏了怎么办？抢坏了玩具，大家的心情会怎么样？想玩的玩具只有一件，但大家都想玩怎么办？协商的语言应该怎样讲？教师也可以有意请个别经常爱争抢玩具的孩子扮演故事中的角色，让他懂得好的玩具要大家一起玩、轮流玩，共同游戏时要遵守规则。

（2）开展自由活动。《纲要》中明确指出要保证幼儿的愉快有益的自由活动，作为教师，要善于挖掘其中的教育价值，要善于捕捉每个教育契机，充分发挥幼儿的主体性，注重培养幼儿的交往能力。在自由活动中，教师要扮演好自己的角色，充分利用晨间活动、活动区活动、户外活动、离园活动等，保证儿童在园的自由活动时间，为儿童自由活动提供丰富的、富于变化性的活动材料，并有意识地提供一些需要与别人共同协作才能玩的情境。在自由活动中，教师不是一个旁观者，也不是高控制者，而是与幼儿互动的启发者、合作者、引导者，要利用角色的互补，使学前儿童的自由活动增添交往的光环，让幼儿自选活动内容，自由地组合，想说什么说什么，想干什么干什么，在活动中保持愉快的心情，主动参与活动，在活动中逐渐培养交往意识，学会与同伴友好交往的技能。

（3）开展游戏活动。爱玩、爱玩游戏是儿童的天性。我国著名的教育学家陈鹤琴就曾经说过：“游戏是孩子的生命。”这充分说明游戏是符合幼儿心理特点与年龄特点的一

种独特的活动形式，也是儿童社会化的重要途径。游戏对幼儿发展的作用是不可忽视的，是幼儿的主导活动。儿童可在体育游戏中培养集体意识、规则意识和自控力，锻炼意志，增强自信；在建构活动中学习合作、协商；在角色游戏中，通过扮演社会角色，了解社会各行各业人们的劳动，行为规范以及人与人之间的关系等，发展儿童的社会性。如开展娃娃家、医院、菜市场等角色游戏，让幼儿在扮演不同的角色中，掌握社会行为规范，逐渐摆脱“自我中心”意识，学习不同的角色间的交往方式：“娃娃”与“长辈”的交往、“医生”与“病人”的交往、“营业员”与“顾客”的交往等。另外，幼儿在角色游戏活动中，扮演着各种角色，可逐步认识理解角色的义务、职责，不断学习社会经验和行为准则，进而使同情心、责任心得到发展，并逐步养成互相帮助的良好品德。例如“公共汽车”的售票员会把娃娃家中的爷爷、奶奶扶下车等。教师要有意识注意观察和引导幼儿人际关系中的良好行为，树立榜样，同时鼓励幼儿多交朋友。例如，游戏时，教师可引导幼儿遇到困难主动寻求同伴帮助，增加交流与交往的机会；当出现矛盾时，请幼儿共同讨论解决问题，老师不要直接干涉，只是给他们一些建议，引导其观察、体验别人的情感，学习理解他人的想法，学习控制自己的行为，引发幼儿自身解决问题的动机与能力，减少对成人的依赖。

实例链接

在一次区角游戏时，乐乐突然在表演区大哭起来，由于没有孩子来找我“告状”，我便走到相邻的建构区，一边假装看其他孩子搭积木，一边在旁边悄悄观望表演区内事态的发展。只见佳佳不断地对乐乐说“对不起，我不是故意的”。小华和琪琪则将佳佳拉到旁边说：“别管她，谁让她来抢话筒的。”“就是，你不来抢就不会被踩到，都是你自己的错。”佳佳听后也为自己辩解，“我不是故意的，我不知道你站在我后面，我一退回来就踩到你了。”“你还乱串区”，在几名孩子的轮番“理论”下，乐乐的哭声越来越小，最后她给自己找了个台阶说：“我也想和你们一起玩，可以吗?”佳佳等几名孩子同意了乐乐的要求。

分析：幼儿往往能以自己的方式化解大部分矛盾冲突，他们处理冲突的能力大大超出成人的想象。上述案例中，佳佳等几名幼儿通过给乐乐讲道理——抢话筒、乱串区，让乐乐认识到自己不遵守规则的错误，从而化解了冲突，最终大家一起玩。因此，在冲突发生时，教师切记不可过早或者不合时宜地介入冲突，这不仅会剥夺孩子自己处理冲突的机会，而且不利于幼儿社会交往能力的发展。

（4）开展随机教育。日常生活的各个环节随时都有潜在的教育机会。日常生活中，幼儿的社会交往是大量的、真实的、自然的，如洗手、喝水等是否顺利进行，当同伴遇到困难时是否主动用动作、语言去帮助……教师要善于观察，及时运用随机教育和个别教育对幼儿进行正面的鼓励和引导。如提示大班的孩子起床后穿衣服、系鞋带、叠被子等要互相帮助，相互间交往要习惯说“请”“谢谢”“对不起”等用语。让幼儿在交往中从自我中心解脱出来，逐渐学会自我克制，懂得自己不可随心所欲，体会到社会交往的乐趣。

实例链接

礼貌教育

背景：

幼儿自进入幼儿园起，就进入了教育环境。因此，在礼貌用语、行为规范的教育中，无不体现出德育工作的内涵。来园和离园是一个极为普通的过程，而我们教师把它作为对幼儿学习使用礼貌用语、进行日常礼貌教育的重要一环，在日复一日的来园离园中，老师提醒和引导幼儿学习礼貌用语“早”“再见”，并把礼貌用语贯彻在游戏中，创设有情景的游戏，让幼儿在游戏中，学说礼貌用语“请”“谢谢”等。我们把学说礼貌用语，培养文明习惯作为一项经常性的教育，渗透到日常教育教学、游戏活动、用餐等各个环节。

实录一：

早上来园，老师见钱多多来了，笑眯眯地迎上：“多多早。”多多：“老—师—早”。见多多很费劲地终于发出“老师”的字音，老师非常高兴，抱着他在他额角处亲了一下，多多又一遍向老师问早：“老—师—早”。师：“多多，我们再向小朋友问早好吗?”多多对着汪阳说：“汪阳早”。汪阳回应“多多早”，师：“对妈妈说再见”。多多举起小手对妈妈说“再见”。

实录二：

区域游戏“喂喂小动物”中，陈宇辉、靖靖边喂小兔宝宝边说：“请你吃萝卜”。妞妞、林嘉琪边喂小猪宝宝边说：“请你吃青菜”。老师以兔宝宝、猪宝宝的口吻说：“谢谢小朋友”回应幼儿，让幼儿得到情感的回报。

在音乐游戏活动中，让幼儿反复运用礼貌用语“再见”。如“找朋友”游戏的末句，既增添了游戏气氛又能练习礼貌用语，让幼儿在快乐的游戏中培养互相道别，逐步形成自觉使用礼貌用语的习惯。

分析：

作为老师不仅要主动与孩子问候，老师之间、保育阿姨之间也要为孩子树立榜样，让孩子在文明礼貌的氛围中受到感染，潜移默化地受到礼貌教育。

老师在生活中与孩子要平等相待，尊重孩子，将“请”“谢谢”作为口头语。如“请用餐”“请喝水”“请用点心”“谢谢你”，让孩子生活在讲礼貌、讲文明的氛围中，这有利于孩子健康成长。

3. 注重学前儿童语言交往方式的培养，促进社会交往能力的提高

(1) 幼儿园的教学活动以集体教学为主，因此，教师应充分利用这一优势，为儿童提供语言交往的机会，使儿童在互动中交往，丰富知识水平。如教师在集体活动中提出

启发性问题，让幼儿展开讨论，大胆发表自己的见解。同时教师与幼儿有效地进行语言沟通，也可起到交流与交往的作用。教师在用语言与幼儿沟通时，语言的组织及措词要符合幼儿特点及认知水平，使幼儿能够理解，产生共鸣。另外要认真倾听，与幼儿有积极应答，及时给予表扬赞赏，使幼儿想说、敢说、愿意说，并产生语言交往的愿望，乐于表达情感与意愿，达到交往的目的。

（2）丰富幼儿语言交往的内容。幼儿的特点是从众心理很强，并有强烈的好奇心和求知欲。可以针对幼儿游戏活动中的需求及社会的热门话题，与幼儿一起讨论问题，丰富语言交往内容。如开展“快乐的六一”“我的中国梦”“愉快的郊游”等游戏，让幼儿在游戏中有意无意地展开讨论，丰富其交往的内容。

（3）为幼儿树立交往的信心。由于幼儿来自不同的家庭，不同的家庭有不同的交往背景，一些幼儿性格内向、孤僻，不敢与人交往。作为教师，在认真分析这些孩子的个性特点后，应积极与家长进行沟通，共同提高他们的交往能力，树立他们交往的信心。活动时，教师要鼓励幼儿大胆说出自己的想法；游戏时多与他们交流，生活上关心照顾他们，拉近教师与幼儿之间的距离，从而提高他们与外界交往的能力。

4. 家园同步教育，是强化学前儿童社会交往能力的有力保证

幼儿园教师可通过家长开放日、家长会等形式，向家长宣传培养幼儿交往能力的重要性，增强家长创设交往环境的自觉性和主动性，并说明家长的社会交往态度对幼儿的影响，要求家长给孩子树立友好交往的榜样。还可以通过不同的形式，有目的、有计划地向家长介绍有关培养幼儿社交能力的方法和信息，也可以组织家长畅谈交流经验和体会，以提高家长的教育能力与培养技巧。为使儿童形成良好的同伴关系，克服“自我中心”倾向，家长要有意识地创设良好的交往环境，如经常有意识地让孩子把好吃的东西分给家人或客人；有小朋友到家里玩时引导幼儿主动把玩具拿出来与大家一起玩，让孩子经常体验到共同分享的快乐。另外，家长要尽可能地为孩子扩大生活空间，鼓励孩子走出家门，为孩子提供多种社交经验。如让孩子出去找伙伴玩耍，在公园、游乐场所与陌生人共同玩耍，从而激发幼儿交往的需要和兴趣。

实例链接

幼儿日常社交礼仪

爸爸妈妈们要时常注意对幼儿日常社交礼仪及礼貌习惯的培养。下面给大家介绍一些基本的教育方法。

情景一：幼儿要出门

妈妈带幼儿上幼儿园，出门前，幼儿要和爸爸说再见。

提示：父母在日常生活当中一定要注意培养幼儿良好的习惯，千万不要因为是自家人

就忽略了这些日常的基本生活礼仪。如果幼儿忘记了，妈妈要用温和轻快的语气提醒他。

情景二：幼儿在路上

幼儿在路上主动地与认识的人打招呼。

提示：幼儿在心情好的时候，会主动向认识或不认识的人打招呼，家长千万不要以为幼儿向陌生人打招呼会觉得很尴尬。在这个时候，应该及时对他进行鼓励，这样幼儿会知道这是一种受人欢迎的行为，以后幼儿见到陌生人的时候，就乐于向他们打招呼，幼儿就会变得人见人爱。

情景三：来到幼儿园

小朋友们到了幼儿园，向老师打招呼，并互相打招呼。

提示：俗话说“身教重于言传”，在公共场合进行社会交往的时候，家长一定要给幼儿做好榜样，这样比单纯地要求幼儿效果要好很多。幼儿在这种融洽、轻松的环境当中，会更乐于向别人表示友好。

情景四：幼儿间发生争执

小朋友在一起玩的时候，发生争执。

提示：孩子在一起玩游戏的时候，免不了因为这样或那样的问题发生争执，家长最好在轻松的环境下解决问题，可以先让幼儿试着相互商量一下，尝试自己解决问题。但是有一点要注意：就是家长无论用哪种方法，一定要让幼儿了解和小朋友交往当中的基本交往规则，如不能抢别人的玩具、伤害到别人要去道歉等。掌握了这些原则，幼儿在交往的时候会觉得轻松自如。

（二） 学前儿童社会交往教育实施的形式和方法

1. 学前儿童社会交往教育实施的形式

（1）开展相关的主题教育活动，系统地对儿童进行社会性发展教育。在幼儿园教育活动中，如何帮助幼儿形成相应的社会性适应能力，有计划、有目的地提供直接针对社会性能力培养的教育活动是必不可少的。这类教育活动的特点是目标明确、内容针对性强。如为培养幼儿的创新精神，可以专门设计活动“搬玩具”，结合中班幼儿喜爱玩具、喜欢游戏的特点，在活动中创设一个布满零碎游戏材料的情境，告诉幼儿森林中有许多好玩的玩具，小朋友只要能把他们一次全搬回来就送给大家。好奇、探究和对玩具的渴望激励着幼儿尝试的欲望，幼儿面对一大堆的玩具欢呼雀跃。可怎样才能一次都搬走呢？在“必须全体一次都搬走，玩具才能送给小朋友”的难题下，第一次的尝试在儿童没有认真听、没有很好合作的情况下失败了。幼儿们分析了失误的原因后，第二次他们用筐装、用肩扛、手上擒着、袋里兜着、怀里抱着、双人合作……没有成人一步步的指导，没有详细的交代，孩子依然是这么聪明，会动脑筋，通过交流协商、分工合作完成任务。

（2）积极参加社会实践活动，增加社会经验。《纲要》提出：社会学习具有潜移默化的特点，尤其是社会态度和社会情感的学习，往往不是教师直接“教”的结果。幼儿主要是通过在实际生活和活动中积累有关的经验和体验而学习的。社会实践活动是培养学前儿童社会交往技能发展的一种重要形式，是幼儿园对幼儿实施社会性教育的有效途径。在教师、家长的帮助和指导下，要让学前儿童以主体身份积极参与社会活动，通过亲自参与、亲自动手，发展和提高自身的社会性水平。在实践活动中，调动儿童各种感官去感受、亲自操作，获得生动切实的生活经验。社会实践活动给予儿童真正参与社会生活的机会，这不仅可以满足儿童的好奇心，更重要的是可以扩展儿童的社会认识，激发儿童对周围人和事物的情感，培养儿童的交往技能。所以要重视学前儿童在社会实践中的主体地位，积极发挥儿童的主体性作用。

例如，教师可以利用家长的职业特点，有选择性的带领幼儿参观社区的各项设施和机构、家长的工作单位，访问有关的社会人群（售货员、解放军等），了解各种有关的社会职业等。虽然看似简单的活动，却可以让孩子通过实践了解各种环境、工作、人群的不同性质，更好地丰富自己已获得的社会交往技能，进而获取更高级的社会交往能力。

2. 学前儿童社会交往教育实施的方法

（1）环境创设法。把日常活动与课堂教学融进学前儿童社会交往教育这一目标体系中，为儿童创设各种仿真、模拟的社会生活情境。如开展社区生活、饭店就餐、厨房做菜、旅游导游、商店售货等仿真活动，并积极地营造开放的、自由的氛围，让儿童在无形式约束、无班级年龄限制的情况下，自由分散地、全身心地投入活动中。

（2）情境教学法。根据课堂教学的内容和学前儿童的个性特征，创设针对性的教学情境，让儿童热情地参与多姿多彩的社会交往活动。如开展情境讨论、生日 Party、春节拜年、才艺比赛等儿童非常喜欢参与的社会交往活动。

（3）游戏模拟法。将各种社会交往活动的内容融入各类游戏中，是社会教育常用的方法。让儿童在扮演角色过程中，体验不同的社会角色特点，理解生活中的一些规则，以提高儿童的社会责任感。

（4）实践体验法。实践体验是课堂上和书本中所不能给予的。教师可以组织儿童从事一些具体的社会实践活动，如参观访问、交友、与陌生人对话、劳动等，使儿童获得更多的生活经验、群体交往的体验与感受。

四、学前儿童社会交往教育的评价

（一）对学前儿童社会交往发展的评价

幼儿的行为反应是对教育工作最客观、直率、真实的评价，教师要关注幼儿的反应，把它看作重要的评价信息和改进工作的重要依据。通过对学前儿童社会交往发展的评价可以揭示其发展规律与发展趋势、个体差异以及影响学前儿童社会交往发展的因素，有利于教师针对学前儿童社会交往发展的特征和本班幼儿实际情况制定教育活动的目标，因材施教；有效提高学前儿童社会交往能力，促进学前儿童社会交往行为的友好发展；还有利于家园共育，培养幼儿良好的行为习惯，促进幼儿道德品质的提高。

资料链接

通过《幼儿社会交往评价指标及等级标准》可以了解学前儿童社会交往的特点、规律，发现学前儿童个体在社会交往时存在的问题，及时指导教育实践活动的实施，也可以让家长更全面了解学前儿童社会交往中的问题，以给予正确的引导。

幼儿社会交往评价指标及等级标准

一级指标	二级指标	三级指标	等级标准			评价方法	评价工具
			一	二	三		
幼儿社会交往评价	同伴交往	交往态度	1. 不愿意与同伴交往。 2. 经常回避同伴的邀请。	1. 愿意主动参与到同伴间的交谈与游戏中。	1. 渴望与同伴交往。 2. 希望通过发起话题或游戏得到同伴的响应。	观察法	附一
		交往能力	1. 不能很好地参与同伴的交谈或游戏。 2. 不能很好地与同伴合作。	1. 很少发起话题或者游戏。 2. 能主动参与同伴的交谈或游戏。	1. 受到同伴喜爱。 2. 能发起话题或者游戏，并经常得到同伴的响应。	情景测试法	附二
		文明行为	1. 经成人的提醒能使用礼貌用语。 2. 在与同伴交往中遵守基本规则。	1. 主动使用礼貌用语。 2. 在交往过程中能遵守规则。	1. 能在不同的情景下主动使用礼貌用语。 2. 在交往过程中自觉遵守规则。 3. 交往中表现出合作、互助、分享等文明行为。	问卷法	附三
		解决冲突	1. 与同伴发生冲突的时候在教师的帮助下能解决矛盾。	1. 能用合适的方式解决自己和同伴间的矛盾。	1. 能用合适的方式解决自己与同伴的矛盾。 2. 能帮助其他同伴解决冲突。	情景测验法	附二

一级指标	二级指标	三级指标	等级标准			评价方法	评价工具
			一	二	三		
幼儿社会交往评价	师幼交往	交往态度	1. 不愿意与教师交谈。 2. 回避教师。	1. 对教师的主动交往愿意做出回应。	1. 愿意主动与教师交谈。 2. 会把自己认为重要的事情告诉教师。	谈话法	附四
		交往能力	1. 不能很好地和教师交谈。 2. 不能服从教师的要求和支配。	1. 对教师的邀请做出回应。 2. 能服从教师的要求和支配。	1. 能发起和教师的交谈或游戏。 2. 服从教师的要求和支配。 3. 能积极完成教师分配的任务。	观察法	附五
		文明行为	1. 在成人的提醒下向教师问好。 2. 做错事能承认。	1. 尊重教师。 2. 不说谎。 3. 做错事能承认。	1. 能主动向教师问好，尊敬教师。 2. 不做被教师禁止的事情。 3. 勇于承认错误并改正。	问卷法	附三
	幼儿和客人的交往	交往态度	1. 不愿意与客人交往。 2. 客人在身边时紧张不安。	1. 愿意与客人交往。 2. 愿意回答客人的问题。	1. 愿意主动与客人交往。 2. 客人来时表现出适度的兴奋和快乐。	谈话法	附四
		交往能力	1. 不能回答客人的问题。 2. 有时拒绝客人的要求。	1. 能倾听客人的问题和要求。 2. 有时能满足客人要求。	1. 主动和客人交往。 2. 把自己认为重要的事情告诉客人。 3. 能满足客人的要求。	观察法	附五
		文明行为	1. 在家长的提醒下向客人打招呼。	1. 主动向客人打招呼。 2. 能礼貌地回答客人的问题。	1. 主动向客人打招呼。 2. 在客人说话时注意倾听，不插嘴，不随便打断。 3. 能礼貌回答客人问题。	问卷法	附三

附一

幼儿同伴交往态度观察表

观察对象＿＿＿＿＿＿＿＿ 观察者＿＿＿＿＿＿＿＿
观察时间＿＿＿＿＿＿＿＿ 观察地点＿＿＿＿＿＿＿＿

观察内容	观察记录（在做到的项目后面做标记或填写具体事件）
不回避同伴交谈或游戏邀请	
表现出想和同伴交谈或游戏的愿望	
愿意主动参与同伴的交谈或游戏	
希望通过发起话题或游戏得到同伴的响应	
和同伴一起交谈或游戏感到快乐	

附二

同伴交往能力

方法：教师设定问题情景，让幼儿回答解决问题的方法。

教师将班里的一部分幼儿分成若干小组，分别玩角色游戏（如娃娃家、小商店）和合作性的建构游戏（如搭建立交桥），然后观察未参加游戏的幼儿的反应。

提问：如果你也想参加游戏，你会用什么方法呢？

解决冲突的能力

方法：教师提出问题情景，请幼儿判断对错并解释判断的依据。

有一天，西西和卡卡一起用积木搭楼房，西西选择了一块黄色的积木当窗户，卡卡看了看说："我觉得用绿色的好。"西西说："我喜欢用黄色的。"卡卡建议："咱们试一试绿色的好吗？"西西坚持说："我就是要用黄色的。"于是两人发生了争吵。后来，西西生气地推倒楼房，气呼呼地说："我不和你玩了。"

提问：

1. 你觉得西西做得对吗？
2. 如果你是卡卡你会怎么做？
3. 如果你是卡卡，会找老师帮忙吗？

附三

幼儿文明行为问卷调查

您好！

为了促进幼儿文明行为的发展，我们开展了幼儿文明行为的调查，其调查结果仅供研究使用。本次调查采用无记名方式，以下问题均无对错之分，所以您无需顾虑，请认真、如实、独立地填写。所有问题除特别说明外都为单选，请在相应的答案后打“√”或按要求填写内容。谢谢您的合作，祝您生活愉快！

1. 幼儿是否主动向同伴打招呼？（　　）

A. 很少　　B. 有时　　C. 经常

2. 幼儿是否会与同伴发生冲突？（　　）

A. 很少　　B. 有时　　C. 经常

3. 幼儿是否会主动帮助有困难的同伴？（　　）

A. 很少　　B. 有时　　C. 经常

4. 幼儿是否能与其他同伴合作完成任务？（　　）

A. 很少　　B. 有时　　C. 经常

5. 幼儿在交往过程中是否能遵守规则？（　　）

A. 很少　　B. 有时　　C. 经常

6. 幼儿是否会将自己喜爱的东西分享给同伴？（　　）

A. 很少　　B. 有时　　C. 经常

7. 幼儿见了教师是否会主动问好？（　　）

A. 很少　　B. 有时　　C. 经常

8. 幼儿是否对教师说谎？（　　）

A. 很少　　B. 有时　　C. 经常

9. 幼儿是否会做被教师禁止的事情？（　　）

A. 很少　　B. 有时　　C. 经常

10. 幼儿做错事时能主动承认或询问时能承认？（　　）

A. 很少　　B. 有时　　C. 经常

11. 幼儿对教师的问题是否能礼貌、耐心地回答？（　　）

A. 很少　　B. 有时　　C. 经常

12. 幼儿是否能主动向来访的客人问“好”，说“再见”？（　　）

A. 很少　　B. 有时　　C. 经常

13. 幼儿对客人的问题是否能礼貌、耐心地回答？（　　）

A. 很少　　B. 有时　　C. 经常

14. 幼儿是否在客人交谈时不插嘴、不随便打断？（　　）

A. 很少　　B. 有时　　C. 经常

15. 幼儿会使用“谢谢”“对不起”等礼貌用语？（　　）

A. 很少　　B. 有时　　C. 经常

附四

谈话方案

谈话对象______________　　谈话者______________
谈话时间______________　　谈话地点______________

谈话目的	了解幼儿和教师、客人交往时的态度，为评价收集信息
谈话范围	围绕幼儿与教师、客人交往时所表现的态度和意向展开谈话
谈话记录	

附五

师幼交往能力观察表

观察对象______________　　观察者______________
观察时间______________　　观察地点______________

观察内容	观察记录（在做到的项目后面做标记或填写具体事件）
对教师的主动谈话或邀请游戏做出回应	
主动发起和教师的交谈，把自己认为重要的事情告诉教师	
邀请教师参加游戏	
服从教师的要求和支配	
完成教师分配的任务	

资料链接

儿童沟通技巧测评问卷

姓名：____________　　性别：____________　　出生年月：____________

指导语：各位家长，本问卷是一份关于儿童沟通技巧的测评。请根据您孩子的实际情况作答。不要考虑太久，尽快完成。在以下项目中选出适当的，并以“√”做答。

五点量表说明：
1. 从不：表示行为从未出现。
2. 很少：表示行为的出现间隔很久（约一月一次）。
3. 有时：表示行为偶尔才出现一次（约一周一次）。
4. 常常：表示行为比3更常出现（一天一次）。
5. 总是：表示行为比4更常出现（一天一次以上）。

(1) 察觉自己的各种感觉	1	2	3	4	5
(2) 将自己的感觉告诉别人	1	2	3	4	5
(3) 察觉别人的感觉并反映给对方	1	2	3	4	5
(4) 不复述别人说的话	1	2	3	4	5
(5) 倾听时，眼睛注视对方，不打断并点头	1	2	3	4	5
(6) 对同伴或成人不使用“请”“谢谢”“对不起”	1	2	3	4	5
(7) 见到同伴或成人时，微笑并打招呼	1	2	3	4	5
(8) 不说别人的好话，如赞美或鼓励的话	1	2	3	4	5
(9) 沟通时使用“你不要……”“你不可以……”压制他人	1	2	3	4	5
(10) 拒绝或批评时，指出具体事实及表达感觉	1	2	3	4	5
(11) 跟别人合作并分享东西	1	2	3	4	5
(12) 结交新朋友	1	2	3	4	5
(13) 不接受与自己意见不同的人	1	2	3	4	5
(14) 跟别人相处得很好	1	2	3	4	5
(15) 在集体中表现不好	1	2	3	4	5
(16) 在活动中不与别人合作	1	2	3	4	5
(17) 遵守指导与规则	1	2	3	4	5
(18) 帮助其他人	1	2	3	4	5
(19) 不接受别人的领导	1	2	3	4	5
(20) 不用打架就能解决冲突	1	2	3	4	5

资料来源：王佩玲. 幼儿发展评量与指导. 台北：心理出版社，1998. 略有删减.

（二）对学前儿童社会交往教育的评价

1. 采用幼儿自评与教师评价相结合的形式

幼儿评价自己或同伴，既在同伴面前展示了自己，让同伴对自己有了更加深入的了解，又是一个相互交流、提高的过程。从表面看，幼儿的评价看似是一种认知倾向的评价，是在不断地产生认知冲突从而形成新的认知系统的过程。但挖掘其深层意义，幼儿能够大胆站在集体面前表述自己的意见，所需要的信心和勇气就是一个社会化系统不断发展的过程。个性在社会中不断发展，又在社会化发展的过程中不断完善并为社会所接纳，成为能够适应社会的、健康的个性系统。因此，引导幼儿评价自己和他人，可让幼儿从中获得自信，获得成功与他人交往、与他人合作的社会性的意识倾向，并在不断循环中得以逐步发展成熟。

教师作为儿童活动中的引导者、观察者、合作者、支持者、欣赏者，对儿童活动情况的评价应该是宏观且细微的、客观公正的，而且有举足轻重的作用，合理的评价对学前儿童社会性发展有很好的促进作用。由于幼儿的年龄特点决定了他们的认知水平，限制了幼儿对某些问题的解决能力，教师在评价幼儿活动时，应尽量从幼儿认知系统中的矛盾的、不稳定的、不明确的方面加以引导，对每一个幼儿的行为进行正确的评价。让幼儿学会从别人的视觉或观点看待问题，寻求进步，不断提高自己。例如，幼儿在活动中，因为争夺玩具而争持不下，他们此时想得更多的是自己对玩具的占有使用权而未考虑到别人。在幼儿自己不能解决的情况下，教师的参与作用就很有必要了。评价中，教师可以以此作为全体幼儿的“警示”，将这个活动中常见的现象进行讨论评价，形成正确的观点。教育评价的多维度涉及认知、情感、个性等诸多方面，与儿童社会性发展相互促进、共同发展。只有让幼儿的社会性健康、和谐发展，才能使其成长为一个被社会所接纳、所认可的成功的“社会人”。

2. 有效使用强化评价法

强化评价法是在社会交往教育中，利用他人对幼儿行为的评价，强化幼儿的积极行为，抵制幼儿的消极行为直至最后消退的一种教育方法，这是学前儿童社会交往教育评价的主要方法。强化评价法分为肯定性评价和否定性评价。

（1）坚持肯定性评价为主。

皮格马利翁效应证明，教师对学生的肯定性评价，对学生学习的进步、成绩的提高能起到较好的激励作用，起到事半功倍、愉快合作的作用。在学前儿童社会交往教育中进行肯定性评价，对学前儿童社会性行为有正强化的作用，能提高幼儿的积极性，激发幼儿亲社会言行的出现。然而，我们对于肯定性评价的理解，常常停留在“你真棒”“你真能干”“你进步了”等诸如此类的评价语，或是奖励一朵小红花、几颗糖果的简单行为方式之中，真正的肯定性评价应该兼具科学性和艺术性。

实例链接

某教师总习惯在每次活动结束时给小朋友奖励不同的奖品，如糖果、小星星、饼干等。今天晨间活动后，教师只是口头表扬小朋友把玩具送回家，比昨天有进步，可是却忘记准备奖品了。所有的小朋友都大声嚷嚷：“老师，你今天奖给我们什么啊？是不是比昨天有更多奖品啊？”

这个案例反映了当幼儿教师频繁使用物质奖励作为肯定性评价手段的时候，其做法会给幼儿今后的发展带来不良的影响。

首先，从培养角度来看，容易让孩子养成为获得物质奖励而做事的习惯。这样的潜在影响是，当幼儿逐渐长大成人进入真实社会后，会比较难以适应社会生活，对社会、对家庭缺乏责任感。

其次，从奖励的效果来看，有效性是值得怀疑的。因为世界上没有任何的奖励能让孩子永远地心满意足。如果成人哪一次忽略了对孩子的奖励，也就正如案例中出现的场景一样，孩子们觉得没有像以往一样获得物质奖励，就会产生惰性或不满，觉得自己付出的努力没有回报，以后他们就不会主动参与活动，甚至容易产生斤斤计较的个人利己主义思想，造成日后在人格上的缺陷。

最后，不利于幼儿获得精神的满足和愉悦。当教育者动不动就用物质来奖励孩子，并想以此来争取孩子参与活动的主动性和积极性时，可能导致孩子优良的品质和良好的习惯消失。

因此，在对幼儿进行肯定性评价时要以精神奖励为主、物质奖励为辅，使幼儿具有良好的行为动机。当然，我们强调频繁使用物质奖励存在诸多的弊病，但并不意味着一概不能采用，关键在于使用的“度”。

（2）奖励要讲究时机和方式。

实例链接

在“我们来分享”的社会交往活动中，小朋友们都在认真地听老师介绍与同伴分享的方法。突然，老师停止正在进行的教学活动，说：“丽丽小朋友听得可认真了，老师要奖给她一颗小星星。”说着，老师走到丽丽小朋友面前，将一颗亮亮的星星贴到了她额头上。顿时，教室里开始躁动起来，所有小朋友的注意力全都转移到丽丽额头的星星上了，还时不时地有调皮的孩子走下座位去摸一下星星。丽丽也开始不认真听课了，老是玩着小星星，老师无法继续上课了。

从这个案例中不难看出，教师运用肯定性评价不仅没有起到激励的效果，反而弄巧成拙。原本安静的课堂开始躁动不安，认真听讲的幼儿的注意力因为突如其来的夸奖而开始分散，教学活动因为不恰当的肯定性评价而无法正常开展。

因此，奖励要讲究时机和方式。当所有的幼儿都专注投入在教学活动时，教师要尽量减少无关刺激，以免影响正常的教学秩序。如果需要运用肯定性评价时，建议以精神鼓励为主。其实，一句鼓励的话语、一个温暖的微笑、一个肯定的眼神、一个简单的动作（如竖起大拇指在幼儿的额头上点一下、摸摸幼儿的头、脸蛋，拥抱一下等）都可以起到很好的激励作用，关键在于在恰当的时机用恰当的肯定性评价来实施激励。

（3）评价要注重客观性、公正性和多样性。

实例链接

又到了户外活动的时间，老师请课堂表现好的小朋友先玩攀岩墙。明明是一个课堂表现很好但平时在班上不太起眼的孩子，老师没有请他先玩，他显得很不屑："为什么我不能玩？哼，不玩就不玩，攀岩墙有什么好玩的？我要我爸爸带我到迪斯尼去玩，比这个更好玩，我才不稀罕呢，哼！"

在这一案例中，教师由于观察不够细致，导致所做出的评价不公平。不公平的评价会降低教师在幼儿心目中的权威感，使教师的表扬效果不能正常发挥。同时，还会使受到不公正对待的孩子降低以后做事的积极性，甚至产生自卑心理或者"破罐子破摔"的行为方式，阻碍其社会性的发展。因此，运用肯定性评价时要注重客观性和公正性。在该案例中，明明显得很不屑："不玩就不玩，攀岩墙有什么好玩的？"从这句话里，我们可以推测平时教师在对幼儿进行表扬时，经常采取奖励玩攀岩墙的方式，渐渐地，幼儿已经不感兴趣了，这样的表扬也就失去了应有的作用。因此，肯定性评价方式要注意多样化。单一方式的表扬容易使幼儿产生厌倦的心理，从而对表扬持一种无所谓的态度。肯定性评价的方式有很多种：有当众的或个别的，有口头的或书面的，还有点头、微笑、抚摸等体态语言或其他物质奖励等。物质奖励应经常有所变化，不能总是红花、小贴纸、小玩具、食物等，对每个幼儿的物质奖励也应有所不同，可以依据每个幼儿最迫切的需要来选择。如有的幼儿非常乐意帮老师和同伴做力所能及的事情，那就可以奖励他当一天值日生或小老师；有的幼儿很喜欢看漫画书，就可以考虑奖励他一本新的漫画书。

（4）评价要注重个体差异性和适量性。

实例链接

午餐后，两个孩子都主动帮老师收拾碗筷。其中一个孩子在班上各方面表现得都很好，经常得到老师的表扬；另一个孩子性格比较内向，生活自理能力较弱，在班上能力一般，但比较听话。教师在带领孩子们散步的时候用同样的口头表扬方式表扬了这两个孩子。

在这一案例中，教师对这两个孩子进行的肯定性评价是不恰当的。当两个不同类型的孩子同时做了一件好事，教师应注重个体差异，根据孩子的气质类型、性格特点把握表扬的方式与分寸。对一贯表现好的孩子的行为，或者已经养成的良好习惯，一般不需要给予特别的表扬；对于长期存在问题或能力较弱的孩子，哪怕只是很小的、偶尔的进步，教师就应该表扬。如当当小朋友平时不爱主动和人打招呼，偶尔一次早上来园时主动向老师问好，教师就应该抓住时机进行表扬："当当真棒，真是一个有礼貌的好孩子。"小小平时不爱发言，今天却举手发言了，虽然她的声音很小，回答得也不是很好，但教师一定要夸奖她，对她应该给予积极的肯定和鼓励。这样孩子在这些原本比较薄弱的方面体验到了进步的快乐，也就愿意继续保持下去。经过一段时间，孩子的这些弱点就能在教师的表扬声中渐渐消失，从而增强自信心。

那么，对于那些一直做得比较好的孩子，我们是不是就忽略呢？其实并不是这样的。对于这些孩子，可给予一般性的鼓励，这样既避免了表扬过频导致滋生骄傲情绪和难以接受失败挫折的现象，又不至于影响孩子的积极性。因此，肯定性评价要注意适量性，避免消极性。

如何表扬才能给孩子真正的鼓励？怎样批评才不会在孩子心中留下阴影？事实上，每个孩子都是独一无二的，应该根据孩子的不同情况做出合适的评价。

强化评价法的肯定性评价对幼儿社会性行为有正强化的作用，能提高幼儿的积极性，激发幼儿亲社会言行的出现。无论何时何地，老师都应该尊重儿童、信任儿童、理解儿童，因为这样的评价方式才是科学的、有效的，才是有利于幼儿社会性发展的。

技能训练

请根据下面的案例，设计一个幼儿社会交往教育活动，自拟活动名称与年龄班，并组织试教与评课。

有一天，东东、红红和燕燕一起玩娃娃家，红红当娃娃家的妈妈，她要带娃娃（燕燕）去看病。东东（娃娃家的爸爸）对红红说："看完病赶快回来，还要给孩子喂饭呢。"可是红红给娃娃看完病以后，接着又去"商店""动物园"玩了，好半天不回来。东东把"饭"做好了，想要给娃娃吃，他很着急，就去找红红，找到红红以后，他生气地说："你为什么乱跑？我们还要给孩子吃饭呢，以后我再也不跟你一起玩儿了。"然后他就跑回娃娃家，把围裙脱下来，想不玩了。红红说："不玩就不玩。"

学练结合

1. 请利用幼儿园见习或实习的机会，在幼儿园一日生活中对幼儿进行社会交往教育，并进行记录与反思。

2. 针对以下案例中乐乐的情况，说说如何提高她的社会交往能力。

乐乐今年3岁，平时不喜欢与人交往，任凭老师怎么引导，她都不愿意参加活动，只是用畏惧的眼光盯着老师看。从乐乐的行为表现上看，她属于典型的社交退缩型幼儿。社交退缩是指儿童不能主动与同伴交往，沉默寡言，不愿进入陌生的环境，不愿参加集体活动，表现出害怕、孤独、胆怯等行为。

案例一：早上来园

开学已有两个星期了，今天是乐乐妈妈送她来幼儿园，老师热情地问乐乐早上好，可是乐乐小朋友一直低着头不看老师，一副极不开心的样子，不管妈妈怎么劝说，她就是不肯向老师问好。

案例二：区域活动

区域活动时间到了，像往常一样，老师让孩子们自由选择教室里的玩具玩。其他孩子都找到了自己喜欢的玩具，只有乐乐不哭不闹地在座位上摆弄自己从家中带来的玩具。游戏时乐乐总是自顾自地玩，如果有人邀请她，她就害怕地躲开。

3. 阅读以下案例，思考案例后的问题，分析原因，尝试设计相应的教育活动。

丁丁是幼儿园大班的孩子，无论参加什么活动，他都十分积极主动，精力旺盛。丁丁平时做事很急，想干什么就立即行动，想要的东西也必须马上得到，否则就会坐立不安。他做事有闯劲，但时常马马虎虎；他待人大方，热情直率，爱打抱不平；他喜欢别人听从他的支配，否则便大发脾气，甚至动手打人。事后他虽也后悔，但一遇到事总是难以克制。

问题：

（1）根据丁丁的行为表现，你认为他在社会交往存在哪些不足。

（2）谈谈应如何有针对性地对丁丁进行教育。

（3）围绕社会交往能力的培养设计一次教育活动。

第四章　学前儿童社会规范教育

目标导航

[**知识目标**] 了解社会规范的概念、类型和功能，理解社会规范教育的含义及特点，掌握学前儿童社会规范教育的目标和内容，掌握幼儿园社会规范教育活动设计与实施的方法。

[**能力目标**] 能够运用所学知识解决学前儿童社会规范教育中的问题，并能独立完成幼儿园社会规范教育活动的设计、实施与评价。

第一节 社会规范教育概述

基础知识

学前儿童在成长过程中，需要学习各种社会规范，并形成遵守社会规范的意识，养成自觉遵守各种社会规范的行为习惯，以适应社会生活，因此本节重点介绍社会规范的基本知识及学前儿童社会规范教育的概念、特点和意义。

一、社会规范教育的内涵

（一）社会规范的内涵

1. 社会规范的概念

社会规范是社会学、心理学等学科研究的重要内容。凌文辁等总结了各学科关于社会规范概念的界定。社会学认为：社会规范是历史形成或规定的行为与活动的标准；社会规范执行一系列调节的、选择的、系统的、评价的、稳定的和过滤的功能；社会规范限定着人与人之间的关系。行为科学认为：社会规范是社会诸成员共有的行为规则和标准；规范可以内化为个人意识，即使没有外来的奖励个人也会遵从；规范也可以因外部的正面裁决而发生作用；规范比价值或理想更具体；规范是针对实际行为而不是对预期行为而言。心理学认为：社会规范是一种社会行为规则，它是组成社会群体成员可接受或不可接受行为的各项文化价值标准。

在学前儿童社会教育领域，社会规范是指社会成员在社会生活中，为了维护公共利益，维持社会秩序而必须遵守的行为准则，是衡量社会成员行为的社会价值的标准。

2. 社会规范的类型

社会规范按照不同的划分维度分为不同的类型。南京师范大学张霞认为，根据规则适应的范围可将规则分为生活规则、教学规则、游戏规则和交往规则；根据不同性质可分为常规和临时性规则，常规又可分为生活常规、道德常规等；根据规则的运行过程，可分为规则制定、规则执行、规则维护和规则修复四个过程。①

裘指挥认为，根据规范产生的来源可以将规范分为理性自发型规范、理性自上而下型规范和非理性行为规范三类；根据规范的性质可以将规范分为合群性规范、道德规范，制度和谨慎性规范。②

幼儿园生活中的集体规则可以分为必须遵守的强制规则、可以选择遵守的他律规则和幼儿在自发活动中产生的自律规则。陈世联认为，幼儿园社会规范教育的主要内容包括公共规则、集体规则、交往规则、基本道德规则四个部分。③ 幼儿园班级规则包含学习、生活、交往、安全、公共规则几个方面。④ 据此，我们从 9 大维度将幼儿园班级规则具体详细划分为 18 种类型，见表 4-1。

表 4-1　幼儿园班级规则的类型

划分角度	规则类型	含义	举例
规则来源	预设性规则	根据经验预判而预先设计好的规则。	集体教学活动结束，教师说："请把小椅子轻轻放到桌子下面去。"
	生成性规则	根据活动中偶然、突发情况而产生的规则。	集体教学活动结束后，幼儿离开座位带翻了不少小椅子。教师说："请把小椅子轻轻放到桌子下面去。"
规则先后	先在性规则	在活动行为之前提出的规则。	"请小朋友排好队，一个一个从滑梯滑下来。"
	后发性规则	在活动行为之后提出的规则。	"请把地上的玩具捡起来送回家。"
规则受益	兼益性规则	使规则的制定者与规则行动者都受益的规则。	"安静听讲。" "互相帮助。"
	独益性规则	仅仅使规则的制定者受益的规则。	"上课总讲话，嘴上贴胶布。" "上课两手放在背后。"

① 张霞. 大班幼儿规避行为研究. 南京：南京师范大学，2008.

② 裘指挥. 早期儿童社会规范教育的合理性研究. 南昌：江西人民出版社，2009.

③ 陈世联. 幼儿社会教育. 海口：南海出版公司，2009.

④ 陈世联. 对幼儿园班级规则的记录与分析. 学前教育研究，2011 (11).

续前表

划分角度	规则类型	含义	举例
规则权属	专权性规则	典型形式是“不许如何”，对行为的否定往往采用的是批评和禁止的形式。	“不许讲话。” “禁止打人。”
	授权性规则	典型形式是“可以如何”或“有什么权利”，规则制定者把是否采取某一类行为的权利授予行为者，由其自主决定做或不做。	“口渴了可以自己去喝水。” “你可以使用我的蜡笔。”
规则强弱	命令性规则	要求行为者一定要做到或者一定不做某种行为的规则。	“不准掏电源插孔。”
	提倡性规则	希望或者期待行为者采取或者不采取某种行为，但是不强求做到或者不做到。	“认真倾听别人的发言。” “自己的事自己做。”
规则表述	明确性规则	规则制定者对于规则的表述清晰明确，没有歧义。	“在自己的任务没有完成前，不能去积木区玩玩具。” “在老师说话的时候，请小朋友们不要说话。”
	模糊性规则	规则的表述模棱两可，为意义含糊不清的规则。	“不吃饭就睡觉去。”
规则结果	操作性规则	指达到目标的方法和程序的规则。	“下楼梯时不要推搡小朋友。”
	目标性规则	规定行为所要达到的目标的规则。	“管住你的手和脚。”
规则对象	人际性规则	调节人与人之间关系的规则。	“不要损人利己。” “见到老师要问好。”
	人物性规则	调节人与物之间关系的规则。	“不要摘花园的花朵。” “爱惜图书。”
规则力度	刚性规则	借助某种强制性力量来实施，无论何时何地都必须遵守的规则。	“不打人骂人。” “不偷别人的东西。”
	柔性规则	以行为主体的良知和外在舆论为驱力的规则。	“玩具使用后放回原处。”

不同类型、多种性质的交往关系和参与社会生活的方式，为不同性质、多种类型规范的存在提供了需要的契机。从性质看，社会规范分为道德规范、契约性规范、制度和谨慎性规范。不同规范在建构儿童发展方面存在着差异，见表4-2。

表 4-2　　不同规范在建构儿童发展方面存在的差异①

名称	道德规范	契约性规范	制度	谨慎性规范
建构成分	利他、关爱、是非观	权利、自主、平等、协作等理念	组织观、集体观、秩序等	安全、健康的观念
特征	内在性、普适性、一致性	协商性、可改变性、相对性	可改变性、相对性、强制性	效用性、普适性
控制形式	"自律"性内在软控制	内在兼外在性质的控制方式	大多是"他律"性的外在控制	"他律"性的外在硬控制
适用范围	在儿童生活中适用范围最窄	儿童生活中主导型的调整方式	在儿童生活中适用范围次之	在儿童生活中适用范围较窄
利益导向	利他为主	强调互利互惠	具有防范性，对"他"和"己"的关系明确、理解	价值导向为中性
例证	关爱、谦让、利他等	轮流、分享、合作、协商、表达等	秩序、一日教育活动安排等	安全、舒适、健康等行为

（二）社会规范教育的概念

人们掌握社会规范的途径主要有社会学习和社会交往，而接受有目的的社会规范教育是人们学习和掌握社会规范的一种快捷方式。社会规范教育指的是社会组织将其制定和有选择继承的社会行为标准、准则和规则进行社会传递的活动过程。其目的是帮助学习者将外在的社会行为规范转化为内在的需要和规范行为。社会规范教育对每一代人都是必需的，接受社会规范教育是个体成为社会成员步入社会生活的必经途径。

学前儿童社会规范教育主要是指学前儿童在教师、家长或其他成人的教化下，将社会规范内化为自己的规范，形成规则和规范意识的过程。例如，父母要求孩子将垃圾扔进垃圾桶，就是在进行公民文明守则中的教育；父母带孩子出门时碰到熟人，引导孩子和熟人打招呼，叫"叔叔、阿姨"等，父母教孩子与熟人见面打招呼的行为就是人际交往规则教育。从刚开始每次都有父母提醒，到自己主动做出这些规则要求的行为，需要经历很长一段时间，最终外在的行为规则才能内化为自身的规范意识，这个过程即为对学前儿童进行社会规范教育的过程。同时，随着时代的发展，社会规范在不断地发生变化，社会规范教育也相应地在变化，因此社会规范教育的真正目的是使学前儿童成为能够掌握一定的社会规范，逐步形成符合社会要求而又有自己特色的价值观、行为模式的社会积极成员。就如英国教育家斯宾塞所说："记住你的管教的目的应该是养成一个能够自治的人，而不是一个要让别人来管理的人。"

① 裘指挥，张丽．社会规范教育的适宜性——基于儿童对规范各领域和个人领域理解的视角．内蒙古师范大学学报（教育科学版），2008（10）：1.

（三） 社会规范教育的相关研究

中外研究者对社会规范教育的可行性与必要性进行了大量的研究，为社会规范教育提供了理论与实践依据。

1. 三期六段论

美国心理学教授柯尔伯格采用认知发展取向研究道德发展，提出了著名的“三期六段论”。

(1) 前习俗道德期（9 岁以下）。

1）惩罚服从取向。只从表面看行为结果的好坏，盲目服从权威，旨在逃避惩罚。

2）相对功利取向。只按行为后果是否带来需求的满足以判断行为的好坏。

(2) 习俗道德期（10～20 岁）。

1）寻求认可取向。寻求别人认可，凡是成人赞赏的，自己就认为是对的。

2）遵守法规取向。遵守社会规范，认定规范中所定的事项是不能改变的。

(3) 后习俗道德期（20 岁以上）。

1）社会法制取向。了解行为规范是为维持社会秩序而经大众同意所建立的，只要大众共识，社会规范是可以改变的。

2）普遍伦理取向。道德判断是以个人的伦理观念为基础，个人的伦理观念用于判断是非时，具有一致性和普遍性。

“三期六段论”揭示了人在一生中接受社会规范的历程。按照此理论的解释说明，我们了解到学前儿童主要处于前习俗道德期的惩罚服从取向阶段。

2. 我国学者的研究

我国学者李幼穗认为，儿童对社会约定俗成的规则和一般规则的理解，经过了三个阶段：①

(1) 第一阶段：“无规则概念”阶段。此阶段儿童对社会规范概念几乎为零，他们虽然也知道遵守规则，但不知道为何要遵守。

(2) 第二阶段：“成人即规则”阶段。此阶段儿童以老师或父母作为社会规则，因而对这些成人的权威有“必须绝对服从”的概念。

(3) 第三阶段：“清楚认识”阶段。此阶段儿童已经知道了生活规则、约定俗成在维持全体社会成员生活中的重要性，已经开始了解个人与社会是相互作用的，必须学会遵守社会规则。

3. 幼儿接受社会规范教育的过程

综合以上研究结果，幼儿接受社会规范教育的过程可以分为以下两个阶段：

(1) 服从阶段。幼儿出于对教育者的依恋和崇拜，或者因害怕可能受到某种惩罚，从而去服从和遵守教育者所提出的行为要求。一般来讲，4 岁以前的儿童主要处于这一阶段。在这一时期，幼儿基本不能以自己的价值标准判断是非，没有真正认识到社会规

① 李幼穗. 儿童社会型发展及其培养. 上海：华东师范大学出版社，2004.

范的意义和必要性，只是被动地服从。处于服从阶段的幼儿其规范行为具有以下 3 个特点：

1）盲目、被动性。由于幼儿没有真正认识到行为的意义，只是出于对长者的敬畏、信赖或恐惧而服从，所以，其行为是盲目、被动的。但是如果幼儿长期为之而形成习惯，并从行为的结果体验到满意的结局，他会逐渐将此行为保持下来而变成自觉行为。

2）工具性。虽然幼儿开始时被迫接受某些行为要求，但他很快就会发现，当他做出符合外部要求的行为时，会获得长者的赞许或其他奖赏，也可能会避免某些惩罚，那么，这种服从行为就会成为满足其需要的工具或手段。例如，当幼儿听从老师的要求而收拾玩具时，老师对幼儿的这种行为进行言语表扬，并伴有微笑、轻轻抚摸幼儿的头等非言语的奖励。那么，以后幼儿就倾向于重复上述行为，以便再次得到相应的奖励。做出良好的行为就成为幼儿获得老师喜爱和奖励的一种手段。

3）情境性。处于服从水平的行为是不稳定的，幼儿在不同的情境可能会有不同的行为表现。由于此时幼儿尚未形成自己的主观判断，如果成人对他的要求不一致，就会使幼儿的服从行为表现出情境性，如在幼儿园能自己吃饭，回到家中则要父母喂等。

总之，幼儿的可塑性极强，教育者应适时地对幼儿提出具体要求，使之对教育者产生信赖和敬畏，这样有助于幼儿接受社会规范。

（2）模仿阶段。幼儿通过对别人的行为的观察而模仿该行为，这也是幼儿形成规范行为的必经阶段。

班杜拉的社会学理论认为，幼儿可以通过观察他们生活中重要人物的行为而学会社会反应。幼儿对他人行为的观察和模仿实际上也说明了环境对幼儿心理发展的影响，这种影响有时远远大于成人的直接言语要求。幼儿的模仿行为有以下 3 个特点：

1）主动性。与服从行为相比，模仿行为是具有一定的主观能动性的，幼儿并不是模仿他看到的所有的行为，而是选择他所喜爱的、对他有吸引力的或是以他所依恋的人为榜样。事实表明，幼儿对榜样的情感认同越强烈，对榜样的模仿就越主动。幼儿总是喜欢模仿他所喜爱的老师的一些言谈举止。

2）模糊性。尽管幼儿的模仿行为不是盲目的，但他对行为的意义和依据的认识是模糊的，对所模仿的行为并没有独立地分辨善恶的能力，不会择善而从之。同时，榜样本身往往也没有意识到自己已经成为幼儿的模仿对象。所以，成人的行为也会潜移默化地影响幼儿。

3）次稳定性。因为幼儿是出于对榜样的仰慕或喜爱而发生模仿行为的，幼儿对行为本身的意义认识并不深刻，所以在一定范围内和一定时期内，这种模仿行为是相对稳定的。但随着幼儿年龄的增长，他的仰慕对象可能发生变化，再加上他的道德认知水平的不断提高，可能会重新认识榜样的行为，从而决定自己是否继续以此为榜样。值得注意的是，由于幼儿生活的环境如家庭、幼儿园等相对是稳定的，因此，家长、教师等就有可能成为幼儿经常模仿的榜样。如果幼儿期的模仿行为成为习惯，那么这对他将来的发展是有久远影响的。

模仿行为虽然水平高于服从行为，但它并不能取代服从行为。事实上，这两种行为水平在很长时间内是并存的、相互渗透的。如果幼儿能够从最初的被迫服从到主动自愿地模仿某种规范行为，并由此得到积极的情绪和情感体验，那么这种行为就有可能长期保持，并在不同的情境中一贯地表现出来，这可为幼儿将来良好的行为习惯的形成打下基础。

（四） 社会规范教育的特点

1. 长期性

学前儿童社会规范教育是一个长期的过程，因为社会规范从认知到认同再到遵守需要经历一个利用自身经验去体验和建构的过程。当社会规范被主体接受以后，不再需要外部刺激，而是已经形成个体内在的需要和主动的行为取向。

在幼儿园或家庭生活中有一整套规则需要遵守。幼儿在不了解规则的情况下，经常会为了避免惩罚而服从或遵守这些规则；当没有成人的监督时，又开始违背这些规则。虽然幼儿认为规则是成人等权威制定的，是神圣不可更改的，但是在实际的游戏或行动中，因为其心理发展的“自我中心”，又经常按照自己的规则进行，从规则的外在化到内化需要经历幼儿的“去自我中心”的过程，需要不断熟悉、理解外在规范，从而由内而外地遵守这些规范。因此，对幼儿进行社会规范教育具有长期性的特点。

2. 生活性

社会规范与人们的生活密切相关，既是保障生活有序进行的外在约束，又是社会生活中人们的内在秩序。对学前儿童进行社会规范教育时，内容的选择要与社会生活相联系。例如，小班教学活动“排排队”，教育目标是帮助幼儿理解排队的重要性，并能按要求排好队。排队就是与幼儿生活息息相关的内容，只有具备排队的意识，并能主动排好队，如厕、洗手、做操等环节才能正常有序开展。一日生活中各个环节都蕴含着许多的社会行为规范，如进餐有餐桌礼仪，看图画书有阅读规则等。这决定了幼儿社会规范教育的途径应该是在生活中进行，幼儿社会规范的学习应该是向生活学习，而不是向书本学习。如家长带孩子过马路时，让孩子了解基本的交通规则并遵守交通规则，日复一日，幼儿就逐渐把听从父母教导的遵守交通规则内化为主动遵守交通规则。再如日常生活中成人经常提醒幼儿将瓜皮果屑等垃圾扔进垃圾桶，再加之成人良好的榜样作用，幼儿就会养成爱护公共卫生的行为习惯。幼儿各种行为规范的养成，都是由生活中的点点滴滴的不断积累而构建起来的。

二、社会规范教育的意义

（一） 社会规范教育有利于幼儿形成社会规范的认同与对社会的归属感

是非观是个体形成道德认识、道德判断的重要前提和主要内容。学前儿童了解和接受社会规范，就知道哪些行为是正当的、合法的、美的、善的，哪些行为是不正当的、非法的、丑的、恶的，从而自己做出正确的行为选择，并且对别人的行为做出正确的评价。例如，一位 4 岁女孩很想到一块碧绿柔软的草坪上玩耍，但当她明白了妈妈向她解释的草坪上的木牌“爱护草坪，请勿践踏”的含义后，她便懂事地不再提这种要求，以后，当她看到其他小朋友进入草坪时，还会上前阻止。随着幼儿思维的发展以及理解水平的提高，儿童对社会规范的掌握会更加概括、系统，所形成的是非观也就更加稳定、完整。

从社会作用来看，社会规范是维持良好社会秩序、促进社会和谐发展的基础和保证，只有建立一系列社会行为规范才能保障社会有序运行。我们应该对学前儿童进行社会规范教育，通过各种途径帮助幼儿学习社会规范，理解并内化规范，再转化为规范行为。

（二）社会规范教育能帮助幼儿社会化的顺利完成

社会化是指在特定的社会环境中，个体形成适应于该社会文化的人格，掌握该社会公认的行为方式。通过社会化过程，可使一个自然人转变为社会人。幼儿出生后，最先交往的对象是父母，父母的客观地位与作用决定了他们是幼儿模仿的榜样，父母的人格、信仰、价值观、行为方式等，都有可能是幼儿学习的内容。父母的言行符合社会规范，则有利于幼儿了解和掌握社会规范。心理学研究表明，那些生活在父母本人就是良好榜样的家庭中的幼儿，很少出现问题行为和不良人格，在对生活目标的追求上，他们也尽量模仿父母，尝试用父母的方式处理问题，能够乐观地对待挫折，自制力强，社会适应较好。

（三）社会规范教育能促进幼儿健全人格的形成

健全人格的构建是家庭、社会环境和自我教育等多方面因素长期的、共同作用的结果，是人终身修炼的课题。人在幼儿期接受相应的社会规范教育并实践这些规范行为，可为以后的健全发展奠定良好的基础。纵观古今中外的优秀人才，无不在童年期间就受到良好的养成教育。所以，社会规范教育应该是学前儿童教育的一项重要内容，是形成健全人格的必要条件。

（四）社会规范教育有助于幼儿园集体活动的有序开展

幼儿园作为幼儿接触最多的社会环境，为幼儿学习社会规范提供了重要的场所，班级作为一个集体，同样需要靠社会规范来维持其内在的秩序。制定集体规则是约束、管制、防范幼儿个人行为的有效手段。规则作为班级生活有序进行的前提性因素，其重要性不言而喻。在集体活动中，幼儿遵守规则意味着替别人着想，同时要限制自己不合社会规范的行为。在集体生活中，当个人的想法或需要与集体或他人的利益相冲突时必须放弃个人的想法或需要，以免使集体或他人的利益受到损害，如幼儿园班级生活中“午睡时不说话”“借东西要征求别人同意”“看到别人摔倒了要去扶起来”等都是利他性的规则。只有所有幼儿理解并遵守这些社会规范，集体生活和幼儿园中的各种教育活动才能顺利展开。

总之，社会规范教育对于个体的成长和发展具有极其重要的意义，是个体成长和发展的内在需要和要求，对于社会的发展也有着积极的影响。进行社会规范教育是未来人才具备良好社会适应性的一种重要途径。

技能训练

请分析下面案例，谈谈学前儿童对社会规范的学习处于什么阶段，有什么特征。

今天是我们搬进新园舍的第一天，孩子们都觉得很新鲜。崭新的园舍，宽敞的走廊，还有窗户下、走廊旁那雪白的墙壁，都成了他们谈论的话题。突然，有个孩子兴奋地跑过来，得意地告诉我："老师，你看，脚印！"我顺着他指的方向一看，不得了，雪白的墙壁已变得黑乎乎的了，上面都是孩子们或深或浅的脚印。我刚想发火，又有几个孩子兴奋地告诉我："老师，你看，这是我的脚印。这是佳佳的脚印。""老师，你看，我的脚印在这里，比明明的大。""老师，我的脚印比芳芳的好看。"……我还没来得及开口，又有几个小朋友抬腿"啪啪啪"接连踩在墙上。我急了，一边叫着几个幼儿的名字，示意他们停下来，一边敲起了小铃问："你们看，脚印踩在墙上好看吗？""好看。"整齐的回答差点把我气晕。孩子们居然没有注意到我生气的表情，还沉浸在喜悦之中。

学练结合

1. 通过对幼儿园班级规则的实地观察记录，依据本节表4-1，对你所采集到的幼儿园班级规则素材进行分类整理，试着分析幼儿园班级规则中存在的问题并提出解决策略。

2. 将典型的社会规范教育问题设计成家园沟通板块的育儿小知识栏目，如幼儿将玩具带回家，家长应如何教育？

第二节 社会规范教育的活动指导

基础知识

学前儿童社会规范教育应该确定与幼儿社会性发展以及与社会需要相适应的目标，选择符合学前儿童身心发展的内容，才能有效地设计、组织与实施幼儿园社会规范教育活动。

一、社会规范教育的目标

（一）《纲要》和《指南》中有关社会规范教育的目标

1.《纲要》中有关社会规范教育的目标

《纲要》指出：幼儿园教育要让幼儿理解并遵守日常生活中基本的社会行为规则；在共同的生活和活动中，以多种方式引导幼儿认识、体验并理解基本的社会行为规则，学习自律和尊重他人。

2.《指南》中有关社会规范教育的目标

《指南》在讲述社会适应方面的目标时特别提出对学前儿童行为规范方面的要求，见表4-3。

表4-3 各年龄段幼儿行为规范典型表现

小班（3～4岁）	中班（4～5岁）	大班（5～6岁）
1. 在提醒下，能遵守游戏和公共场所的规则。 2. 知道不经允许不能拿别人的东西，借别人的东西要归还。	1. 感受规则的意义，并能基本遵守规则。 2. 不私自拿不属于自己的东西。 3. 知道说谎是不对的。	1. 理解规则的意义，能与同伴协商制定游戏和活动规则。 2. 爱惜物品，用别人的东西时也知道爱护。 3. 做了错事敢于承认，不说谎。

续前表

小班（3～4岁）	中班（4～5岁）	大班（5～6岁）
3. 在成人提醒下，爱护玩具和其他物品。	4. 知道接受了的任务要努力完成。 5. 在提醒下，能节约粮食、水电等。	4. 能认真负责地完成自己所接受的任务。 5. 爱护身边的环境，注意节约资源。

根据《纲要》与《指南》精神，我们提出学前儿童社会规范教育的目标为：

（1）理解并遵守基本的公共卫生规则，初步养成讲卫生的习惯。

（2）认识并体验交通规则的重要性，遵守交通规则。

（3）理解并遵守各种学习活动的规则。

（4）认识人际交往的基本规则并合理运用这些规则。

（5）理解并遵守日常生活中的各种规则。

（6）认识环境保护的重要性，具备初步的环保意识。

（7）树立劳动最光荣的积极情感，初步养成热爱劳动的习惯。

（8）能辨明是非对错、好坏美丑，有初步的是非感、爱憎感。

（二） 幼儿园各年龄班社会规范教育目标①

1. 小班

（1）了解集体生活中的基本规则，知道一日生活中主要环节（如散步、午睡、排队、盥洗、游戏、教学等）的要求。

（2）不受冷、热和天气变化的影响，坚持天天上幼儿园。

（3）愿意和他人分享游戏材料，不干扰和妨碍别人的游戏活动；游戏开始及结束时，能按要求摆放和收拾玩具材料。

（4）愿意按“三轻”（走路轻、说话轻、放下东西也要轻）的要求游戏、活动。

（5）理解幼儿园日常生活中的教师发出的规则性信号，并按要求执行。

2. 中班

（1）能安静地倾听别人的发言、交谈、说话，不随意插嘴。

（2）知道不能把集体的或他人的东西带回家占为己有。

（3）努力遵守集体活动（盥洗、进餐、散步、午睡、游戏）的各项规则。

（4）了解简单的公共规则（不随地吐痰、不乱扔果壳纸屑、不大声喊叫等），并自觉遵守。

（5）在绘画、阅读活动中，努力保持正确的读写姿势。

3. 大班

（1）愿意听从成人和同伴的劝告，不做危险的事。

---

① 王建平等. 从理念到行为——《幼儿园教育指导纲要（试行）》行动指南. 南京：江苏少年儿童出版社，2003.

（2）熟悉有关安全、交通、环保的标志，愿意按标志的提示行动。

（3）会用轮流、合作、交换、等待等方法与同伴游戏。

（4）会根据需要自己制定区域游戏的规则，并制作相应的提醒标记。

（5）有环境保护的意识，当发现他人不当的行为举止时，敢于劝阻。

二、社会规范教育的内容

学前儿童在逐步社会化的过程中需要认识并适应不同的社会环境，学习相应社会环境中应遵守的社会行为规范和道德准则。社会规范教育的内容非常丰富，范围也很广泛，主要涉及公共规则、学习规则、交往规则、生活规则、基本道德规则五个方面。

（一）公共规则

公共规则是指全社会都应该共同遵守的规则，主要包括公共交通规则、公共卫生规则、公共惜物规则和公共场所规则。①

（1）公共交通规则：红灯停、绿灯行；过马路时走人行横道线；不横穿马路；尽量走天桥或地下通道；不在路上玩耍、打闹等。

（2）公共卫生规则：不随地吐痰、不乱扔瓜皮果屑、不乱涂画、不随地乱扔废弃物等。

（3）公共惜物规则：爱护公共财物、不随意践踏草坪等。

（4）公共场所规则：包括遵守购物规则，如在超市结账时要排队、不要打开物品的包装袋、在超市不随便品尝食物等；在公共休闲娱乐场所讲文明、讲礼貌，如不大声喧哗、嬉笑打闹、遵守工作人员的提醒等；等等。

实例链接

设计公共规则标志（大班）

设计意图：

幼儿在生活中常常能看到各种关于公共规则的标志，但是缺乏系统的学习，本次活动利用幼儿熟悉的周围生活环境中常见的标志及基本规则来引发幼儿的学习兴趣，通过自己设计标志增强遵守规则的意识，帮助幼儿形成良好的习惯，乐于与人交谈、与人交往，激发自主学习的兴趣。

活动目标：

（1）知道公共场所的基本规则，形成自觉遵守公共规则的意识。

（2）丰富生活经验，明白不同标志的相关规则的具体含义。

---

① 虞永平. 社会. 南京：南京师范大学出版社，1997.

(3) 能与同伴合作设计标志，表达规则要求的内容。

活动重点：

知道公共场所中的规则，了解标志的含义。

活动难点：

设计幼儿园不同区域的规则标志。

活动准备：

(1) 关于遵守公共规则的标志或公益广告宣传画。

(2) 设计标志用的各种形状的纸、彩笔。

活动过程：

1. 通过谈话引入活动

(1) 教师："你们知道哪些公共规则的标志？"

请幼儿说一说自己知道的标志，如让人们"安静"的标志、"爱护花草"的标志、"请排队"的标志等，让幼儿充分发言。

(2) 教师："幼儿园中应有哪些规则？"

让幼儿充分讨论，如活动区中要有规则（玩完玩具放回原处等）、盥洗室应有规则（节约用水、排队等）等。

2. 幼儿设计幼儿园各种规则的标志

(1) 教师："我们自己动手设计有关幼儿园规则的标志，放在幼儿园中，看看谁的设计更有创意。"

(2) 幼儿讨论幼儿园哪些地方需要规则标志，讨论后确定实际内容。

(3) 幼儿分组操作，分工合作。教师有针对性地进行指导。

3. 交流评价

(1) 幼儿将各组的作品进行展示，分别介绍设计的图案及其表达的内容。

(2) 幼儿将各组的作品粘在幼儿园相应的位置上。

(3) 讨论应该怎样做个文明的小公民。

各组互相交流想法，教师与幼儿共同评价。

活动延伸：

大家共同收集关于遵守公共规则的图片或标志等资料，在班级布置一个"争做文明小公民"宣传板。

资料来源：大班活动："设计公共规则标志"综合教案.（2013－08－15）[2017－08－15]. http://new.060s.com/article/2013/08/15/790212.htm.

（二） 学习规则

幼儿的学习与自身经验水平、活动情境的创设有着密不可分的联系。因此，在学习活动中，教师只有以幼儿的身心发展水平为基础来设计能够引起幼儿学习兴趣的活动情境，幼儿才能主动理解并遵守学习活动中的规则。幼儿对学习活动充满兴趣，自然能够注意力集中、神情专注、活动持久，不会出现捣乱的行为，在活动过程中流露出积极的学习态度，勤奋、刻苦，不怕困难，体验到学习过程中的成就感，并在学习过程中养成一系列良好的学习习惯，如尊重教师、认真倾听、不打断别人发言、发言前要举手等。

掌握学习规则对幼儿进入小学学习乃至终身学习都将产生积极影响，让幼儿终身受益。教师对幼儿学习规则的界定也应以幼儿的发展为依据，客观地分析与评价幼儿在活动中的行为表现，不能以控制幼儿的行为为目的来确立规则。

实例链接

活动时你允许孩子交谈吗？

每次做纸工和进行绘画活动时，为了维持良好的秩序，保证活动的顺利进行，我都会在活动开始前进行一番纪律要求：不能随便说话，打扰别人。如果有事情要报告老师，要先举手示意，得到允许后再讲。经过一段时间的要求，每次活动时，可以说秩序井然。

今天，我们进行的是纸工活动——“会变的娃娃”。这个纸工的做法是首先剪出一个可爱的小娃娃，然后再依次剪出为其准备的三件可爱的小衣服，通过为小姑娘选择搭配衣服，提高幼儿的审美能力，并从中感受趣味性。在和幼儿一起探讨了做法后，孩子们便迅速动手做起来。在为小姑娘选择衣服时，我听见几名幼儿在窃窃私语，出于想知道他们关注什么的好奇心，我并没有制止这种“违反纪律的行为”，而是作为一名旁观者，饶有兴致地观察着他们。

盛盛说：“瞧，这件蓝裙子多漂亮，上面既有花纹，还有一个可爱的小口袋。”

源源说：“我觉得毛衣更漂亮。你瞧，毛衣上面有皮卡丘图案，穿上它肯定特别神气。”

这时，只听洋洋着急地说：“遥遥，你都剪坏了，剪图案时，应沿着图案的边缘剪，你怎么在这里挖了个洞？”

“我觉得在这里挖一个小星星图案出来，会更漂亮些！”遥遥说。

剪好之后，该给小姑娘选择衣服了，孩子们兴致勃勃地做着这一项工作。这时，他们讨论的声音更大了些，甚至有几个小朋友因此而争得面红耳赤。

齐齐说：“我觉得这个小姑娘穿这件红色外套才漂亮。你看，它下面穿着裤子，搭配起来多漂亮！”俨然一副设计师的口气。

大伟说：“我觉得她穿裙子会更漂亮。能够让这个小姑娘看上去显得更活泼些！”

雄雄说：“我觉得她穿这件毛衣最合适。你看，毛衣的颜色和小姑娘头上的蝴蝶结的颜色一样，这样搭配更漂亮些！”

“应该穿裙子，现在正是夏季，穿裙子更合适。”这个小朋友还考虑到了季节因素。

整个活动的秩序看上去有些混乱，但孩子们参与讨论的热情非常高涨，自始至终没有一个孩子游离于活动之外。相信孩子在与同伴的交流中提高了许多，也获得了许多。孩子们的讨论还在继续，而我也陷入了沉思：我们以前总是为了追求一种在成人眼中的井然有序，从我们的角度出发，制定了许多诸如此类的活动纪律。其本意是为了保证活动的顺利进行，但我们却忽视了孩子们在活动中的积极互动正是他们自我完善、自主发展、自主建构认知的过程。作为教师，我们有必要时时对我们制定的各项规则保持质疑的态度，要切实站在儿童的视角去检视这些规则是否有利于儿童活动的发展，是否对儿童参与活动有消极的阻碍作用。我们要及时根据儿童的发展需要调整活动规则，真正使规则对幼儿活动起到积极促进和引领的作用。

资料来源：教育叙事：活动时你允许孩子交谈吗？http://data.06abc.com/20080620/89426.html.

（三） 交往规则

合群性是人的基本属性，它的主要功能是让幼儿学会交往，让幼儿适应群体生活，促进从“自然人”向“社会人”的转化。人际交往活动中的合群性规范是以培养幼儿健康生活态度和能力为主要目标的一系列规则，如轮流、协商、合作、分享、表达等。其中，交往规范是合群性规范的主体，主要指人与人交往过程中使用的规则。例如，与他人友好和睦相处；懂得使用礼貌用语，见面打招呼；不抢同伴玩具等。

资料链接

中华文明之美

1. 见面

我国是礼仪之邦，无论是旧识还是新朋，后辈或是长辈，在见面时一定会采取各种见面礼仪表示对对方的尊重。礼者，自卑而尊人。意思就是说，通过自谦的方式来表示对他人的敬意。

(1) 握手礼。伸出手，与对方的手相握，轻轻晃动，并且保持微笑，以示友好。

(2) 名片礼。初次相识要互呈名片，双手递上，名片正面朝对方。

(3) 拥抱礼。两人相对而立，右臂偏上，左臂偏下，互相拥抱。

2. 道歉

在人际交往中，如果自己的言行有失礼不当之处，绝不可将错就错，最得体的方式，便是道歉。能及时而真诚道歉的人，才配得上胸襟广阔、品行不凡。

一般的场合，表示歉意可用“对不起”或“很抱歉”。

有劳别人或打扰别人可以说“打扰了”或“麻烦了”。

渴望得到别人的原谅可以说“多多包涵”或“请您原谅”。

愧对别人时就应该说“非常惭愧”。

除了语言规范以外，道歉时还有以下三点要注意：

(1) 道歉要及时，认识到错误，马上道歉。

(2) 道歉应大方，不应扭扭捏捏、遮遮掩掩。

(3) 道歉应真诚，不可随随便便、敷衍了事。

3. 微笑

笑是人们沟通感情、传递信息的最好方式。笑容能够消除陌生感，让人感到安全，感到亲切。而笑作为一种礼节，表示对人的尊重和理解，更是自身修养和礼仪的体现。

公共场所切勿笑到忘我，不然有失仪态，令人反感。

遇到嘉奖，应保持微笑以示谦逊，切勿大笑，自我陶醉。

若遇领导或长辈，应保持微笑以示友好，切勿媚笑，阿谀奉承。

若别人遭遇尴尬，切勿嘲笑，作为翩翩君子，应保持微笑，伸出援手，以示关爱。

（四） 生活规则

融教育于一日生活中是幼儿教育的一个显著特点，而生活规则就渗透在幼儿的一日生活中。生活规则是指为了保证幼儿在饮食起居方面养成良好的习惯而制定的规则，包括饭前便后的卫生习惯、良好的进餐习惯、休息睡觉时的习惯等。幼儿在生活中与人互动，与环境互动，会自然而然地体验到规则的重要与必要。下面以幼儿园的一日生活为例，其在各个环节都充满了生活规则的教育契机（见表 4-4）。

表 4-4　　一日生活中的生活规则

生活活动环节	生活规则的要求	举例
来/离园	1. 注意个人卫生。 2. 能自己整理物品。	1. 每天衣着整洁地来幼儿园。 2. 来园后会把自己的物品放置在储物柜里。 3. 离园时会整理自己的书包。
餐点、饮水、如厕、盥洗、午睡	1. 养成良好的生活和卫生习惯。 2. 具有基本的生活自理能力。	1. 饭前便后要洗手。 2. 吃饭时不说话，不挑食，不偏食。 3. 自己穿脱衣服、鞋子。 4. 休息时保持安静。
户外自由活动	具备自我保护意识与能力。	1. 不从高处往下跳。 2. 玩大型玩具时不拥挤。

在家庭生活中，需要家长有意识地引导幼儿理解并遵守生活规则，防止“5＋2＝0”（指 5 天在幼儿园生活中养成的好习惯，周末两天在家没有保持下去，使最后的效果大打折扣）。例如，在家也应该要求幼儿定时定点进餐，在进餐过程中自己吃饭，对于年龄大一些的幼儿，还可以让其帮助家长收拾餐桌、碗筷，提高幼儿的生活自理能力。

资料链接

幼儿日常行为规范

一、小班

1. 进餐

(1) 愉快、安静地进餐，坐姿端正，知道餐前洗手。

(2) 吃饭时，会一口接一口地吃，不含饭菜，细嚼慢咽。

(3) 不用手抓饭和菜，不依赖大人喂，饭后在老师的提醒下擦嘴、漱口，放好餐具和椅子。

2. 喝水

(1) 在老师的提醒下，口渴时会用自己的水杯喝水，喝完之后，把水杯放回原处。

(2) 喝开水时不要一边喝一边玩。

3. 盥洗

能按要求洗手，会将手心、手背洗干净，会用自己的毛巾擦手。

4. 大小便

(1) 不随地大小便，保持厕所清洁，学习正确地使用便纸，便后洗手。

(2) 学习分清男孩、女孩小便盆（或槽）。

5. 午睡

(1) 在成人帮助下逐步学会自己穿脱衣服鞋袜。

(2) 穿鞋时，学会分清左右鞋，会将衣服鞋子放在固定的地方，摆放整齐。

二、中班

1. 进餐

(1) 逐步养成“四净”的进餐习惯：桌面干净、地面干净、身上干净、碗内干净。

(2) 餐前洗手，会正确使用餐具，细嚼慢咽，吃饭时不发出响声，能在规定时间内吃完一份饭菜。

(3) 餐后擦嘴、漱口，会自己收拾餐具，餐具轻拿轻放。

2. 喝水

(1) 知道口渴时自己去喝水，学会正确的喝水方法。

(2) 能接适量的水，不把水洒在地上。

3. 盥洗

(1) 养成饭前便后及手脏时洗手的习惯。

(2) 会自己卷衣袖，在老师指导下会擦肥皂并冲洗干净，擦干手挂好毛巾。

4. 大小便

(1) 大小便基本能自理，定时大便。

(2) 小便姿势正确，学会拉好裤子，注意腹部保暖。

5. 午睡

(1) 睡前自觉上厕所，能安静入睡，睡姿正确。

(2) 学习独立、有序地穿脱衣服、鞋袜，能将脱下的衣裤、鞋袜放在固定地方。

(3) 能迅速入睡，醒后不影响他人，保持安静。

(4) 学会叠被子，在成人指导下会整理床铺。

三、大班

1. 进餐

(1) 养成“四净”的进餐习惯：桌面干净、地面干净、身上干净、碗内干净。

(2) 会正确使用筷子，餐后擦嘴、漱口。

(3) 自觉排队添饭，饭后轻放餐具，并进行安静的活动，如散步、看书等。

2. 喝水

(1) 定时喝水，大量运动后休息片刻再喝水。

(2) 喝水时多次少量，不暴饮，不喝生水。

3. 盥洗

(1) 能安静有秩序地盥洗，用正确的方法迅速洗手、擦手，不玩水，洗好后会关紧水龙头，节约用水。

(2) 能正确使用肥皂或洗手液，盥洗后自觉回到座位安静地等待。

4. 大小便

(1) 不随地大小便，大小便能自理，定时大便。

(2) 小便姿势正确，会整理好衣裤。

5. 午睡

(1) 睡前自觉上厕所，能安静入睡，睡姿正确。

(2) 能迅速穿脱衣服、鞋子、能分清楚左右，会系鞋带。

(3) 能整理床铺、叠好被子，并放在指定的地方。

(4) 睡醒后和起床后能保持睡眠室安静。

6. 卫生习惯

(1) 知道地上脏，不随便躺在地上。

(2) 勤剪指甲，勤理发，勤洗澡。

(3) 不吮手指，不咬手指，不用脏手擦眼睛。

(4) 会正确使用纸巾，会擤鼻涕，不随地吐痰。

（五） 基本道德规则

道德规范是依靠社会舆论、人们的内心信念、风俗习惯调节人与人、人与组织、组织与组织之间关系的行为原则和规范的总和。这种规则的基本特征是：要求一个人进行自我约束，没有外在的力量强迫其干什么和不干什么，是一种自律的力量。其通常要求人们具有一定的利他思想。在社会生活中，基本的道德规则除了道德伦理以外，还包括风俗习惯和宗教训诫，主要是通过人在社会生活环境中潜移默化地获得的。对于幼儿来说，基本道德规则主要是一些涉及道德问题的公共规则，如涉及是非、对错、爱憎等道德问题的认知和判断。

一方面我们应该认识到学前儿童学习社会规范的重要性，另一方面要把握规则使用的“度”。幼儿遵守规则的前提是对规则的理解和认同，因此，除了涉及幼儿人身安全需要强制执行的强制性规则之外，其他的规则都应遵循幼儿认知发展规律，让他体验和感受规则的重要，再去引导幼儿遵守。在生活和游戏中，教师还应组织幼儿自己制定规则，用标记、图画等方式提醒自己遵守规则，不能一味用规则来压制幼儿，造成他们的逆反。

实例链接

让感谢成为习惯

我在幼儿园担任体育教师，一个偶然的机会，我被临时安排到大班带生活活动。自主游戏后便是喝牛奶时间，我请孩子们排队来我这里领牛奶。我一直有个习惯，就是要等孩子说“谢谢老师”后，我才把牛奶递给他，这是几年前当保育员时形成的习惯。这倒不是我想满足被孩子尊重的虚荣心，而是想让孩子学会感谢别人。

第一个来领牛奶的小男孩什么也没说，只是用力拉我手中的杯子，表情疑惑，似乎对我的举动很是不解。我也没说什么，只是对着他笑，杯子在空中僵持了一阵，我小心地松开手，叮嘱他回座位的时候要小心。接着第二个孩子将杯子递过来，第三个、第四个……直到最后，也没有一个孩子想到说“谢谢”，我有些失落。等孩子们喝完牛奶后，我忍不住举起紧握在手中的杯子，对孩子们说：“刚才可能不少小朋友已经注意到，老师在给你们牛奶的时候，没有把牛奶马上递给你们，是吗?”

孩子们都注视着我，表情疑惑。

我用平静的目光从他们天真无邪的脸上一一滑过，说道：“老师给你们出一道思考题：你怎么才能让老师将牛奶马上递给你?”话音刚落，孩子们七嘴八舌地说开了。

“趁老师不注意，一下夺过来!”一个铜铃般的声音。

“那如果牛奶泼出来怎么办?”我否定了她的回答。

“挠老师的痒痒，这样老师的手就松开了。”坐最后一排的小男孩大声说道。

“这个小朋友动了脑筋，但要思考怎样才能让老师心甘情愿地把牛奶递给你?”我示意他坐下再思考。

这时，坐在角落里的一个扎羊角辫的高个女孩引起了我的注意，她的手犹豫地举到半空又怯怯地缩了回去，反复了几次。

我慢慢走过去，一边微笑着用眼神鼓励她，一边示意她回答。

“……亲亲老师的脸…”她站起来怯怯地说。孩子们一听，顿时哄堂大笑，乱成一团。

这个回答还真出乎我的意料，我示意孩子们安静。“这倒是一个很不错的方法，那你为什么要亲老师的脸呢?"

"因为……因为老师给我牛奶……"小女孩一边说，一边挠着耳朵。我连忙接过她的话："因为老师给你牛奶，你心里很……"

"感激！"孩子们抢着帮她回答了。我满意地笑了笑，示意她坐下。接着，孩子们你一言我一语地抢答，什么帮老师捶背，帮老师捏胳膊，话音此起彼伏。

等孩子们的声音逐渐减弱时，我说："刚才你们所说的方法都是想表达对老师的感激之情，其实有一种方法更简单也更有效，那就是对老师说一声——"我故意拉长了声音。

"谢谢——"孩子们积极应答。

我笑着说道："记住，以后老师给你们牛奶或盛饭的时候，在你们有困难得到别人帮助的时候，千万别忘记说声'谢谢'。"

资料来源：教育叙事——让感谢成为习惯. http://data.06abc.com/20080315/89445.html.

三、社会规范教育的实施

学前儿童社会规范教育与幼儿园、家庭、社区都有密切联系，下面主要从幼儿园的角度，介绍社会规范教育实施的途径、形式与方法、策略。

（一）社会规范教育实施的途径

幼儿园社会规范教育实施的途径主要有三种：专门的教育活动、日常生活活动、区域活动。专门的教育活动中进行的社会规范教育的特点是目标明确，教师对教育内容非常清楚，有效把控活动环节，教育面广，而在活动组织的灵活性方面存在局限，对教师调动幼儿参与活动的积极性与主动性有较高要求。日常生活活动中进行的社会规范教育随机性强，能够进行及时的引导与教育，更能体现情境性教育的优势，对教师捕捉教育契机要求较高，适合针对偶发事件的规则性教育。区域活动中的社会规范教育的特点是侧重幼儿自身对规则的体验，教师只需要创设情境和提供游戏所需要的材料，不宜过多参与，避免说教，是比较好的幼儿自省与领悟式的学习方式。

1. 专门的教育活动

专门的教育活动可以较快地实现教学、教育任务，节省教师的精力，同时帮助幼儿体验共同学习的乐趣，是一种主要的社会规范教育活动的途径。结合学前儿童社会规范教育的特点，设计与组织专门的教育活动时，教师应主要考虑活动中幼儿的主动参与和亲身体验。

实例链接

我们不拥挤（大班）

设计意图：

《指南》中明确指出，幼儿园活动选材既要符合幼儿现实发展的需要，又要有利于长远发展；既要贴近幼儿生活，又要有助于扩展幼儿生活经验。活动内容组织应充分考虑幼儿的学习特点和认知规律，有机联系、相互渗透。《纲要》中指出，社会活动要以多种方式引导幼儿认识、体验并理解基本的行为规则，学习自律和尊重他人。从事幼教工作几年以来，一直听到教育界“注重以幼儿为本”“注重个性发展”的声音，同事之间也经常会为“放养好”还是“圈养好”争论不休，我在实践中遇到的最大困惑是：在教育过程中，如何把握自主与秩序的度？在日常生活和游戏中大班孩子们已经有了一定的规则意识，也会说“谦让”“轮流”“一个接一 个”“要有秩序”之类的词语，但在具体情况中，自我中心意识的本能还是会让他们不自觉地做出一些争抢、拥挤的行为。因此我设计了本次社会活动课“我们不拥挤”。

活动目标：

（1）在问题情景中充分感知“秩序”的重要性。

（2）合作探索瓶中取球的方法，提高解决问题的能力。

（3）联系生活实际，增强规则意识，自觉维护秩序，体会生活的美好。

活动准备：

多媒体课件，倒计时器，拥挤的情景，有序的情景，警报声。

活动过程：

1. 首次比赛：分析失败的原因

（1）出示装有彩球的塑料瓶，介绍比赛方法和规则。

（2）幼儿自选装有彩球的塑料瓶，分成五组进行操作。

（3）记录比赛成绩。

（4）分析失败原因：你们遇到什么困难了？球为什么堵在瓶口？

（5）讨论解决办法：怎样让球不挤在瓶口？

（6）总结拉球方法：四个人不能同时拉球，要一个一个地往外拉。

2. 再次比赛：构建取球的规则

（1）幼儿分组尝试一个一个地拉球。

（2）记录比赛结果。

（3）分析取球少的原因：为什么一个一个拉球之后，15 秒内取的球还这样少？

师生共同总结：拉球时不能着急，要看清楚球的颜色和拉绳的位置，等上面的球出来后，才能拉下面的球，这样一个接一个，速度才能变快。

（4）请一个小组上来演示拉球过程，幼儿观察分析：怎样才能拉得又快又多。

(5) 总结拉球儿歌：先拉上球，再拉下球，你先我后不着急，团结协作快又多。

3. 第三次比赛：体验规则的重要

(1) 提醒幼儿遵守取球规则，自主练习合作方法。

(2) 分组比赛，记录比赛结果。

(3) 比较三次比赛结果，进一步感悟遵守规则、互相配合的重要性。

4. 联系生活，感知拥挤危害

(1) 观看录像：人们拥挤着上车，小朋友挤成一团滑滑梯。

师："你们觉得他们刚才做得对吗？这样做会怎么样？"

小结：我知道了，刚才你们不仅看得细心，分析得也很有道理，看来生活中如果像这样人人拥挤，没有秩序，既不文明也不安全，而且会带来很多危险！

(2) 观看录像：人们有秩序地乘车，小朋友排队滑滑梯。

师："他们是怎么做的？这样做会怎么样？"

小结：他们没有拥挤，一个接着一个乘车、滑滑梯，文明又安全！在生活中我们也要像他们一样，处处遵守秩序。

5. 模拟演习，练习紧急撤离

(1) 讲述汶川大地震中桑枣中学全体学生顺利逃生的故事。

(2) 讲解"地震撤离演习"的方法。

师："当警报声响起时，我们要冷静、有序地撤离。"

(3) 师生共同拼搭"安全通道"，练习有序地紧急疏散撤离。

(幼儿将小椅子拼搭成一条长长的通道，在警报声中一个跟着一个从通道里有序撤离)

活动延伸：

和父母讨论生活中还有哪些情况需要排队，养成排队的好习惯。

2. 日常生活活动

社会规范教育渗透在一日生活中，教师可以利用标志、童谣、规则性信号等方式对学前儿童进行社会规范教育。通过社会规范教育，让儿童知道社会规范与社会环境之间的关系，明白一日生活各个环节中应该遵守的社会规范有哪些，通过遵守这些规范可以让一日生活有序进行，保障每个人的自由和权利不受影响。

(1) 抓住一日生活中的社会规范教育契机。教师在幼儿日常生活活动中所做的工作虽然琐碎而平凡，但拥有一双慧眼就能发现许多教育契机。例如，入园时教师主动向幼儿和家长问好，为幼儿树立有礼貌的好榜样，潜移默化地渗透礼仪教育；进餐时，可以对幼儿进行爱惜粮食、文明进餐、不挑食不偏食等方面的良好进餐习惯的教育；离园时，提醒幼儿整理好自己的物品，耐心等待父母，不跟陌生人走。抓住这些教育契机，可以使社会规范教育更加生动、形象，而且符合幼儿认知特点，避免空洞说教，可帮助幼儿知行合一，提升教育效果。

渗透在日常生活中的社会规范教育看似随意，其实教师应该明确教育的目标，这样更能抓住教育契机。利用如表 4-5 中的幼儿一日活动各环节的礼仪教育，在一段时间后，通过教师的提醒、同伴的榜样作用，慢慢让幼儿养成文明礼貌习惯。

表 4-5　　　教师在幼儿一日活动各环节礼仪教育中的操作要求

环节	教育操作要点	保育操作要点	备注
来园	1. 引导幼儿做老师、保育员的小帮手参加劳动：照顾观察记录动植物、整理教室玩具、整理自己的小抽屉等（按照由大到小、由重至轻的顺序叠放整齐）。 2. 引导幼儿养成与老师、保育员、同伴主动打招呼，引导同伴间友好轻声交流：交流家中的事、路边的事、自己的玩具等。 3. 教师个别询问和交流。	1. 引导幼儿养成洗手习惯。 2. 冬天引导幼儿养成脱去外套、关注自身身体冷暖，互相捂捂手、做做简单的运动克服寒冷。 3. 观察幼儿人数和当天保健室的发牌情况，做好个案的应对措施。	1. 此环节中，幼儿陆续来园，待较多幼儿来园后可以组织谈话活动，或组织诗歌或其他游戏活动等。 2. 兼顾与家长的交流。 3. 点名活动。 4. 以上环节，依据班级实际融汇于适当的时间予以完成。
区角	1. 按照计划实施观察与指导。 2. 注重习惯培养：轻拿轻放、物归原处、物还原样、不喧哗、礼让谦逊、合作探究、爱护玩具……	1. 观察特殊儿童活动情况及身体状况。 2. 观察幼儿的异常情况。	此环节，教师在点评时避免空谈，建议多关注幼儿行为、习惯与能力的养成。
运动	1. 依据教学目标组织活动，养成运动的习惯（如有目的、有兴趣、有探究、有合作地玩，累了休息、热了擦汗，有自我保护的意识等）。 2. 爱护运动器械。 3. 在教师指导与提醒下，学习收放器械，养成物归原处的习惯。同时，萌发幼儿帮助保育员做力所能及的事情的意识。 4. 教育幼儿保持衣服整洁。	1. 提醒幼儿自主检查衣物适宜性、系好鞋带等。 2. 为容易出汗的幼儿塞好干毛巾，并随时在运动过程中用手摸摸幼儿后背，感觉有点出汗就提示幼儿脱去衣服。 3. 运动量调控。 4. 特殊儿童的观察（面色、心率、动作发展等）。 5. 提醒喝水。	1. 大雾天气不能外出运动。 2. 运动活动要注意运动强度，室内运动要注意避免空间拥挤而造成的不安全。 3. 夏天要在阴凉处活动。 4. 上下楼梯靠右走，大孩子礼让小孩子，教师在队伍前，保育员在队伍后。 5. 野趣活动应注重挑战性与适宜性相结合。
生活	1. 依据需要组织常规生活教育活动（不是每天都需要）。 2. 按计划或班级近阶段的突出问题提出生活活动的要求（如洗手方法、用点心习惯、盥洗室注意安全，不拥挤、吃完点心漱口擦嘴等）。（教师对幼儿问题有敏锐性） 3. 观察指导个别幼儿，促使幼儿养成良好习惯。	1. 提示幼儿折叠或穿上前面活动时脱下的衣服。 2. 纠正不良习惯。	1. 让先吃完点心的幼儿自主进行游戏。 2. 教师可以选用小帮手协助做学习活动前的准备工作（如用具摆放、桌椅摆放等）。 3. 教师可以通过标志，辅助幼儿养成良好的生活习惯。

续前表

环节	教育操作要点	保育操作要点	备注
学习活动	1. 学习习惯培养（如认真听讲、大胆表达表现、说完整话、欣赏同伴、物品归放原处等）。 2. 重视幼儿非智力因素发展。	1. 注意用眼卫生。 2. 保护嗓子，不大喊大叫。 3. 坐、站、立等姿势提示。 4. 坚持动静交替原则。	1. 活动组织形式需多样，注重日常自身的榜样示范作用。 2. 如外出活动，要做到以下两方面：幼儿衣物情况观察；增加护理人员，注意路上安全。
游戏	1. 引导幼儿同伴间互助、友爱、谦让。 2. 参与幼儿游戏，进行直接或间接的指导。 3. 教育幼儿爱护玩具：不争抢玩具，学会在教师帮助下修补玩具；不大声喧哗；不在活动室内拖拉椅子、桌子。	1. 关注幼儿穿脱衣情况。 2. 关注卫生情况，予以提示；不趴在地上玩耍、不玩不卫生（或不安全）的玩具等。 3. 关注特殊儿童。	注重观察或记录幼儿游戏行为，并学会分析、判断、指导。
午餐	1. 爱惜粮食教育（不挑食、吃完自己一份饭菜、不掉饭菜）。 2. 自我保护教育（走路时不把筷子或调羹放在嘴巴里、端汤时看清楚，小心碰到手）。 3. 餐中教育：做到三净（即地上、桌子上、碗里均干净）、安静、细嚼慢咽。 4. 饭后不做剧烈运动。	1. 餐中保育：及时处理或清理打翻的饭菜、给低龄幼儿喂饭。 2. 提醒幼儿饭后正确漱口、擦脸。	1. 进餐时间控制在25～30分钟。 2. 特殊儿童护理：肥胖儿先喝汤再吃饭，并嘱慢慢嚼；关注贫血和营养不良幼儿的进餐。
餐后活动	1. 培养自主管理，约定规则等。 2. 幼儿之间合作结伴游戏。 3. 散步前交代（大班可组织讨论）注意事项，散步中加强管理（安全教育、引导幼儿观察、丰富并提升幼儿的经验），散步后组织回顾交流。 4. 参与幼儿活动。	1. 散步时注意衣物是否轻便，过多的话要注意提醒幼儿脱去一件外套。 2. 依据季节选择散步区域（夏天避暑、冬天防冻）。	自主性活动的要求参照其他活动。
午睡	1. 养成自己穿脱衣服的习惯（低龄幼儿教师可以组织专门的生活教育活动，帮助幼儿掌握技能与方法）。 2. 教育幼儿整理摆放自己的衣物（衣服、裤子和鞋子等）。 3. 教育幼儿养成良好的睡眠习惯：不踢被、不趴睡、不含手指。 4. 教育幼儿睡醒后不影响同伴。 5. 有速度上的要求。	1. 注意门窗起闭原则：幼儿穿脱衣服时关，睡下15分钟后开，冬天防止对流风。 2. 幼儿生活照顾（为特殊儿童塞好干毛巾、帮助幼儿盖好被子或毯子、观察睡眠情况等）。 3. 冬天时睡到一半需要起床小便，要提醒幼儿穿上外套和备用拖鞋，以防着凉。	1. 注意空调使用原则：三开三闭，注意温度的调控。 2. 在观察指导的基础上兼顾自己的其他工作，坚持不离岗。 3. 注意幼儿午睡情况（有无抽搐惊厥、观察面色或摸摸额头有无发烧）。 4. 为扎辫子的孩子梳洗。

续前表

环节	教育操作要点	保育操作要点	备注
准备离园	安全教育	提醒幼儿再次整理自已的着装（鞋带、衣服）。	
离园	1. 拿好自己的物品。 2. 教育幼儿及时回家，不长时间在大型玩具区域逗留。 3. 留园幼儿管理。		兼顾与家长的交流。
总体要求	1. 礼仪教育培养贯穿始终：谦虚有礼。大小孩子走廊相会，大孩子有礼让小孩子先过的意识；上下楼梯不推挤、不争先、不恐后，养成靠右走的习惯；能主动与老师、同伴打招呼等。 2. 强化几个行为习惯：搬放椅子要轻，不拖拉；起身离开座位，有将椅子插入桌子的习惯；集体活动时说话轻、走路不奔跑。 3. 逐步纠正攻击性行为等不良行为习惯。 4. 逐步养成幼儿自主管理意识与能力（如自己解决问题或困难、自主选择玩伴或活动区域、自主制定合理的规则等）。 5. 注重幼儿为老师、保育员和同伴服务的意识与能力培养，做力所能及的事，不包办代替。	1. 一日观察贯穿始终，尤其要注意特殊儿童情况，各环节均要注意观察其面色、情绪、精神等。 2. 喝水环节按需要贯穿始终，注意让幼儿自主进行。 3. 生活习惯培养要持之以恒：饭前便后洗手、用餐后擦脸擦嘴、热了擦汗、自己擤鼻涕等。 4. 注重家园配合。	注重学习能力、社会性、情感品质的培养： 1. 学习能力——记录、观察、思维、记忆、表达表现、探索、操作、质疑、分辨和判断等。 2. 社会性——主动性、交往能力、独立性、解决问题意识与能力、规则意识与执行规则的能力等。 3. 情感品质——谦让、分享、关爱、同情、勇敢、大胆、坚持、创新、节约、文明等。

资料来源：http://wenku.baidu.com/link? url=CxoqM4lYXliQS0unkuhGxP0qtxvi－abOtaSGnRq2bvDJfgL39nK71rjB2X7IjCKTHRadlf8dwyg1lc－Bt95BjFBzYgHE6r8i9L612MqzcA7.

（2）渗透在环境中的社会规范教育。环境创设在学前儿童社会规范教育中有非常重要的作用，有序的环境给幼儿一种秩序感，使之从情感上更愿意遵守规则，同时，对幼儿也起到提示的作用，帮助幼儿想起相应社会环境中应该遵守的规则。因此，我们可以把日常生活中的各种规则绘制成形象生动、色彩鲜艳的标记图，设置在相应的环境中，以提示幼儿做出相应的行为反应，促进良好行为的产生和发展。例如，教师可以在盥洗室画上洗手的流程图，帮助孩子掌握洗手的步骤与规则；在睡眠室的门前贴上一双双写有幼儿编号的“小脚印”，不仅可帮助幼儿分清左脚右脚，还可帮助幼儿养成上床前将脱下的鞋摆放整齐的习惯；“小脚印”还可以用在楼梯上，帮助幼儿记住上下楼梯靠右走的要求；活动室里，形象可爱的小耳朵和小眼睛图标不仅可帮助幼儿了解它们的用途，而且还提示幼儿要仔细听、认真看；在玩具区里，小小标志可以帮助幼儿强化“玩完玩具归类整理物品”的好习惯。

实例链接

环境中的规则教育

幼儿园公共区域的创设：

幼儿园的大门是幼儿园的窗口，它每天最先迎接每一位幼儿的到来。为了创设讲礼仪的良好氛围，让幼儿学习礼仪规范，每天早上幼儿来园时，门卫伯伯和保健老师在幼儿园的大门口，用热情的微笑、真诚的问候迎接幼儿的到来。一声声亲切的问候，一个个爱护的动作，感染着家长，影响着幼儿。在幼儿来园、离园期间，整个幼儿园洋溢着温馨的问候声、道别声，传播着浓浓的礼仪气息。为了强化这一行为，我们每周一还在校门口设立了“礼仪小天使”，让幼儿身披红绸带，向教师和小伙伴问好。

近来，为了迎接世博会的到来，我们幼儿园又变成了吉祥物“海宝”的世界。门厅的上空悬挂着形态各异的“海宝”；走廊的墙壁上，每个“海宝”都有一首好听的儿歌：“客人来，欢迎他，请坐下，请喝茶；客人走，送送他，挥挥手，再见吧！”每当幼儿和家长来园和离园时，都会情不自禁地和幼儿一起念读。朗朗上口的儿歌与富有动感的“海宝”相得益彰，平日静静的墙壁仿佛会说话了。幼儿园四周的墙壁上张贴了各种礼仪海报、世博小知识、迎世博倒计时等，吸引了家长和幼儿的关注，人人都成为了世博的小主人。

活动室的环境创设：

整洁、和谐、欢乐的教育环境，对幼儿的成长有着很重要的示范、熏陶、感染作用，是培养幼儿良好礼仪习惯的重要条件。

在幼儿餐厅、盥洗室、午睡室里到处都有与礼仪相关的图片和儿歌：“手拿小茶杯，大家来喝水；喝多少，倒多少，全部喝完不浪费。”这些图片和儿歌都制作得图文并茂、通俗易懂，幼儿在闲暇时常常会三两结对，互相交流，从中得到不少启迪。

我们还预设了题为“悄悄话”的活动，并与幼儿共同设计“悄悄讲话的标志”，投放于各活动角落，提醒幼儿在集体活动中要注意自己的行为，不要影响他人。

在活动室的四周我们张贴着各种儿歌，如“宝宝有个家，玩具也有家，你有家，我有家，游戏结束都回家”等。如此布置的本意并非是想让幼儿认字，而是借此告诉幼儿，要做一个讲文明、有礼貌的好孩子。

3. 区域活动

区域活动主要以学前儿童自发形式进行。让幼儿自主地选择喜欢的区域活动，与同一个区域的幼儿共同游戏，活动中涉及交往规则、游戏规则、公共规则等社会规范教育的内容。要保证活动正常进行，幼儿必须自愿遵守规则。相比集中教育活动中的社会规范教育，区域活动中幼儿的主动性更强，所以开展此类活动是帮助幼儿自觉遵守社会规范的一种重要途径。

（1）区域活动中的社会规范教育——体验规则的重要性。

社会规范教育包括对社会环境的认知及对相应环境下社会规范要求的学习与遵守。幼儿园区域活动中，不同的活动区有不同的活动规则，相当于一个缩小的社会环境，可以帮助学前儿童体验到不同环境下的规则要求，明白制定规则的意义，形成遵守规则的意识。例如，在图书角拿取图书，如果不制定规则，有的幼儿拿三四本，有的幼儿可能拿不到图书，就无法阅读。没有拿到图书的幼儿就切身体会到了“图书角每次只能拿取一本图书”的规则的意义，有了切身体会才能自觉去遵守规则。区域活动的游戏中也暗含规则，如在“娃娃家”活动中，幼儿都想当“妈妈”，没有人愿意当“孩子”，这个游戏就玩不下去。幼儿就会进行协商，“要不我们一人当一次妈妈？”经过协商后确立游戏规则，让游戏能够正常开展。在此过程中，幼儿体验到规则的作用。

实例链接

体验规则的必要性

班里新开了一个活动区，里边放了一些以前没有的玩具。孩子们都被吸引了过来，一下子挤进十几个人。不一会儿，争吵声、告状声就传了出来。

“老师，你看看吧！里边人太多了！都没法玩了！”

“那怎么办呢？”老师问。

“不能一下子进来那么多人！这里边最多只能进五个人！”

“先来的先玩，后来的人等前面的人出来后再进去！”

“我们做几个挂牌放在活动区门口，谁先来就拿一个挂在脖子上，没有牌子的就不能进来了！”

孩子们体验到没有规则的不方便，理解了制定规则的必要性。于是，在老师的启发下自己商议制定了规则并自觉地遵守。

资料来源：李季湄，冯晓霞.《3～6岁儿童学习与发展指南》解读. 北京：人民教育出版社，2013.

（2）不同年龄班区域活动中的社会规范教育。

1）小班。小班幼儿初入幼儿园，对于区域活动的环境与规则都是陌生的，这个阶段主要是帮助幼儿熟悉区域环境，知道各个区域的位置、区域材料的摆放规则等。在区域活动开展前，教师把幼儿带到各区前，一一讲解这是什么区，玩具的名字叫什么，猜猜可以怎么玩，让幼儿对材料有一个大致的了解，激发幼儿尝试的欲望。接着介绍玩具应该怎么摆放，逐渐增加什么可以做，什么不可以做，在幼儿的概念中形成在幼儿园有的事情“可以”做，也有一些“不可以”做，这些“可以”和“不可以”就是规则。对幼儿讲规则时，不要粗暴地制止而要委婉地拒绝和适时地引导。当然规则的建立并不是一朝一夕就能见效的，除了活动前提出规则外，活动中、活动后重新提规则也至关重要，需要教师不断地刺激、不断地帮助幼儿巩固，规则才能牢固建立。

资料链接

娃娃家游戏规则（小班）

（1）进入游戏区先来后到。（培养幼儿轮流意识）

（2）能自定角色，学习角色行为。（提高幼儿社会角色扮演能力，去自我中心化）

（3）不独占、不争抢玩具，能共享玩具材料。（培养幼儿谦让能力与共享行为）

（4）爱护玩具，不乱扔乱丢。（培养幼儿遵守社会行为规则的能力）

（5）会用语言表达个人的情感愿望，用语言与伙伴交流，商量主题情节。（引导幼儿学习与同伴的正确表达方式和协商的能力）

（6）活动中不大声吵嚷，会有礼貌地接待“客人”。（引导幼儿礼貌待人，培养幼儿遵守社会行为规则的能力）

（7）游戏结束时，能收放和整理玩具，按类放回原处。（培养幼儿良好的行为习惯）

2）中班。中班幼儿在逐步熟悉幼儿园区域活动后，教师和幼儿可以约定各活动区的规则，经过师生共同讨论后，将标记和规则图贴在相应区域。教师利用标记向幼儿提醒相应规则，不用过多地介入幼儿区域活动，让幼儿能够在区域活动中自己去发现规则的重要性。例如，教师可以将正确行为的照片贴在墙上，提醒幼儿在区域活动中应该怎样控制自己的行为；教师可以在每次区域活动结束时进行总结，对某些幼儿好的行为提出表扬，为其他幼儿树立榜样。

在进行区域活动的过程中，像角色扮演这样蕴含着社会角色和社会规则的活动对幼儿的社会规范教育有潜移默化的作用。例如，在理发店的角色游戏中，幼儿需要进行角色分工，如果都想当理发师就需要懂得轮流的规则；理发师对顾客要有礼貌，顾客要尊重理发师的劳动，这是人际交往中的规范；剪完头发要付钱并道谢，这是社会生活中的基本规则。中班幼儿随着社会生活经验的积累，非常喜欢将生活中观察到的现象运用到游戏中，区域活动可成为幼儿适合学习的良好载体，帮助幼儿将社会生活中的规范运用到游戏情境中，内化到自身行为中。

3）大班。大班幼儿自主性发展明显提高，在幼儿园区域活动中完全有能力约束和规范自身行为，同时还能起到小老师的作用，监督和提醒同伴的行为。教师可以将区域活动的管理放权到幼儿，由幼儿推选各区域负责人，轮流负责区域活动中的纪律。同时教师需要将明确的区域规则以标记、图片等形式贴在各活动区，便于幼儿时刻谨记需要遵守的规则。在大班幼儿区域活动中，我们发现幼儿的是非辨别能力显著提高，经常出现幼儿为别人打抱不平的现象，这是幼儿社会道德水平发展的开端，教师只需留意观察，巧妙引导，可以通过讨论等方式帮助幼儿澄清自己的价值观，帮助幼儿发展自己对事情和问题的判断能力，不可干涉或代替幼儿做出判断。

（二） 社会规范教育实施的形式与方法

1. 社会规范教育实施的形式

一般来说，初步的社会规范认知类目标最好选择集中教育活动的方式，这样效果最好。可以带领幼儿到真实社会场景中进行参观，出示图片或设置情境帮助幼儿认识社会环境，了解社会环境中的规范。需要更加深入地达到认知目标时，可采取小组讨论等分组学习的方式，让幼儿通过对自己观点的阐述，引发认知冲突，形成正确的社会规范认识。为达到情感和行为方面的目标，可让幼儿通过角色扮演或行为练习等个别学习的方式来增强情感上的体验和技能的学习。因此，选择什么样的活动组织形式主要由活动目标决定，教师应灵活地综合运用各种活动组织方式，以达到预定的活动效果。

例如，参观图书馆的活动，首先可由家长带领幼儿自行参观图书馆，取得相应的认识经验，这是个别学习。然后幼儿园组织幼儿集体前往图书馆参观，学习如何借书，了解图书馆的规则，这个环节是集体学习。参观完毕，回到幼儿园，教师组织幼儿对参观活动进行分组讨论，总结经验，这个环节是小组学习。

实例链接

参观图书馆（中班）

活动目标：

（1）亲身体验图书馆的借阅规则。

（2）学习用图画或文字记录参观时的发现。

活动准备：

（1）提前与图书馆联系申请参观事宜。

（2）准备“参观图书馆”补充操作材料。

活动过程：

（1）出示图书馆发出的接受参观的许可信，读出信件内容。

（2）发放“参观图书馆”补充工作纸，与幼儿讨论参观哪些设施。

（3）出发前向幼儿提出参观时要遵守的规则。

（4）在教师的带领下参观图书馆，了解图书馆的基本设施。

(5) 幼儿在图书馆借书，体验图书借阅的主要过程。
(6) 借书和参观结束后，回到幼儿园与幼儿讨论。
1) 图书馆里有什么设备?
2) 你使用了哪些设备?
3) 参观过程中，你有没有保持安静?
4) 你是怎样借书的?
5) 你还有什么发现?
(7) 幼儿在教师的帮助下完成补充工作纸。
(8) 老师可以在图书借阅时间内，开展“同读一本书”、同伴间“换一换”等活动。
(9) 还书的日期到了，老师带领全体幼儿一起还书，请幼儿回园后与其他小朋友分享还书的经验。

活动评价：

(1) 能遵守图书馆的规则。
(2) 能用图画或文字等其他方式记录参观时发现的事物。

资料来源：中班社会：参观图书馆. http://rj.5ykj.com/HTML/18785.htm.

社会环境和社会规范之间有密不可分的联系，不同的社会环境需要相应的规则来保证活动的开展。因此，通过参观不同的场所来了解相应的规则对幼儿来说更加真实，也更能激发幼儿遵守规则的情感。

2. 社会规范教育实施的方法

教师应根据社会规范教育的内容和本班幼儿的实际特点来选择合适的教学方法。一般来说，社会规范认知方面的学习可采用语言传递法和价值澄清法。例如，教师根据幼儿的认知水平，选用具有情节性的材料，通过讲故事、说儿歌、看图片和看影视作品等生动活泼的形式，反复给幼儿讲解需要他们掌握的行为准则。讲解不是抽象的道德训诫，而是以理服人，以事明理；不是枯燥的空洞说教，而是寓理于情、于景之中。如果以恐吓和压制的方法对幼儿进行强制性灌输，会导致幼儿因惧怕而被迫服从，可能引起幼儿内心深处的抵触和反感。

幼儿社会规范的情感体验方面的学习多采用角色扮演法、移情训练法。例如，开展以“关心帮助有困难的人”为活动目标的教育活动，教师请幼儿来扮演盲人，感知盲人生活的不便，从而萌发主动帮助盲人的情感，用情感去推动幼儿的行为，而不是通过说教逼迫幼儿帮助别人。

幼儿从对社会规范的认知到自然做出遵守社会规范的行为，需要进行大量的练习，不断地重复才能巩固。因此，常用的方法主要有行为练习法和强化评价法。例如，小班新入园的幼儿要学习一些集体生活中的规则，教师需要不断地提醒幼儿相关的规则，同时要让幼儿有练习的机会，逐渐形成一套“自动”的行为反应。在这个过程中，需要教师运用一些奖励的方法来强化幼儿的行为。教师应注意引导幼儿去体验自己的行为让生活产生的变化，如学会收拾整理个人物品，体验自己长大了，这种成就感就是很好的奖励，能够引发幼儿行为的内部驱动力，将良好的行为习惯保持下去。需要注意的是，强化评价法是引起幼儿内在的行为动机，而不是为了得到表扬而做出的行为。

实例链接

交通安全教育（小班）

设计意图：

城市交通的不断发展促使我们加强交通安全教育，让幼儿了解一些危险因素，知道遵守交通规则的重要性，懂得如何保护自己。

设计这个活动时，我首先根据小班幼儿的已有生活经验与认知发展水平，将目标定位为：了解行人在马路上应该遵守的一些交通规则，培养初步的安全意识与自我保护意识。由于小班幼儿注意力集中的时间很短，因而活动内容不能过于繁杂，而应简单明了。为此，我选择了幼儿日常生活中经常会遇到的几个场景，教育幼儿不要在马路上玩耍，要走人行道，过马路要走斑马线等。我采用多媒体课件、情景模拟游戏等引导幼儿参与活动，并请家长在平时参与教育活动，实现家园共育，以增强幼儿的安全意识、自我保护意识和能力。

活动目标：

（1）了解一些基本的交通安全知识，知道红灯停、绿灯行的道理。

（2）知道过马路时要注意自己的安全。

（3）知道不走斑马线的危险性。

活动重点：

让幼儿形象地感知交通常识——过马路要小心，走斑马线，红灯停，绿灯行。

活动难点：

日常生活中，让幼儿较自觉地遵守交通规则。

活动准备：

红绿灯图片、画有十字路口（有斑马线）的图片。

活动过程：

1. 出示车祸图片

出示发生车祸的图片，请幼儿观看。

组织幼儿讨论，为什么会发生交通事故呢？（幼儿回答，主要原因是不遵守交通规则）引出主题。

2. 出示十字路口图片

教师出示十字路口的图片并提问：

（1）“这是哪里？小朋友在什么地方见过它？”

（2）“上面的白线叫什么？有什么作用？”

3. 出示红绿灯图片

出示红绿灯图片并提问："它有什么作用呢？"

组织幼儿讨论：如果没有红绿灯，行人怎么过马路？（幼儿表演）总结要做到：一站二看三通过。

4. 教师小结

小朋友过马路时要注意自己的安全，要看红绿灯，绿灯可以走，红灯不能走，要走斑马线。如果是没有红绿灯的地方，要两边看一看，没有车子才能过，要慢慢走，不能乱跑。要小手牵大手靠右走。

5. 开展游戏："红灯停、绿灯行"

玩法：请一个小朋友当交通灯，一只手拿红灯，一只手拿绿灯。其他小朋友开着车子过"马路"时看红绿灯，绿灯往前开，红灯停下来，如违反罚停玩游戏一次。

活动延伸：

幼儿在区域活动中进一步巩固对交通规则的学习，进行遵守交通规则的行为练习。

资料来源：小班社会教案：交通安全教育. http://www.diyifanwen.com/jiaoan/youeryuanxiaobanshehui-jiaoan/13440049574776913.htm.

社会规范教育活动一定要注意将幼儿的认识与行动联系起来，通过情感的激发架设认知与行为间的桥梁，逐步让幼儿养成良好的行为习惯。"交通安全教育"活动教师主要采用的教育方法有情景讨论法、语言传递法和行为练习法。教师利用幼儿已有的生活经验对交通事故发生的原因进行讨论，增强幼儿遵守交通规则的意识，进一步讲解行人过马路应该遵守"红灯停、绿灯行"的交通规则。在幼儿熟悉规则要求后，组织幼儿进行游戏，通过游戏将"红灯停、绿灯行"的规则牢记于心，应用于行。

（三） 社会规范教育实施的策略①

1. 增进幼儿对社会规范的自知与自觉，是社会规范教育的基础

"自知"指幼儿对社会规范的辨识与定位、理解和诠释；"自觉"指幼儿自己对社会规范有所认识而自愿去做。对社会规范产生自知和自觉是幼儿认同社会规范的基础，也是社会规范教育的第一步，就是让幼儿知道"规则是什么？""规则是怎么产生的？""规则跟自己有什么关系？"等问题。教师在启发幼儿对社会规范的觉察方面可以从以下两点着手：

第一，教师巧妙运用图示规则。在共同讨论的基础上，教师运用图示把抽象的规则展现出来，通过这种直观形象的图画来帮助幼儿认识规则、理解规则、遵守规则。例如，在玩具柜的门框上贴上各种玩具的图示，帮助幼儿整理玩具时能够分类摆放；在饮水处的地面贴上"小脚丫"，运用图示提醒幼儿排队喝水。这些图示既有利于集体活动的顺利开展，又有利于幼儿形成对规则的自知与自觉。

第二，挖掘绘本和动画片资源，增加幼儿学习社会规范的机会。通过绘本阅读或观

---

① 邵蕾. 幼儿对班级规则的认同研究. 重庆：重庆师范大学，2015.

看动画片，让幼儿在轻松愉快的氛围中感知规范，觉察规范的重要，萌发自愿遵守规范的意识。例如，针对小朋友洗手不排队、浪费粮食等情况，教师可以引导幼儿阅读绘本《大卫不可以》；针对小朋友不按时刷牙的情况，教师可以给幼儿讲故事《小熊不刷牙》等；通过动画片《孤独的小猪》和《拔萝卜》让幼儿明白小朋友之间要互相帮助，团结友爱。这些故事性、情境性的方式，符合幼儿的兴趣需要，能让幼儿在愉悦轻松的活动中加深对规则的理解。

2. 萌发幼儿对社会规范的忠诚与归属，是社会规范教育的动力

儿童是规范执行的主体，社会规范对于儿童而言，是一个需要他去体验个中滋味的过程。因此，成人绝对不能忽视儿童对规范的感受，只有当规范成为了儿童的兴趣和需要，他们感受到了社会规范带来的满足与快乐，并产生情感上的归属感，才能真正对社会规范产生认同。由此，要萌发幼儿对社会规范的忠诚与归属，需要从以下几方面入手：

第一，让幼儿参与规则制定，萌发对社会规范的忠诚。《纲要》中提到，幼儿园教育要尊重幼儿身心发展的规律和学习特点，尊重幼儿的人格和权利。让幼儿参与规则的制定，实质上是将幼儿视为与教师平等的个体，也是承认幼儿与教师都是幼儿园主体。在制定班级规则时，教师应该尊重幼儿的主体地位，有意识地引导幼儿自己去思考制定规则，发展他们的自主意识。有研究得出，幼儿完全可以在教师的帮助和引导下相互协商、讨论制定他们所认同的规则，并在活动中认真地遵守，即使同伴中有人忘记，其他幼儿也会提醒他们。① 因此，让幼儿参与规则的制定，实际上在让每个幼儿成为了规则的执行者的同时，也让每个幼儿成为了规则执行的监督者。

第二，规则制定要考虑幼儿需要和差异，使其产生对规则的归属感。每个幼儿来自不同教育方式的家庭，有着不同的健康状况、不同的兴趣爱好、不同的需求，因此，尊重幼儿必须尊重他们的差异性，规则的制定要考虑幼儿的年龄差异、个性差异和需求差异。例如，在幼儿园的进餐环节，经常会听到幼儿园老师要求"每个人必须添第二碗饭"或者以表扬添饭的幼儿来激励其他幼儿多吃，但是有些幼儿确实饭量小，吃不下第二碗饭。我们可以理解教师希望幼儿多吃、长好身体的愿望，但是这种愿望一定要尊重每个幼儿的客观需求，强制性地要求幼儿吃下更多的食物，不仅不利于他们长身体，反而伤害了他们脆弱的肠胃。因此，制定的规则只有与幼儿的需求相符，幼儿才能认同并主动遵守。

第三，体验学习，加深对规则的忠诚与归属。幼儿可以在游戏及真实的生活情境中体验规则的必要性以及规则带来的乐趣。教师应该有意识地创造机会让幼儿去体验规则，让他们在活动中体验规则带来的乐趣，而不能将规则作为限制幼儿自由的枷锁，时刻去提醒和监督幼儿遵守。在游戏中，幼儿之间会达成一个共识：大家必须遵守游戏规则，否则游戏就玩不起来，也不好玩了。

---

① 赵琳，但菲．幼儿规则意识培养中的问题及对策思考．辽宁教育行政学院学报，2010（11）：38.

实例链接

上午，老师组织了户外扔沙包的游戏。最开始老师只讲了一条规则："拿起桶里的沙包，尽量向远处丢"，说完以后小朋友们一拥而上，抢沙包、扔沙包混乱不堪。这时有小朋友告状了："老师，他抢了我拿的沙包！"也有小朋友告状："老师，明明砸到我的腿了！"这时又有小朋友说："老师，他们都抢，不排队！"于是老师乘机问大家："小朋友们，怎样才能使大家都玩得开心呢？"轩轩说："我们应该排队去拿沙包。"青青说："一个一个扔，要向前，不能对着小朋友。"老师又问："扔完沙包的小朋友怎么才能再玩呢？""扔完沙包的小朋友要去最后一个小朋友后面排队。"其他小朋友纷纷点头，后来按照小朋友们自己提出的规则，大家玩得非常愉快。

老师利用游戏活动，让幼儿在没有规则、出现混乱的情况下，及时引发他们的思考和讨论，让幼儿按自己制定的规则活动。幼儿前后感受到了没有规则和有规则带来的不同游戏体验，在有规则的游戏中体验到了更多的快乐和满足，这种积极的情感体验可帮助幼儿将外部的规则要求内化为对自己的要求，达到对规则的认同。

3. 养成幼儿对社会规范的遵守与执行，是社会规范教育的关键

遵守与执行是幼儿对社会规范充分认同的行为表现，也是幼儿社会规范教育的关键。因为幼儿对社会规范的自知与自觉，对社会规范的忠诚与归属，都需要通过幼儿遵守与执行社会规范的行为表现出来。教师作为幼儿遵守与执行社会规范的主要培养者，应该向幼儿传递出积极的期望，用积极的态度回应幼儿遵守与执行社会规范的行为，以此增加幼儿遵守与执行社会规范行为的出现。

第一，用行动学习巩固幼儿对规则的遵守与执行。行动包括幼儿在幼儿园中参与的各种日常生活和学习活动，而这些活动都离不开师幼之间、幼幼之间的交往活动。皮亚杰认为儿童与同伴发生相互作用是发展自律道德的重要途径。幼儿在与同伴交往的过程中，会观察同伴与自身行为的差异，从而产生疑问和困惑，通过自身的主观判断，在与同伴交往中不断改善和修正自己的行为。模仿是幼儿主要的学习方式，教师和同伴都可以成为幼儿模仿的对象，榜样示范在培养幼儿遵守与执行规则中发挥着重要作用。这里的榜样既可以是师幼互动中的教师，也可是幼幼互动中的幼儿。榜样示范为幼儿遵守与执行规则树立了学习和模仿的对象，让幼儿在活动中通过对比自身与榜样行为的不同，学习榜样行为，巩固遵守与执行规则的行为。

第二，用教师的积极期望激励幼儿对规则的遵守与执行。表扬和奖励的合理运用，可以激励幼儿对规则的遵守与执行。表扬是指从正面肯定幼儿思想和行为中的积极因素。受到表扬的人会从中获得荣誉感和成就感，其保持荣誉的内在动力会得到激励。表扬要讲清好在什么地方，切忌空谈与敷衍。对于小班幼儿，由于其理解力不强，可以适

当运用物质奖励，但切忌让物质奖励成为幼儿表现出老师期望行为的目的，这会损害幼儿的内部行为动机。教师对幼儿规则行为的积极期望可引导幼儿主动建构规则。这种期望可以从各个方面体现，例如，在言语上，教师少用“不能够”“不准许”“不可以”等限制性的话语，常对幼儿说“我相信你”“你可以”“你会”“如果你能……那样我们都会为你感到高兴”；在幼儿遵守与执行规则时，教师在肢体语言上，给幼儿一个拥抱、给幼儿一个肯定的微笑、摸摸幼儿的头等，这些动作可以在心理上给幼儿营造了一个安全的氛围，让幼儿主动积极地去探索规则、认同规则、遵守规则。

四、社会规范教育的评价

（一）对学前儿童社会规范发展的评价

学前儿童社会规范发展是社会性发展的组成部分，通过对学前儿童社会规范发展的评价，可以揭示其发展规律与发展趋势、个体差异以及影响学前儿童社会规范发展的因素，有利于教师针对学前儿童社会规范发展的特征和本班幼儿实际情况制定教育活动的目标，因材施教；还有利于家园共育，培养幼儿良好的行为习惯，促进道德品质的提高。

1. 尊重学前儿童的主体地位，将自评与他评相结合

尊重儿童在社会化过程中的主体作用，尊重儿童在评价环节的主体地位。现代儿童教育最基本的立场是以儿童为中心，儿童不是规则被动的接受者和服从者，而应该是积极主动的创造者和探索者。尊重儿童的主体地位也就是让儿童按照属于自身的文化属性自由发展和成长，充分发挥幼儿的自主性和创造性。因此，对学前儿童社会规范的评价应该基于幼儿对规则的理解和认同，而不是有没有按照教师的要求去执行规则。应该让幼儿参与评价过程，在小班阶段可以由教师引导幼儿对自己进行评价；进入大班阶段，教师应该引导幼儿学习客观地对自己遵守规则的情况进行自我评价。在幼儿自评的基础上，教师进行适当的点评帮助幼儿对自身行为进行修正，充分理解规则的作用，发挥遵守规则的主观能动性。

2. 遵循学前儿童对社会规范的认知发展规律，多采用正面强化评价法进行评价

学前儿童进行社会学习具有长期性和反复性的特点，加之有些社会规范比较抽象，如果无法引起幼儿情感上的共鸣，其对规则的执行情况可能较差。教师对学前儿童的社会规范发展进行评价时，可以通过观察记录的方式，了解这个阶段学前儿童对社会规范的认知情况、家庭教育情况等，从多方面分析原因，而不能停留在行为的表象上，导致对学前儿童做出不合理的评价。学前儿童在进行社会规范的学习时，具有模仿性强、受情绪影响大的特点，因此教师可以多采用正面强化评价法。通过树立好的榜样，一方面让受表扬的幼儿情感上受到激励，另一方面也为其他幼儿做出了直观的正面示范。

资料链接

幼儿班级规则认同观察记录表

幼儿园__________ 时　间__________ 记录人__________
班　级__________ 教　师__________

活动环节				
规则表述				
规则内容				
结果	全体认同			
	大部分认同			
	小部分认同			
	个别认同			
	全体不认同			
备注				

操作说明：
1. “活动环节”“规则表述”和“规则内容”三个项目根据观察结果直接填写。
2. “结果”项，满足条件的打“√”。
3. “备注”处填写观察中特别的情况或对当时观察的必要解释。

3. 注意评价的及时性和情境性，深化学前儿童对社会规范的认识与理解

受学前儿童身心发展特点的影响，评价的时效性特别重要。如果上午发生的事，离园的时候再进行评价，可能幼儿已经忘记事情的起因是什么，很难引起幼儿情感上的触动，很难达到教育的作用。因此，教师对学前儿童社会规范发展的评价一定要注意抓住有效的时机，帮助幼儿在“此情此景”中体验和感受遵守规则或破坏规则的影响。教师应充分利用学前儿童的“内省”能力起到教育作用，而不需要过多言语说教。

（二） 对社会规范教育实施的评价

1. 规则制定的合理性，决定社会规范教育实施的评价指标的科学性

教师在制定班级规则的时候首先要考虑幼儿的身心年龄特点，发挥幼儿的主体地位，让学前儿童也成为班级规则的制定者。同时也要考虑个别差异，满足每个幼儿的身心需要。有时候教师提出的规则不符合客观实际情况，比如出示新奇教具的时候，要求幼儿不讲话，这样的要求违背幼儿天性。这从遵守规则的角度评价，教育是失败的，但

是问题不是出在教师的教育，而是规则本身的不合理。因此，教师在社会规范教育活动中制定规则与要求时就应该做到以下几个方面：

第一，制定更多的兼益性规则，不提独益性规则。兼益性规则是既满足幼儿的需要，又有利于教师的班级管理；而独益性规则只有利于教师个人。

第二，制定更多的授权性规则，不制定专权性规则。授权性规则是教师授予幼儿决定做或不做某一行为的权利；专权性规则则是教师决定幼儿做或不做某一行为。

第三，制定更多的提倡性规则、较少的命令性规则。提倡性规则是教师希望或期待幼儿做或不做某一行为，但不强求他们一定做到或不做某一行为；命令性规则是教师要求幼儿一定要做到或不做某一行为。

第四，鼓励更多的生成性规则、较少的预设性规则。生成性规则是幼儿的行为在前，制定的规则在后的一类规则；预设性规则是制定的规则在前，幼儿的行为在后的一类规则。

通过设计科学的调查问卷可以了解幼儿教师在班级规则各维度方面制定与执行的情况。

资料链接

幼儿园班级规则失范调查问卷

尊敬的老师：

您好！

本问卷旨在调查幼儿园班级规则失范的现状，其调查结果仅供研究使用。本次调查采用无记名方式，以下问题均无对错之分，所以您不要有所顾虑，请认真、如实、独立地填写。所有问题除特别说明外都为单选，请在相应的答案后打“√”或按要求填写内容。谢谢您的合作，祝您生活愉快！

1. 您的性别________

A. 男　　B. 女

2. 您的教龄________

A. 0～5 年　　B. 5～10 年　　C. 10～20 年　　D. 20 年以上

3. 您的学历是________

A. 专科以下　　B. 专科　　C. 本科　　D. 研究生

4. 您在幼儿园担任的职位是________

A. 专职教育管理者　　B. 专任教师

C. 既是管理者也是教师　　D. 保育员

5. 您的幼儿园所在地是________

A. 城市　　B. 乡镇　　C. 农村

6. 您所在幼儿园的办园性质是________

A. 公办　　B. 民办　　C. 合作

7. 请根据幼儿在以下活动环节中违反班级规则的容易程度，从高到低进行排序：________________

A. 学习活动　　B. 生活活动　　C. 游戏活动

D. 自由活动　　E. 过渡环节

8. 在以下的班级规则中，请根据幼儿违反班级规则的容易程度，从高到低进行排序：________________

A. 公共规则　　B. 学习规则　　C. 生活规则

D. 交往规则　　E. 基本道德规则

9. 您在开展活动之前制定的班级规则，如体育游戏规则，幼儿的遵守情况如何？

A. 好　　B. 较好　　C. 一般　　D. 较差　　E. 差

10. 您在开展活动之后制定的班级规则，如针对个别幼儿将玩具带回家的现象，之后您提出"不能将玩具带回家"的规则，幼儿的遵守情况如何？

A. 好　　B. 较好　　C. 一般　　D. 较差　　E. 差

11. 您认为那些依据社会道德而制定的班级规则，如"小朋友之间要互相帮助"，幼儿的遵守情况如何？

A. 好　　B. 较好　　C. 一般　　D. 较差　　E. 差

12. 您提出的要求幼儿无论何时何地都必须遵守的班级规则，如"不准掏电插孔"，幼儿的遵守情况如何？

A. 好　　B. 较好　　C. 一般　　D. 较差　　E. 差

13. 您提出的规定幼儿要达到某个目标的班级规则，如"学会唱这首歌"，幼儿的遵守情况如何？

A. 好　　B. 较好　　C. 一般　　D. 较差　　E. 差

14. 您提出的规定幼儿如何去做一件事情的班级规则，如幼儿穿衣服时，您提出"先抓领子，再钻袖子，最后把两边衣襟对齐，从下向上扣好纽扣"，幼儿的遵守情况如何？

A. 好　　B. 较好　　C. 一般　　D. 较差　　E. 差

15. 您提出的禁止幼儿做某件事情的班级规则，如"禁止打人"，幼儿的遵守情况如何？

A. 好　　B. 较好　　C. 一般　　D. 较差　　E. 差

16. 您提出的让幼儿自己决定是否做某件事情的班级规则，如"口渴了可以自己去喝水"，幼儿的遵守情况如何？

A. 好　　B. 较好　　C. 一般　　D. 较差　　E. 差

17. 您提出的要求幼儿一定要做到某件事情的班级规则，如"回答问题要举手"，幼儿的遵守情况如何？

A. 好　　B. 较好　　C. 一般　　D. 较差　　E. 差

18. 您提出的希望幼儿做到某件事情的班级规则，如"上完厕所要洗手"，幼儿的遵守情况如何？

A. 好　　B. 较好　　C. 一般　　D. 较差　　E. 差

19. 您提出的促进师幼之间、幼儿与幼儿之间友好相处的班级规则，如“见到老师要问好”，幼儿的遵守情况如何？

A. 好　B. 较好　C. 一般　D. 较差　E. 差

20. 您提出的要求幼儿爱护公物的班级规则，如“不要采摘花园的花朵”，幼儿的遵守情况如何？

A. 好　B. 较好　C. 一般　D. 较差　E. 差

21. 您认为那些对您和幼儿都有益处的班级规则，如“安静倾听”，幼儿的遵守情况如何？

A. 好　B. 较好　C. 一般　D. 较差　E. 差

22. 您制定的仅有利于您的教学和管理的班级规则，如“吃饭快点”，幼儿的遵守情况如何？

A. 好　B. 较好　C. 一般　D. 较差　E. 差

23. 您认为那些表述清晰明确的班级规则，如“在老师说话的时候，请小朋友不要说话”，幼儿的遵守情况如何？

A. 好　B. 较好　C. 一般　D. 较差　E. 差

24. 您认为那些意义含糊不清的班级规则，如“值日生要做好带头作用”，幼儿的遵守情况如何？

A. 好　B. 较好　C. 一般　D. 较差　E. 差

25. 请将以下班级规则失范的表现按其出现的频率从高到低排序________

A. 缺失：由于教师在某些方面没有制定班级规则，导致幼儿不清楚该怎么做

B. 偏离：幼儿的行为与教师的要求之间存在一定的差距

C. 脱离：幼儿的行为与教师的要求完全不符

26. 您认为以下哪些方面会导致幼儿园班级规则失范？（可多选）

A. 教室环境　B. 活动材料　C. 设施设备　D. 卫生状况

E. 规章制度　F. 行为规范　G. 班级管理模式和组织方式

H. 班风　I. 师幼关系　J. 同伴关系　K. 同事关系

L. 其他方面________________（请在横线上填写）

27. 对于如何避免幼儿园班级规则失范，您有什么对策或建议？（请在横线上填写）

____

____

____

____

请重新检查各个题项，以免漏答！感谢您的参与，祝您身体健康，工作愉快！

资料来源：江雁冰. 幼儿园班级规则失范研究. 重庆：重庆师范大学，2015. 有删减.

2. 社会规范教育目标是否明确，教师对目标的表述是否清楚，决定社会规范教育评价的可行性

教师进行社会规范教育活动时，首先要拟定明确的活动目标，为活动后的评价提供依据。需要注意的是，一次活动的目标不宜太多，重点解决1～2个社会行为规

范问题即可。同时，教师需要将目标表述清楚让幼儿明白，否则会出现教师有目标而幼儿不知道目标是什么的情况，这样就无法对活动效果进行评价。例如，教师有时候会对幼儿说反话：“坐不好就不吃饭了！”“看谁还在讲话！”这样的语境，对成人来说能够理解，但是幼儿可能无法理解教师真正要表达的意思，也就无从谈起对规则的遵守了。

为了便于对社会规范教育活动进行评价，教师应制定更多的明确性规则，让幼儿能够准确理解规则的意义，而不要制定模糊性规则。

3. 教师的教育智慧与艺术，决定社会规范教育评价的有效性

在幼儿园中，教师对学前儿童进行社会规范教育时，是否能够把握好度，做到刚柔并济，是评价社会规范教育效果的一个重要方面。因为，教师用命令或者强迫的方式要求幼儿达到规则的要求，表面上取得了教育效果，实则让幼儿对规则产生逆反，幼儿可能在教师看不见的地方依然会违背规则。例如，教师有时候会用威胁恐吓的方式在短时间内达到让幼儿遵守规则的目的，当幼儿调皮时会说：“我马上给你爸爸打电话！”这会让幼儿马上停止捣乱，但幼儿不是因为认识到自身行为的失范，而是出于惧怕。这样的教育方式并不是成功的，仅仅达到了教师自己的目的，并没有起到教育的作用。教师在进行社会规范教育时，应该学会等待、宽容、理解，帮助幼儿真正去理解规则的实际意义，产生遵守规则的意愿，用示范、体验、行为练习等方式，发挥社会规范教育的作用，实现培养“适应社会生活的人”的教育目标。

技能训练

请根据下面材料，设计一个幼儿社会规范教育活动，自拟活动名称与年龄班，并组织试教与评课。

幼儿好奇心强，什么都想看一看、摸一摸、试一试，然而由于他们缺少生活经验和常识，不能很好地把握什么事情能做、什么事情不能做，对一些有可能会造成伤害的事件缺乏防范意识和应对能力，因而在日常生活中常常发生一些意外损伤。为保证幼儿的健康和安全，防止意外伤害的发生，我们需要对幼儿加强安全教育。《纲要》中提出应培养幼儿对生活中常见的简单标记和文字符号的兴趣。而标记以其形象性、直观性、知识性、实用性等特点运用广泛，并为幼儿理解接受。所以让幼儿掌握生活中常见的标记的内容含义有着极其重要的教育意义。

学练结合

1. 选择一所幼儿园，了解各班级实际情况，拟定不同年龄班各活动区（建构区、角色扮演区、美工区、阅读区、表演区、益智区等）的规则并说明理由。

2. 请利用在幼儿园见习实习的机会，在幼儿园一日生活中对幼儿进行社会规范教育，并进行记录与反思。

3. 请分析下面案例，说说幼儿如何通过游戏活动学习规则。

下 棋

最近，孩子们迷上了五子棋，有空就结伴下棋。这天，成成和龙龙一起下棋，下了几个回合，总是成成赢。在第三回合时，龙龙急了，移动了一粒已经走好的棋子，硬说自己连起来是五个棋子赢了。成成不同意，两人争了起来，成成说："你赖皮，刚才这颗棋明明是放在这儿的，不可以再移过去的！"龙龙争辩说："我刚才放错了，我是想放在这儿的呀。"成成说："放好了就不可以动来动去，不能后悔的！"龙龙说："你刚才又没说不可以动！"成成生气地说："不和你玩了！我告诉老师，你输不起。"

其实，我一直在旁边看着他们，见成成来搬救兵，我就问龙龙："你们刚才有没有说过下好的棋子不能动？"他摇摇头，又连忙说："李昂上次说的，下好的棋不可以再动。"我又问："那是李昂在你们下棋前就说好的，对吗？"龙龙点点头。"今天在你们下棋前说过吗？"龙龙摇摇头，我又问："如果成成下好的棋也动来动去，你同意吗？"龙龙想了想又摇摇头。"那怎么办呢？"我问他们。他们俩你看看我，我看看你，成成说："那我们说好，谁也不能动，怎么样？"龙龙点头答应："好的。"两人又高兴地下棋了，边下边说："我们重新来过，刚才那次不算。"

4. 小班幼儿特别喜欢"娃娃家"游戏，如果你是老师，可以通过哪些方法帮助幼儿学习区域游戏中的规则？

5. 请阅读下面案例，分析教师的教育行为是否恰当，如果你遇到类似情况，你会怎么做？

三个大班小朋友在大型玩具上滑滑梯，一个要从上面滑下来，一个非要从下面往上爬，第三个小朋友在滑梯下面紧紧拽住往上爬的小朋友……远远看着这一情况的我来不及制止，就见上面的小朋友在滑梯的惯性下滑了下来，脚踹在了往上爬的小朋友的脸上，细嫩的小脸上沁出血丝来……

大班的老师恰巧过来了，看到这一情景，便大声责骂“肇事者”：“涛涛，我就知道你最调皮，看你做的好事。”孩子吓得不敢说话。老师生气地拉着受伤的晓雨去了保健室。几分钟后，老师把三人叫到一边继续完成她的“教育”：“你们说说，刚才是怎么回事?”三个人都低着头，涛涛胆怯地把事情说了个大概，老师叹了口气，对涛涛说：“你看看，你都把人家踢成这样了。他爸爸妈妈看见了多心疼啊！你想想，要是你被别的小朋友弄成这样，你爸爸妈妈是不是很心疼啊?”涛涛低着头说：“是。”老师说：“这就对了。快对晓雨说‘对不起’。”涛涛绞着手，不说话。老师又要求说：“快向晓雨道歉，说‘对不起’!”涛涛停顿了几分钟后，不情愿地抬起头对晓雨说：“对不起。”晓雨回答说：“没关系。”老师看到自己的要求被执行了，就温和地对涛涛说：“以后不许再发生这样的事情了，听见了吗?”涛涛点点头。“好了，去玩吧!”

第五章　学前儿童社会文化教育

目标导航

［知识目标］ 了解文化内涵、类型，理解社会文化教育的内涵及意义，掌握幼儿园社会文化教育活动的目标和内容，掌握幼儿园社会文化教育活动的设计和实施方法。

［能力目标］ 能够运用所学知识解决学前儿童社会文化教育中的问题，并能独立完成幼儿园社会文化教育活动的设计、实施与评价。

第一节　社会文化教育概述

基础知识

对幼儿的社会文化教育，是指以本民族文化为主，同时兼顾国内外多民族文化的教育。本节主要探讨文化、社会文化及幼儿园社会文化教育的含义和意义。

一、社会文化教育的内涵

（一）文化的内涵

1. 文化的内涵①

“文化”是一个运用广泛且很难把握的特殊的词汇，它变化多端，含义复杂，民族性和历史性很强，感情色彩较重。对于“文化”一词的确切含义至今仍然莫衷一是，在学者们对文化的上百种释义中，泰勒（E. B. Taylor）1871 年在其著作《原始文化》一书中所作的总括性释义依然十分清晰而含义广泛：“文化或文明，从其广泛的人种史的意义上说，是包括知识、信仰、艺术、伦理、法律、风俗以及一个人作为社会的一名成员所掌握的任何其他能力和习惯在内的一个复杂的整体。”②

《辞海》对文化有广义和狭义两种解释：从广义来说，指人类社会历史实践过程中创造的物质财富和精神财富的总和；从狭义来说，指社会的意识形态，以及与之相适应的制度和组织机构。文化是一种历史现象，具有阶级性、民族性和历史延续性。我国 2016 年出版的《现代汉语词典（第 7 版）》中，对文化的定义是：(1) 人类在社会历史发展过程中所创造的物质财富和精神财富的总和，特指精神财富，如文学、艺术、教

① 陈世联. 幼儿社会教育. 海口：南海出版公司，2009：75－77.

② 爱德华·泰勒. 原始文化. 蔡江浓，译. 杭州：浙江人民出版社，1988：1.

育、科学等。(2) 指运用文字的能力及一般知识。(3) 考古学用语，指同一个历史时期的不依分布地点为转移的遗迹、遗物的综合体。同样的工具、用具，同样的制造技术等，是同一种文化的特征，如仰韶文化、龙山文化。

文化对人的影响主要体现在对人的身体、心理和社会性发展三大方面。在三类影响中，“对社会性发展的研究最少，了解也最少。属于这一类的题目涉及的社会进程和社会观念的范围既广泛又不明确。”①克罗伯和克拉克洪也认为这个领域的问题非常广泛，涉及各种各样的现象，如个人特点、利他主义、依赖和专断行为、动机刺激、承担权利和责任、在气质和社会反应方面的性别和种族差异等。

2. 文化的类型②

为便于进一步理解文化的含义，我们可从不同角度对文化进行划分，并简要分析对幼儿的民族文化教育。

(1) 从时代分：包括传统文化和现代文化。幼儿教育固然应以现代文化教育为主，但本民族传统文化也必须传递给下一代。

(2) 从文化的结构层次分：包括学校文化、社区文化、阶级（阶层）文化、民族文化、种族文化、世界文化。幼儿园民族文化教育应遵循由近及远、由具体到抽象、由微观到宏观的原则，如由社区文化到民族文化再到世界文化。

(3) 从文化的共享范围分：包括宏观文化和微观文化。其中，微观文化包括种族或民族文化、社会经济水平文化、宗教文化、地域文化、城市与农村文化、性别文化、年龄文化等。文化因民族、地域、经济水平、性别等差异，在体现形式上亦有所不同，我们应教育幼儿从小就学会尊重有别于自身的不同文化。

(4) 从文化的内容分：包括物质文化、制度文化、精神文化。物质文化是表层文化，如服饰样式、建筑风格等，它是文化的表层形式，表现最为活跃；制度文化是中层文化，如风俗习惯、伦理道德和法律政治形式等，它规定着文化整体的性质，变动缓慢；精神文化是深层文化，如宗教信仰、价值规范等，它是文化结构的核心，表现最为保守。

(5) 从文化的价值取向分：包括主流文化和亚文化。在一定社会中，起主导作用的是主流文化价值。幼儿园传播的文化一般就是主流文化的价值观，但如果忽视非主流文化（亚文化）的作用和影响，成效就很难保证。

(6) 从文化的传递方向分：包括前喻文化、互喻文化和后喻文化。前喻文化，是指晚辈主要向长辈学习；互喻文化，是指晚辈和长辈的学习都发生在同辈人之间；而后喻文化，则是指长辈反过来向晚辈学习。③在幼儿教育中，忽视幼儿的同辈群体影响是不现实的，不承认儿童文化的存在是危险的。就文化传递而言，儿童与成人应互相学习。

---

① 中央教育科学研究所. 简明国际教育百科全书：人的发展. 北京：教育科学出版社，1989：384.

② 陈世联. 幼儿社会教育. 海口：南海出版公司，2009：77－78.

③ 玛格丽特·米德. 文化与承诺：一项有关代沟问题的研究. 周晓虹，周怡，译. 石家庄：河北人民出版社，1987：27.

(7) 从空间分：包括本土文化和外来文化。在民族这个层次上，本土文化可指本民族文化，外来文化可指其他民族文化；在国家这个层次上，本土文化往往指本国多民族共同创造的文化，外来文化指其他国家和民族文化的侵入或移入。当今社会，异质多元的文化系统不断地相互冲撞和交融互动，任何一个民族社会群体中都并存着归属于不同文化系统的文化特征。因此，当今幼儿不可避免地同时受到异质多元的本土文化和外来文化的影响，这势必对幼儿社会性的发展产生一定的影响。

（二） 社会文化教育的内涵

社会文化教育是20世纪六七十年代西方国家民族复兴的产物，它起源于西方对人的尊严与平等自由的理想和争论。在人类文明和文化的发展初期，任何一个社会，群体都处于没有联系的状态中，各自的文化没有交流、碰撞。随着人类文明的不断发展，文化逐渐在不同群体之间打破地区界限，进而产生了交流与联系，不同民族、种族、文化间的交流日益增强，社会文化多元化越来越突出。

教育是社会文化的一个方面，是社会文化继承和发展的重要手段。社会文化教育意味着社会文化与教育相结合。一方面，社会文化需要通过教育来传承和发展。教育使年轻一代享有前人的文化，同时在前人文化的基础上向更高水平发展。另一方面，教育作为文化的一部分，必须受到文化的性质、内容和形式等制约。特定的文化类型决定了特定的教育模式。

社会文化教育，是在初步了解、认同本民族文化的基础上，从小就树立平等地包容、理解、尊重和珍惜其他民族的文化，并从中吸取精华部分以便获得参与未来多元文化社会所必需的价值观念、情感态度、知识与技能，以及有和平共处、维护文化平等和社会公平的最粗浅的意识和信念。①社会文化教育是让幼儿逐渐在把握本民族文化、形成对本民族文化归属感的同时，能够以客观、公正、包容的态度去对待其他各民族文化和外来文化，培养其对文化的初步认知与价值判断。

学前儿童的社会文化教育，是通过对民族传统文化教育和爱国主义教育让幼儿感受民族文化的丰富性，培养民族文化的尊严，帮助幼儿认识和了解本民族文化的根基和内涵。例如，知道我国是由多民族组成的，知道我们传统的节日，了解我国传统节日的习俗，了解我国的民间乐器等。同时，通过面向世界文化的教育帮助幼儿了解人类文化的多样性，学会尊重其他各民族、各国文化的多样，认同其他文化与本民族文化的差异性，从而理解文化之间的共生共存。

二、社会文化教育的意义

（一） 社会文化教育能够使幼儿对本民族文化形成认同感和归属感

《幼儿园教育指导纲要（试行）》明确指出："充分利用社会资源，引导幼儿实际感受祖国文化的丰富与优秀，感受家乡的变化和发展，激发幼儿爱家乡、爱祖国的情感。"

---

① 陈世联. 幼儿社会教育. 海口：南海出版公司，2009：79.

2012年颁布的《3～6岁儿童学习与发展指南》也在社会领域目标中提出，让幼儿“能感受到家乡的发展变化并为此感到高兴”；“知道自己的民族，知道中国是一个多民族的大家庭，各民族之间要互相尊重，团结友爱”。这些文件体现了本民族文化与幼儿园课程结合的重要性。社会文化教育可以使幼儿了解本民族的文化背景，只有在了解本民族文化基础之上才能认同该文化背景，并且为本民族的文化传统感到骄傲和自豪，从而加深对本民族文化的认同感和归属感。如一些外籍华人，虽然都是龙的传人，黑眼睛、黄皮肤，但是由于他们从小在国外长大，对中华文化一点都不了解，因此就谈不上会对中华文化产生认同、理解和归属感。倒是有些长期在中国生活的外国人，因为长期沉浸在中华文化之中，开始喜欢中国的汉字、喜欢中国的节日，认同中国的文化。

（二） 社会文化教育是幼儿文化性与社会性生成的根基

社会文化教育是幼儿文化性生成的根基。幼儿社会化的进程就是对本民族社会物质文化和精神文化认同的过程。幼儿个体生活的历史中，首要的就是对他所属的那个社群传统上手把手传下来的那些模式和准则的适应，落地伊始，社群的习俗开始塑造他的经验和行为，到咿呀学语时，他已是所属文化的造物，而到他长大成人并能参加这种活动时，社群的习惯便已是他的习惯，社群的信仰便已是他的信仰，社群的戒律亦已是他的戒律。①所以，作为生活于特定的文化中的幼儿而言，从其出生之始，他的身体、心理的发展都要受到其所属群族自身文化的影响，中国的物质文化（如汉字、文房四宝、琵琶与二胡等乐器）、精神文化（如儒家、道家思想，尊老爱幼等礼仪），幼儿通过日常生活中的耳濡目染，认同其文化特质。

社会文化教育能促使幼儿成为社会人，是幼儿社会性生成的根基。社会文化教育是社会文化与幼儿之间相互作用的过程，是社会的教化和幼儿自身的内化相结合的过程。人有高级神经系统进而形成语言和意识，这是人的社会化的基础。在此基础之上，人进行学习与交往，进而获得社会生活所必需的知识技能和价值规范。幼儿因其自身的主体能动性不同，会对社会文化有其独特的解读视角，这样就形成了独具特色的活生生的个体。

（三） 社会文化教育有助于帮助幼儿形成粗浅的多元文化意识

当今世界，任何民族都不可能单纯地生活在自己的民族文化中，而是生活在世界多元文化背景之下。社会的全球化趋势不仅拓宽了人们的视野，国家之间的交流互动越来越频繁，社会日益多元化。李生兰在《学前儿童多元文化教育初探》中指出，多元文化教育能扩大儿童地方性和全球性的视野，当儿童从各种多元文化观点中学到有关自己国家和世界的知识时，他们就更有可能成为多元化国家和世界的公民。② 幼儿社会文化教育是在幼儿教师的引领下，幼儿在这种经过精心选择的多元文化体系中受到文化熏陶和洗礼，感受各民族、各国的优秀文化，体验中西文化的差异，增强民族认同感。在此基础上，幼儿能够逐步形成粗浅的多元文化意识，并初步形成对各种文化的尊重和宽容的态度。

---

① 露丝·本尼迪克特. 文化模式. 王炜，等，译. 北京：生活·读书·新知三联书店，1988：5.

② 李生兰. 学前儿童多元文化教育初探. 早期教育，2003（6）：4.

总而言之，社会文化教育对幼儿的成长有着极其重要的意义，对幼儿进行社会文化教育也是幼儿社会适应性的一种重要途径，对社会文化的传承与发展也有着积极的影响。

技能训练

阅读下面一段关于“文化的一般特点”的材料，谈谈你对文化特点的理解。

文化的一般特点

文化是人与人、人与社会、人与环境在互动的过程中创造的一切物质与非物质形式的成果。虽然文化迄今为止没有一个公认的、明确的定义，但对于文化的一般性特点，本研究认为有如下几点：

1. 文化是后天的。文化是人类创造并为人类所特有的，文化既不是先天的，也不是所有生物都具有的，而是人类在长期发展过程中不断创造和发展起来的。

2. 文化是一种复合体。文化可以是人类社会生活中所有事项的总和，包括人类所有的语言、行为、思维、情感、意识等。

3. 文化具有差异性。人类社会所有的文化不都是相同的，受到种族、地域、历史等因素的影响。使用不同语言的人们的文化是有差异的，不同民族、不同地区的人们的文化是有差异的，接受不同教育的人们的文化也是有差异的。从微观上来看，甚至每个人所习得的文化都是不同的。

4. 文化具有动态性、适应性。文化不是静止的，而是随着人类社会的进步在不断发展变化，同时，不同的文化之间也会相互适应、融合，甚至创新，产生出新的文化形态。

5. 文化是非私有物、是可以分享的，它并不会随着人们的分享而减少。

资料来源：赵海燕. 学前教育民俗文化课程研究. 重庆：西南大学，2012：32.

学练结合

1. 有效利用图书馆资源和期刊资源，查找关于“文化”的定义，摘抄8～10条，找出对文化定义的相似之处。

2. 有效利用图书馆资源和期刊资源，查找“文化的类型”，并把文化的类型用表格的形式进行归类整理。

第二节 社会文化教育的活动指导

基础知识

幼儿园社会文化教育的目标是什么？社会文化教育的内容有哪些？如何实施社会文化教育？如何评价实施后的效果？这是我们这一节的重点内容。

一、社会文化教育的目标

（一）《纲要》和《指南》中有关社会文化教育的目标

1.《纲要》中有关社会文化教育的目标

《纲要》中社会领域的第5条目标为："爱父母长辈、老师和同伴，爱集体、爱家乡、爱祖国。"同时，《纲要》的内容与要求指出，要"充分利用社会资源，引导幼儿实际感受祖国文化的丰富与优秀，感受家乡的变化和发展，激发幼儿爱家乡、爱祖国的情感。""适当向幼儿介绍我国各民族和世界其他国家、民族的文化，使其感知人类文化的多样性和差异性，培养理解、尊重、平等的态度。"

2.《指南》中有关社会文化教育的目标

《指南》在讲述社会适应方面的目标时，特别提出对学前儿童社会文化方面的要求，见表5-1。

另外，《指南》还在教育建议中指出："运用幼儿喜闻乐见和能够理解的方式激发幼儿爱家乡、爱祖国的情感。"例如，（1）和幼儿说一说或在地图上找一找自己家所在的省、市、县（区）名称；（2）和幼儿一起外出游玩，一起看有关的电视节目或画报等；和他们一起收集有关家乡、祖国各地的风景名胜、著名的建筑、独特物产的图片等，在观看和欣赏的过程中激发幼儿的自豪感和热爱之情；（3）利用电视节目或参加升旗等活动，向幼儿介绍国旗、国歌以及观看升旗、奏国歌的礼仪；(4) 向幼儿介绍反映中国人聪明才智的发明和创造，激发幼儿的民族自豪感。

表 5-1　各年龄段幼儿社会文化“应知应会”的典型表现

小班（3～4 岁）	中班（4～5 岁）	大班（5～6 岁）
1. 能说出自己家所在街道、小区（乡镇、村）的名称。 2. 认识国旗，知道国歌。	1. 能说出自己家所在地的省、市、县（区）名称，知道当地有代表性的物产或景观。 2. 知道自己是中国人。 3. 奏国歌、升国旗时能自动站好。	1. 能感受到家乡的发展变化并为此感到高兴。 2. 知道自己的民族，知道中国是一个多民族的大家庭，各民族之间要互相尊重，团结友爱。 3. 知道国家一些重大成就，爱祖国，为自己是中国人感到自豪。

3. 社会文化教育的具体目标

根据《纲要》和《指南》的精神，我们提出幼儿园社会文化教育的目标有以下 5 点：

(1) 初步了解家庭、幼儿园，初步认识主要的生活机构和设施及其与人们生活的关系，初步感受具有代表性的家乡人文景观，初步了解家乡特产及家乡风味小吃，激发幼儿喜爱家乡的情感。

(2) 感知我国国名、国旗、国徽、国歌，初步了解我国的著名风景名胜及特产，激发幼儿喜爱祖国的情感。

(3) 初步了解本民族的习俗、民间艺术和民间文学，初步知道其他民族和国家的风俗习惯与自己民族有所不同，逐步有尊重其他文化和维护文化平等的粗浅意识。

(4) 初步感受本民族与国家的传统节日和了解其他民族与国家的重大节日，初步了解重大的社会事件，激发幼儿的民族自豪感。

(5) 初步感受世界著名的人文景观和优秀的文化艺术作品，激发幼儿对世界文化的兴趣，初步有爱好和平的情感。

（二） 各年龄班社会文化教育目标

根据上述幼儿园社会教育的总目标及小、中、大班幼儿的年龄特征，我们设定了小、中、大班各年龄班社会文化教育的目标，见表 5-2。

表 5-2　　各年龄班社会文化教育的目标

小班（3～4 岁）	中班（4～5 岁）	大班（5～6 岁）
1. 能说出自己家所在的街道、小区（乡镇、村）的名称。 2. 认识我国的国旗，知道国歌。	1. 知道父母的职业，能体会到父母为养育自己所付出的辛劳。 2. 愿意并主动参加群体活动，愿意与家长一起参加社区的一些群体活动。 3. 喜欢自己所在的幼儿园和班级，积极参加集体活动。 4. 了解周围成人的劳动，能够做一些力所能及的事，初步养成爱劳动、爱惜劳动成果的习惯。 5. 了解周围生活主要的社会机构、社区设施，知道它们与人们生活的关系，能说出自己家所在地的省、市、县（区）名称，知道当地有代表性的物产或景观，具有初步的爱家乡的情感。 6. 知道自己是中国人，奏国歌、升国旗时能自动站好。 7. 初步了解重大的节日，感受和体验节日的快乐。 8. 初步感知我国的民间艺术和传统文化精品。	1. 喜欢从事力所能及的劳动，懂得爱惜自己的劳动成果，爱惜公物，尊重为大家提供服务的人，珍惜他们的劳动成果。 2. 了解周围的社会生活，初步了解各社会阶层成员的劳动及其与人们生活的关系，拥有尊敬、热爱劳动者的情感。 3. 爱护身边的环境，注意节约资源。 4. 初步感知家乡的社会环境和人文景观，了解我国主要的自然景观和人文景观。 5. 对民族文化感兴趣，具有保护自然、社会环境的初步意识。 6. 认识和了解我国的国旗、国徽和国歌。 7. 初步了解我国主要的民族文化、主要的物产等，知道国家一些重大成就，为自己是中国人感到自豪，具有爱祖国的情感。 8. 初步感知世界著名的人文景观和优秀艺术精品，对世界文化感兴趣，初步认识和了解世界，具有粗浅的多元文化意识与爱好和平的情感。

二、社会文化教育的内容

根据社会文化教育的目标，我们将幼儿社会文化教育的内容分为认识家乡、认识祖国、了解民族文化、了解民族节日、了解重大社会事件、了解世界文化等六大部分。

（一）认识家乡

幼儿认识家乡的内容主要包括：

（1）幼儿生活的周边环境。家庭、幼儿园和社区的设施设备、生活机构等及其与人们生活的关系。

（2）家乡人文景观。幼儿教师应该结合本地有代表性的人文景观，开展相应的爱家乡、爱家园的社会文化教育活动。例如，重庆的朝天门、渣滓洞；南京的紫金山、中山陵、总统府、夫子庙；北京的故宫、天坛、天安门等。在给幼儿介绍家乡的人文景观时，幼儿教师可以根据本园实际情况，适度采取参观游览的方式完成教学。

（3）家乡特产和风味小吃。民以食为天，食物已经不是单纯地为了满足温饱，而是通过不同的烹饪方式，给人带来精神上的享受，已经成为文化的一种形式。例如，重庆的小面、火锅、豆干、脐橙；武汉的热干面、鸭脖、武昌鱼；南京的鸭血粉丝汤、桂花鸭、小笼包；西安的羊肉泡馍、肉夹馍等。所以通过认识和品尝家乡特产和风味小吃，可以进一步增进幼儿爱家乡的情感。

家乡特产资源作为乡土资源的重要组成部分，对培养幼儿热爱家乡的情感具有独特的优势和重要的价值意义。幼儿教师可根据自己所在地的家乡特产，结合本园实际情况进行内容选取。因为是介绍本地的家乡特产，一般来说，比较容易找到特产的实物。教师在引导幼儿观察了解特产，尝试制作特产，甚至在品尝特产时，幼儿可以自然生发出热爱家乡的情感。

实例链接

杨树之乡——我的家

设计意图：

《幼儿园教育指导纲要（试行）》指出，幼儿园应“充分利用社会资源，引导幼儿实际感受祖国文化的丰富与优秀，感受家乡的变化和发展，激发幼儿爱家乡、爱祖国的情感”；并在各领域目标多次提出要引导幼儿学会合作学习、主动参与、探索问题，强调充分利用自然环境和社区资源扩展幼儿的学习空间，并能用适当的方式表达、交流探索过程和结果。基于上述理念，本案例充分挖掘家乡的教育资源，产生了“杨树之乡——我的家”这一主题活动。

活动目标：

（1）能感受泗阳美景，有热爱家乡、热爱大自然的情感。

（2）能大胆说出自己听到、看到的事物。

（3）有初步感受美、表现美、创造美的能力。

活动准备：

（1）知识准备：课前请家长带幼儿观察家乡的市容市貌。

（2）收集家乡有特殊建筑、名胜古迹和游览胜地的图片、照片。

活动过程：

1. 录像导入

幼儿玩各种杨树制作的玩具（小推车、雪橇、小花轿等）。

师：“小朋友刚才玩得真开心！你们知道这些玩具是什么做成的吗？”

2. 认识杨树

（1）了解杨树的由来。

(2) 了解杨树的特点。

(3) 了解杨树的用途。

师："杨树浑身是宝，猜猜它能变成什么？"（出示板材厂加工图）

幼儿自由讨论。

师："我们泗阳的杨树板材已经出口到许多国家，他们用杨树做成了各种家具。"（出示小朋友用的桌子、椅子、幼儿园花架、造纸、火柴、卫生筷等图片）

3. 幼儿操作活动

师："我们的叔叔、阿姨、爷爷、奶奶很能干，把杨树变成这么多漂亮的东西，小朋友们，你能把这些杨树材料变成什么呢？想试试吗？"（播放《美丽泗阳》）

(1) 了解绘画材料。

(2) 幼儿分组操作，教师巡视，随机指导。

(3) 小组汇报合作情况。

4. 拓展延伸

(1) 欣赏美景。

师："热情的杨树宝宝想邀请大家一起逛逛美丽的泗阳！准备好了吗？出发喽！"（出示图片：泗阳电视塔、运河风光带、泗阳大桥、妈祖像、桃花林、树雕）幼儿随着画面做出反应。

师："亲爱的孩子们，世上好景象，最美在泗阳。我们生活在这么美的地方感觉怎么样呢？"

(2) 赠送祝福。

师："老师也带来了一些树雕，让我们把祝福送给在座的每一个人，也祝愿我们的泗阳明天更加美好！"（播放《祝福泗阳》歌曲）

资料来源：潘丽华．教师如何组织和设计半日活动——以大班综合活动"我的家乡"为例．中华少年，2015 (11) 下．

（二） 认识祖国

1. 国旗、国歌、国徽

对幼儿进行爱国启蒙教育，从小培养他们热爱祖国的情感，也是社会文化教育的重要内容。但是对于幼儿来说，"爱国"是一个非常抽象的概念。因此，《3～6 岁儿童学习与发展指南》在教育建议中指出："利用电视节目或参加升旗等活动，向幼儿介绍国旗、国歌以及观看升旗、奏国歌的礼仪。"认识祖国的国名、国旗、国歌、国徽、祖国版图，这个主题活动可以放在国庆节前几天进行，结合即将来临的国庆节，讲述国旗、国歌等，让幼儿生发出爱国情怀。

实例链接

国旗的秘密（大班）

设计意图：

集体教学活动内容的选择可以从两个视角切入，一是从社会角度切入，即全体孩子都应该掌握的内容，如社会观念、行为规范、安全卫生等；二是从孩子的角度切入，即对他们感兴趣或者有着共同经验基础的内容进行探究交流等。“国旗的秘密”的设计是从社会角度切入的。作为一名中国人，应该了解中国国旗的意义，言行上应表现出对国旗的尊重，而生活在涉外幼儿园的孩子们也要通过国旗去了解世界的不同，突显“一个拥有中国心的世界小公民”的价值导向。

在实施中，有两点需要注意：

第一，推进要有效。对于大班孩子而言，用剥笋式的推进方式比较合适。例如，国旗上会有植物和动物吗？会有房子等建筑吗？所有国旗都是长方形的吗？这类问题伴随着游戏的开展很容易激发孩子的好奇心。随着中国国旗的出现，交流探讨成为主要形式，教师要善于捕捉、提炼关键点，形成师生之间的共识。

第二，教具的使用要直观。教师可以选择正规出版的国旗认知卡片。它可以平面展开，便于操作，也有利于幼儿观察与比较，而且能在“容易弄错的国旗”环节发挥其直观的效果。在中国国旗出现的环节中，教师可以使用一面面小国旗，当孩子们手举国旗时，爱国的情感就得到了升华与满足。

活动目标：

（1）在观察比较中，理解国旗是代表一个国家的旗帜。

（2）尊敬、爱护中国国旗，有自豪感。

（3）能简单辨析中国国旗出现在不同地方的意义。

活动准备：

正式出版的世界各国国旗的图片，PPT，中国国旗等。

活动过程：

1. 不同国家的国旗由不同的图案构成，在游戏中感受各国国旗的丰富性

（1）游戏一：不同图案的国旗。

1）各国国旗上有哪些图案？

2）国旗上会有月亮吗？会有星星吗？会有植物和动物吗？会有房子等建筑吗？（幼儿从点头到纷纷摇头）

3）这些卡片上印的都是世界各国的国旗，仔细看国旗上有什么图案？

（孩子们自由取卡片，教师出示六把椅子，椅子上均贴有植物、建筑等图案标志）

4）教师介绍游戏玩法：看看你手里的国旗卡片上有这些图案吗？如果有，请你站到椅子的后面。如果没有，你就坐在位置上不要动。

5）国旗上有太阳的不一定是日本的国旗！这两面国旗上也有太阳。

6）有的国旗上还有建筑，这是柬埔寨的国旗，吴哥窟是柬埔寨的骄傲，以后有机会大家可以去看看。

7）国旗上还有武器呀！孩子们，仔细看，刀的下面是什么？

8）这是文字，是阿拉伯文字，原来文字也会出现在国旗上。

9）小结：国旗上会有太阳、星星、月亮、动物、植物，还会有文字。不同的图案构成了不同国家的国旗。

分析： 通过游戏“不同图案的国旗”，引导幼儿感受世界各国国旗的不同以及丰富性。教师在推进中应引导幼儿观察，关注幼儿已有的认知水平。

（2）游戏二：容易弄错的国旗。

1）游戏使用的国旗很相似，请仔细寻找不同，看看哪里不一样？

出示两面图案一样，但深浅不一样的国旗。

出示两面图案一样，但宽窄不一样的国旗。

出示两面图案一样，但上下顺序颠倒的国旗。

2）小结：虽然有些国家的国旗很相似，但仔细看还是不同的。每一面国旗都代表着一个国家。

3）提示：挂国旗的时候千万不能颠倒，国旗悬挂的时候上下方位一定要准确。

分析： 游戏“容易弄错的国旗”使幼儿在比较观察中对国旗产生兴趣。此环节中对幼儿语言表述的引导非常重要，教师需要帮助幼儿，让其表述清楚，使全体幼儿都能听明白。

（3）游戏三：都有星星的国旗。

1）许多国旗上都有星星，这些都是有星星的国旗卡片，国旗上会有几颗星呢？（教师提问至5颗星）

2）有6颗星吗？或者比6颗星还多，有十几颗星？（幼儿纷纷摇头）

3）幼儿自取卡片观察，教师报数，幼儿根据卡片上星星的数量把卡片交上来。如报到“1”，就把有1颗星星的国旗卡片交上来。

4）同样有星星图案的国旗却有着不同的数量，有1颗、2颗、3颗、4颗、5颗、6颗、8颗星星的国旗，也有12颗星星的国旗，还有一面国旗上有好多星星，要花点时间来数。（可以让幼儿数数美国国旗有多少颗星星）

分析： 此游戏是为了过渡而设计，所以教师在选择星星图案的国旗卡片时，星星均要非常明显，容易让幼儿数清楚。（美国国旗除外）

（4）关于美国、加拿大国旗的故事。

1）美国国旗上的星星好多呀，请用各种方法数一数美国国旗上一共有多少颗星星。知道这是为什么吗？

2）小结：知道每个国家的国旗都有自己的故事。

3）播放PPT，欣赏加拿大的风景，帮助幼儿理解加拿大国旗上的枫叶图案。

分析： 在这个环节中幼儿将由表及里地了解国旗的内涵。教师根据幼儿的年龄特点，从国旗的故事入手，直观地予以引导。教师要尊重幼儿的已有认知经验，运用不同手段，引导幼儿表述，使其逐步了解。

2. 尊重国旗，产生自豪感

(1) 说说关于中国国旗的故事。

1) 这是什么国家的国旗?(出示中国国旗卡片)

2) 我们国家的国旗为什么是红色的?

3) 五颗五角星为什么是黄色的?

4) 五颗五角星分别代表什么?

5) 我们国家的国旗有没有故事呢?

6) 播放PPT，小结五星红旗代表的意义，引导孩子们要尊重国旗。

(参考资料：五星红旗是《中华人民共和国宪法》规定的中华人民共和国国旗。1949年，中国人民政治协商会议《关于中华人民共和国国都、纪年、国歌、国旗的决议》和政协主席团通过的制旗办法规定，五星红旗的红色象征革命，星的黄色象征红色大地上呈现光明。大星代表中国共产党，四颗小星环拱于大星右侧，并各有一个角尖正对大星的中心点，表示亿万人民心向伟大的中国共产党)

分析： 对于中国国旗，有非常正式的解释，但从讨论交流中可以看到幼儿的年龄特点，教师在小结时应突出内涵，即用幼儿易懂的语言予以阐述，帮助其理解中国国旗的内涵。推进中也需考虑到不同能力的幼儿可能出现的问答，有针对性地设计辅助提问。

(2) 比较图片，寻找问题。

(出示两张照片，一张照片上孩子们拿着国旗准备升旗，但国旗的边角拖在地上，另一张照片是解放军叔叔准备升国旗，手捧着国旗)

1) 老师看到你们升国旗的时候有个动作有点问题，今天我把正确的做法做给你们看。

2) 国旗不能落在地上，这是对国旗的尊重，请大家一定要记住。(出示图片：解放军敬军礼、小学生敬队礼，小朋友行注目礼)

3) 什么是注目礼?(请一个孩子对着中国国旗，试一试行注目礼)

4) 小结：尊敬国旗要用行动表示。我们大班孩子每星期都要进行升旗仪式，记住：国旗不能落在地上，全体老师和孩子都要行注目礼。

分析： 此环节是基于幼儿日常升旗仪式中遇到的问题而展开的，通过讨论和个别幼儿演示行注目礼，使大家明晰尊重国旗应有的礼仪。在环节推进中，教师还应重点关注幼儿对国旗是否产生尊敬和自豪感。

3. 简单辨析国旗出现的意义

(1) 说说国旗悬挂的地方。

在什么地方会悬挂中国国旗?

1) 国旗在哪里? 代表着什么?(指向图片：运动比赛场上的国旗)

2) 高高雪山上的国旗代表着什么呢?(指向图片：国旗插在雪山上)

3) 为什么宇航员行走在太空，手里也拿着中国的五星红旗?(指向图片：国旗在太空中出现)

分析： 选择具有代表性、幼儿又熟悉的画面，使幼儿在简单辨析中，产生对国旗的热爱与自豪感。同时，在关键提问和回应中，教师语速、语调的控制也会具有感染力。

(2) 站在五星红旗下送祝福。

1）世界上有这么多的国旗，其中五星红旗在我们心中是最重要的。（音乐响起，教师给每位幼儿送上一面小的五星红旗）

2）小结：国旗在手上，也在我们每一个中国人的心中！

分析：整个活动在饱满的情绪中结束，不仅让幼儿理解了不同场所悬挂国旗的意义，也再次对中国国旗和自己是中国人产生自豪感。本次学习活动收获的不仅仅是认知与行为上的提升，还有浓浓的中国情。

资料来源：龚敏，钱蕾. 国旗的秘密. 上海托幼，2016（4A）：32－33.

2. 国家著名的风景名胜

《3～6 岁儿童学习与发展指南》指出："运用幼儿喜闻乐见和能够理解的方式激发幼儿爱家乡、爱祖国的情感。"例如，和幼儿一起外出游玩，一起看有关电视节目或画报等；和他们一起收集有关家乡、祖国各地的风景名胜、著名的建筑、独特物产的图片等，在观看和欣赏的过程中激发幼儿的自豪感和热爱之情。

幼儿教师根据幼儿的特点，可以让幼儿感知和了解国家著名的人文景观的名称、特征。如北京的故宫、长城、天坛、圆明园等，南京的夫子庙、秦淮河、中山陵、总统府等，江西的庐山、井冈山等，杭州的西湖、灵隐寺等，西安的兵马俑、大雁塔、古城墙等。

3. 国家的特产

国家的特产是指我国所特有的物产，例如，北方的饺子、南方的馄饨；元宵节的汤圆、端午节的粽子、中秋节的月饼；瓷器、茶叶、丝绸、刺绣甚至熊猫；等等。在了解我国特产后，为自己是中国人而感到自豪。对我国特产的了解，可以通过专门的教育活动，也可以自主游戏活动进行。

资料链接

幼儿茶文化教育（节选）
——大班自主游戏"茶吧"的创设与指导

中国素有礼仪之邦之美称，茶文化的精神内涵即是通过沏茶、赏茶、闻茶、饮茶、品茶等习惯，与中华的文化内涵和礼仪相互结合形成的一种具有鲜明中国文化特征的文化现象。

在幼儿园的自主游戏中，现在已加入了许多的时尚元素，如奶茶店、火锅店等在我们生活中被熟知的休闲场所，具有中国特色和民族特色的一些内容往往容易被我们忽略。所以设计茶吧，让幼儿了解我国的特产，对于培养其爱国情感，是非常有必要的。

在游戏中创设茶吧这一区域后，幼儿的关注度之高出乎我们的意料，说明他们对这个平时不太接触到的话题有着浓厚的兴趣和探索欲望。下面我们简单介绍一下如何将茶吧很好地融入整个自主游戏中，如何让幼儿在游戏中自主发现茶文化。

1. 古朴典雅、玲珑剔透——背景的创设

确定了要开设茶吧，首先要有好的背景和材料。就像在泡茶的过程中，需要合适的茶具。“创设与教育相适应的良好环境，为幼儿提供活动和表现能力的机会与条件”是幼儿园教育原则之一。在设置活动区时，不仅要注意提供有利于幼儿身心全面发展的各种活动类型和区域，还要考虑各区域及活动之间如何相互适应和协调的问题。一般来说，我们设计的茶吧需要一个独立安静的空间。在风格上要接近中国风，这样在游戏中可以让幼儿对中国的文化有更深切的理解。另外，茶吧最主要的是要有各种各样的茶叶和漂亮的茶具。我们就在游戏区域收集了很多茶叶盒子，让幼儿通过盒子的特点分析各种茶叶的基本特征。

2. 品种多样、甘醇浓稠——种类的多样

品种多样的茶叶是游戏的必需品，然而当这些茶叶大量投放到游戏区，幼儿对他们的了解又有多少呢？如果我们只是通过一些呆板的方式记忆，那么幼儿兴趣肯定会大减。既要让幼儿自主探索，又要让他们对每一种茶叶的特征有详细的了解。我们利用课余时间，让茶吧如茶香蔓延一般渗透在生活中。每一个星期开展一个品尝活动。对两至三种茶叶同时进行观茶、泡茶、品茶，让幼儿在真正的体验中感受多种茶叶的不同，这也让幼儿积累知识经验。

3. 扬子江中水、蒙山顶上茶——能力的提高

好茶用好水，古人对此非常讲究。“扬子江中水，蒙山顶上茶”，这副楹联说明了名茶伴美水，才能相得益彰。但如何促使幼儿提高水平，这就需要幼儿在游戏时积极探索，挖掘游戏的价值，让茶吧更好地“经营”。刚开始玩游戏时，参加游戏的幼儿都是按照学习过的泡茶过程，点一杯茶，然后喝喝就走了。一段时间过后，大多数幼儿就失去了兴趣，他们的茶吧和其他小吃店一样，大多数的时候他们随便买一点点，好像“茶”存不存在已经不是很重要了，这样就失去了茶吧真正的意义。

现代社会竞争日益加剧，为了让自己的生意更好，很多商家会组织许多吸引人眼球的促销活动，现在大部分幼儿对这些比较熟悉，我们就计划利用幼儿这方面的经验，从而使茶吧经营得更好。在一次的游戏讲评中，让茶吧的服务员提出最近茶吧生意不好的现象，并且很多人都是去买一些点心就走了，鼓励幼儿针对这些现象提出自己的想法和解决方案并汇总。在总结这些方法哪个最好时，大家都持不同意见，于是我们制作了一个方案表，有促销、买一送一、教客人泡茶等方法，每天采用一种方法，以此来检验效果。经过一段时间的游戏，我们进行了总结，让幼儿思考到底哪个最好时，很多幼儿都说不同的方法有各自的好处。确实如此，不同的模式才会吸引幼儿的注意力。尤其是学习泡茶的方式，有那么多茶具提供给幼儿使用。幼儿的兴趣和关注程度就像是茶水，如果水不好，那么再好的茶叶都无法飘出最好的茶香。

资料来源：王春蓉. 幼儿茶文化的教育. 考试周刊，2014（5）：185.

（三）了解民族文化

1. 民族习俗[①]

民族习俗主要包括服饰、饮食、居住、节日、婚丧、禁忌礼仪民俗等六个方面。文化学者认为，民俗是一种文化，即民俗文化。民俗文化是一个地域、民族或族群经过长时间的积累、传播、汲取和改造后，形成的相对稳定的生活方式或表达方式，能够体现某种文化的物质层面或精神层面的所有内容，如饮食、节日、服饰、建筑、艺术、生活习惯、宗教信仰、价值观念和世界观等。[②] 民俗文化是以传统的、非官方或非正式的形式（如口头、风俗或行为）流传和保存的文化，包括这些文化传统的内容、形式、风格及传播过程与方式。民俗文化是人类文化多样性的体现，也是鉴别不同民族、文化群之间的标志，每个民族或文化群都有自己的语言（特别是方言）、习俗仪式、传统节日等民俗文化表达体系，所以，我们很容易从一个人的生活方式和习俗判断出他是哪里人、哪个民族。可以说，民俗文化是某个民族或某地域文化群体的一种约定俗成的带有普遍意义和典型意义的文化现象，具有强烈的地域特征。民俗文化具有相对稳定的表达方式与生活方式，具有一定的传统性，没有特殊原因，民俗文化是不会轻易改变的。民俗文化还有其相对稳定的传播方式，具有很强的生命力和动态特征。人们往往通过生活中的耳濡目染、亲身经历和参与，以及观察和模仿来接受和传播民俗文化，并在不觉间成为民俗文化的载体与传播者。民俗，通常可以分为物质民俗和精神民俗两大类。物质民俗主要是指在各民族的日常生活中，那些可感的、有形的居住、服饰、饮食、生产、交通、工艺等文化传承。精神民俗（或社会民俗）主要是指那些无形的文化现象以及与家族、村落结构、社会集团有关的、旨在维护人与人之间相互关系的社会文化传承，如宗教、信仰、道德、礼仪、禁忌、岁时节庆、乡规民约、家规族规等。

民俗的教育功能包括知识的教化、道德的教化和审美娱乐三大方面，民俗的功能与民俗的产生、传承的历史息息相关，有着强烈的实用性、民族性和地域性。民族习俗的知识教化功能，具有生活化、情境化、活动化以及随意性、自然性的特征，儿童往往在不经意之间受其教化性影响，将其内化为自己的一种习惯。民俗文化是社会生活中普遍存在而又隐藏不露的一种社会规范，是一种与儿童生活最贴近、感情最亲近、行为最相近的特殊教育方式。这种特殊的教育方式，也就是民俗所发挥的道德教化功能所致。民俗的道德教化功能是通过民俗的规范性来达成的，我们可以说，没有民俗的规范性，也就谈不上民俗的道德教化。民俗文化的审美娱乐性功能对生养其间的儿童发挥着潜在的影响，它对儿童色彩的喜好、自然的讴歌、艺术的欣赏、事物的审美、心绪的情结、性情的熏陶、人格的塑造、生活的赞美等，都具有重要的作用与价值。作为物态化和观念化的民俗，是一定个体民族文化的中坚，参与和影响着社会的文化发展方向，制约着人们的行为习惯，从某种意义上说，民俗是最早影响儿童的自然之师、陶冶之源。

---

① 陈世联. 幼儿社会教育. 海口：南海出版公司，2009：86－87.

② 王娟. 民俗学概论. 北京：北京大学出版社，2002：2.

对幼儿的民族习俗教育，主要是通过外部教化并促使幼儿内化本民族的风俗习惯，了解其他民族的生活方式、风土人情、习俗和信仰，通过移情训练等方式理解其他民族文化和风俗习惯。

资料链接

冬至节“吃饺子”的习俗

冬至节，在古代是很隆重的节日。在二十四节气中，冬至也最受重视。这一天太阳直射南回归线，所以北半球白天最短，黑夜最长。过了冬至后，日光照射北移，白天越来越长，黑夜越来越短。古人云“冬至一阳生”，指的就是阴气到冬至时盛极而衰，相反的，阳气则从此开始萌芽。民间有“冬至不端饺子碗，冻掉耳朵没人管”的说法，所以冬至一定要有“吃饺子”的习俗。

传说，当年东汉“医圣”张仲景辞官回乡，在大雪纷飞的路上，看到老百姓受冻挨饿，不少人的耳朵都冻烂了，便让弟子搭起医棚，在冬至这天分发“娇耳”。

张仲景把羊肉和驱寒药材放在大锅里熬煮，然后把羊肉、药材捞出来切碎，再用面把羊肉、药材包成耳朵状的“娇耳”。煮熟后，分给来求药的人每人两只“娇耳”、一大碗肉汤。人们吃了“娇耳”、喝了“驱寒汤”，随后浑身暖和、两耳发热，耳朵上的冻伤也慢慢好了。

所以，冬至吃饺子，既是不忘“医圣”张仲景熬制“驱寒娇耳汤”之恩，也是为了驱寒。

资料来源：王早早. 冬至节. 北京：北京师范大学出版社，2013：10－11. 有删减.

2. 民间艺术①

民间艺术是劳动人民在长期与自然和谐生存与发展的过程中体现劳动人民智慧的结晶。民间艺术还是一种重要的德育手段。那些适合儿童年龄特点的、节奏鲜明的儿歌、小调、游戏歌、劳动号子、趣味歌、数字歌、问答歌、友情歌、亲情歌、节日歌等民间音乐，以及打击乐器、管乐器、弦乐器、弹拨乐器等各种民间乐器；那些花样百出、五彩斑斓、巧夺天工的民间剪纸、竹艺、年画、版画、印染画、工艺画、水墨画、刺绣、泥塑、扎染、中国结、民间雕塑、建筑和民间玩具等民间美术工艺；那些民间摇篮曲、舞曲、小调、号子、皮影戏、手偶、木偶戏及各地地方戏等民间戏曲；还有秧歌、少数民族舞蹈等，都为各民族儿童所喜爱，且能融入到儿童的日常生活之中，使儿童在感受、体验和表现的过程中始终兴趣盎然、意犹未尽。在趣味十足的对歌、赛歌的民间音

① 陈世联. 幼儿社会教育. 海口：南海出版公司，2009：88－89.

乐的表演中，儿童的性格开朗了、表现欲望强烈了、自信心也增强了；在芦笙、唢呐、二胡、琵琶等民族乐器欣赏中，让儿童充分体验到了民间艺术别具一格的魅力；在滚铁环、丢沙包、推小车、抽陀螺等民间游戏中，不仅培养了同伴之间的合作能力，更让儿童在体验成功、享受快乐的同时培养了坚韧不拔的意志与大胆勇敢的精神。

利用民间艺术开展幼儿园民族文化教育活动，就是幼儿园与家庭、社区密切合作，综合利用各种社会资源，选取适合幼儿的身心发展阶段的民族艺术内容对幼儿进行民族艺术的启蒙教育，使幼儿有机会接触到民族艺术的相关知识，培养他们对民族艺术的热爱。对幼儿进行民族艺术教育活动，可以传承和发扬民族文化，引导幼儿感受并热爱民族艺术的美，引导幼儿用自己的方式表现和创造民族艺术的美。如苏州、四川、广东和湖南的刺绣，江西景德镇的陶瓷，重庆大足的石刻，苗族的蜡染等，它们的名称、用材及简单的制作方法；本地主要的地方剧种、民间歌谣，如陕北的信天游、广西的民间对歌、江西的采茶戏、长江三峡的川江号子等；一些少数民族的舞蹈艺术，如傣族的孔雀舞、蒙古族的蒙古舞、维吾尔族的新疆舞、藏族的藏族舞、土家族的摆手舞等。幼儿园的民间艺术可以用主题活动的方式开展，如“好看的傣族舞蹈”“热闹的秧歌”“好听的二胡音乐”“好玩的民族乐器”等。“好玩的民族乐器”又可以分为“好玩的琵琶”“响亮的唢呐”“神秘的古筝”等活动。

实例链接

金猴降妖（大班）

活动目标：

(1) 在观察比较中了解脸谱中主要图案所表示的含义，能用对称的经验并以绘画的方式表现唐僧师徒四人的有趣特征。

(2) 对故事《金猴降妖》感兴趣，积极大胆地表现自己喜欢的人物的特征。

活动准备：

(1) 脸形纸（可装有牛皮筋）、彩笔、记号笔、背景音乐、对应的半成品脸谱材料（唐僧帽、孙悟空的头箍、八戒鼻子、沙僧胡子和月牙铲）等。

(2) 西游记人物脸谱图片、PPT 课件。

(3) 幼儿有画脸谱的经验。

活动过程：

1. 回忆故事，引出故事中的主要角色

(1) 听一段声音，回忆故事《金猴降妖》。

师：“请你听一段声音，仔细听这是什么故事？谁在说话？”

（无论是动画片还是电视剧，孙悟空的声音都很有特点，加上幼儿对《西游记》非常熟悉，尤其喜欢孙悟空，所以选择以孙悟空的声音作为导入，便于引出下面的环节）

（2）让幼儿说出故事中其他主要人物。

师："去西天取经的还有谁？"（观察幼儿是否了解唐僧师徒一共有四人，并按幼儿说的顺序依次出示相关角色的名字）

小结：这四个人是著名的神话故事《西游记》里的人物。

分析：此环节采用问题式导入，用倾听、辨别的方式让幼儿集中注意力，并锻炼幼儿在已有经验中迅速梳理、判断的能力。教师可以通过追问，让幼儿陈述自己判断的理由，进一步了解幼儿的思考过程。

2. 观察脸谱，了解脸谱的主要特征，并尝试绘画

（1）让幼儿从第一组京剧脸谱中找出孙悟空。

师："（出示第一组脸谱：猴脸、孙悟空、二郎神）这里有三个脸谱，请你找一找，哪一个是孙悟空。"（教师要特别注意倾听并激发幼儿说清楚判断的理由。一般幼儿在观察比较后能发现脸谱上的金箍棒、毫毛、火眼金睛等特点。对于缺乏经验的幼儿，教师可以追问，如孙悟空有个神奇的兵器叫什么等。由于幼儿对《西游记》很熟悉，教师的追问能促进幼儿回忆，并引导幼儿在脸谱上寻找这些特点，还可以让幼儿学学他们的表情、动作等）

请按照从上往下的顺序依次回答：你认为第几个是孙悟空，请说出理由。（教师引导幼儿按顺序观察和表述的能力）

（2）幼儿从第二组脸谱中找出其他三个角色。

师："（出示第二组脸谱：唐僧、孙悟空、猪八戒、沙僧）这四个脸谱分别是谁？请你说出判断的理由。"（鼓励幼儿相互补充，完善对其他三个脸谱上图案信息的理解，同时根据幼儿所陈述的理由，把脸谱旁边的数字改成角色名字）

师："唐僧师徒四人长得各不相同，脸谱上有各自明显的特点。但有趣的是，四个脸谱上有一个图案是他们共有的，请你找一找是哪个图案？它代表什么意思呢？"（教师观察幼儿在比较四个脸谱的过程中，能否发现共有特点，同时了解幼儿是否知晓这个特点所代表的含义）

（3）幼儿了解京剧脸谱上的图案特点。

师："这是世界有名的中国京剧脸谱。"（PPT上出示"中国京剧脸谱"六个字）

师："京剧脸谱会把每个人物的主要特征，如唐僧白白净净、猪八戒的朝天鼻等长相特征，孙悟空使用金箍棒等物品特征表现出来。"

（4）幼儿说出自己最喜欢的角色并陈述理由。

师："你最喜欢故事中的哪个角色，为什么？"（该问题能帮助教师进一步了解幼儿对这几个角色的认知）

师："如果让你选一个自己最喜欢的角色来画，可以怎样画？怎样才能让人家一看就知道画的是谁？"（此问题旨在了解幼儿对之前所说的特征是否清楚）

（5）幼儿了解桌上的材料，选择自己喜欢的角色表现其主要特征。

师："请你用桌上的材料画出你最喜欢的一个角色的脸谱特征。"（教师可以简单介绍桌上的辅助材料，以及他们的用法。这里提供的一些辅助材料能让幼儿自由表现，关键是让幼儿在表现中了解民族元素、脸谱主要特征的含义）

幼儿选择材料后进行绘画，并用辅助材料进行装饰。（教师要观察了解选择每个角色的幼儿人数，幼儿能否表现出该角色脸谱上的主要特征。鼓励幼儿尽量大胆表现，可

以选择辅助材料一起完成脸谱装饰）

3. 出示"妖怪"，引发表演故事的兴趣

(1) 幼儿交流展示自己的作品。

(可以请"师傅""徒弟"同时上来，其他幼儿观察同伴绘制的脸谱主要特征是否明显)

(2) 幼儿听儿歌《唐僧骑马咚那个咚》，并排出队形。

师："请你仔细听儿歌，并根据儿歌里说的顺序为角色排队。"（教师鼓励会念儿歌的幼儿一起参与，并观察幼儿能否按顺序为角色排队）

师："一共有几个角色去西天取经？请想办法把去西天取经的四个角色凑齐，我们一起出发。儿歌中最后一个角色是谁？故事中的老妖婆是谁？故事还需要一个角色，谁愿意扮演？"确定角色后，出示"白骨精"脸谱。（幼儿一般会选择唐僧和孙悟空，极个别幼儿会选择猪八戒和沙僧，此时，教师要观察每个幼儿对缺少角色这个问题的行为反应和对策。等幼儿凑齐了四个角色后，再次问幼儿谁愿意扮演老妖婆。如果幼儿实在想不出办法，可以提示他们观察周边可利用的资源，如请教师一起参与等）

(3) 幼儿听儿歌，排队模仿角色的样子，出发去取经。

师："儿歌里的角色终于凑齐了，我们准备出发，这几个角色不但长得各有特点，走路也各有特征，看看谁模仿得最像。"

(教师观察幼儿的模仿，及时隔离和表扬幼儿)

分析：《唐僧骑马咚那个咚》是许多大班幼儿熟悉的儿歌，按儿歌里的顺序排队并模仿角色的行为特点，既让本次活动暂告一个段落，也为后续进行相关游戏、表演等做好铺垫。

附：

儿歌《唐僧骑马咚那个咚》

唐僧骑马咚那个咚，后面跟着个孙悟空；
孙悟空，跑得快，后面跟着个猪八戒；
猪八戒，鼻子长，后面跟着个沙和尚；
沙和尚，挑着箩，后面来了个老妖婆；
老妖婆，真正坏，骗过唐僧和八戒；
唐僧八戒真糊涂，是人是妖分不出；
分不出，上了当，多亏孙悟空眼睛亮；
眼睛亮，冒金光，高高举起金箍棒；
金箍棒，有力量，妖魔鬼怪消灭光。

资料来源：吴佳瑛. 金猴降妖. 上海托幼，2014 (9A)：30－31. 有删减.

3. 民间文学

民间文学是指民众在生活文化和生活世界里传承、传播、共享的口头传统和语词艺术。从门类上来说，包括神话、史诗、民间传说、民间故事、民间歌谣、民间叙事、民间小戏、说唱文学、谚语、谜语、曲艺等。

民间文学以其悠久的历史、多样的形式、丰富的作品、独特的风格，成为幼儿社会文化教育内容的重要部分。民间文学有许多是取材于儿童生活的实际，旨在通过一个个具体的文学作品，让幼儿感知和理解作品中展示的丰富生活。例如，《曹冲称象》《司马光砸缸》等民间故事，通过生动鲜活的人物形象和精彩的故事情节，向幼儿讲解科学道理；古诗《悯农》展现农民种地的艰辛，让儿童自然生发出爱惜粮食的情感；《西游记》里塑造的大胆机智、调皮可爱、刚正不阿的美猴王形象，也深受幼儿喜欢。孩子们在民间文学作品中，不仅可以体会到艺术的美，领略历史文学的魅力，感受中华美德的熏陶，更可以弘扬中华民族优秀的民族文化。

但由于民间文学是民众文学，其内容涉及生活的方方面面，有些内容并非都适合幼儿。因此，我们应该根据幼儿的年龄、地域特点，对民间文学作品进行筛选、甄别，以挑选出真正适合幼儿的民间文学作品。例如，童谣由于流传于民间，游戏语言过于直白，有些甚至很低俗，有些与现代生活已经脱节，所以，幼儿教师在教学过程中，根据教学需要和幼儿发展特征，可以进行适度的改编。

资料链接

民间童谣玩出新“变式”

传统的川西民间童谣具有诙谐、幽默、风趣的特点，但其语言过于直白，有的甚至有低俗之嫌；它虽然对幼儿练习口语有较大作用，但内容涉及的领域过于狭窄。因此，我们提出把民间童谣活动“玩”出变式来，也就是“用旧瓶装新酒”，使传统童谣具有新的时代气息，富有童真、童趣而又深入浅出。

1. “玩”出丰富的内容

在“玩”的宗旨下，我们结合现代幼儿的生活常规、礼仪要求和生活内容，大胆扬弃、创编、改编了许多童谣。

(1) 故事童谣化，即将幼儿喜欢的具有教育价值的故事以童谣形式表现出来。

(2) 生活常规童谣化，即将生活常规要求以童谣的形式表现出来，让幼儿在说说、念念中掌握常规。如鼓励幼儿洗手、吃饭的童谣是：“懒汉懒，不洗脸，吃饭还拿舌头舔。”鼓励小朋友自己走路，不要爸爸、妈妈抱的童谣是：“妹妹乖，上街街，走起去，走回来。”

(3) 游戏童谣化，即将幼儿喜欢的游戏活动，以童谣形成表现出来，幼儿边念童谣边玩游戏。如小朋友通常都很喜欢孙悟空，特别是喜欢模仿孙悟空翻跟斗上云朵，然后手搭额头，调皮地抓耳挠腮的动作，以及从耳后摸出一根毫毛放在掌上一吹，变出无数“小猴子”来的动作。在游戏时，为了提高幼儿的兴趣，锻炼幼儿的身体，我们将游戏改编成短小的、朗朗上口的童谣：“猴儿猴儿上山坡，爬上山坡摸耳朵，左一摸，右一摸，摸出好多猴哥哥。”

2. “玩”出童真、童趣

(1) 童谣游戏化，即以游戏活动形式进行童谣教学活动。如在学习童谣“成都名小吃”时，教师扮演小吃城老板，邀请小朋友到小吃城参观。“老板”用四川方言一板一眼地介绍：“糖油果子、三大炮，砰蹦砰蹦砰蹦好热闹；夫妻肺片、张凉粉，辣呼儿辣呼儿辣呼儿；钟水饺、担担面，喷香喷香喷喷香；圆溜溜的赖汤圆、麻婆豆腐、龙——抄——手。”小朋友边听边看，口水都快流出来了。一个个刚落座，“老板，来碗圆溜溜的赖汤圆”“老板，来碗张凉粉”之类的吆喝声就接连不断。在游戏玩耍中，幼儿不仅认识了成都的名小吃，品尝了家乡小吃味道的麻辣酸甜，更是感受到了生活的美好和有趣童谣带来的快乐。

(2) 童谣生活化，即在自然的生活常规要求中进行童谣教学活动。如童谣《藏猫猫》即为幼儿提供了一个在生活中、在玩耍中学习的机会。这首童谣把幼儿的有关生活经验都串起来了：“藏猫猫儿，钻洞洞儿，走板板儿，过桥桥儿。一走走到城门洞儿，翻过坎坎儿看花会儿。青羊宫，吃凉粉儿，嘴巴辣个红圈圈儿。三大炮，胀肚肚儿，回来买个风车车儿。”

资料来源：黄萍，沈茜．川西民间艺术资源在幼儿教育中的运动．学前教育研究，2006 (1)．有删减．

小班幼儿逐渐摆脱以自我为中心，自理能力增强，认识依赖于行动，因此小班民间文学内容选择时应该易于让幼儿通过具体形象的动作来表达，通俗易懂，朗朗上口为主。例如，绕口令型童谣《墙上有个鼓》：“墙上有面鼓，鼓上画老虎，老虎扯破了鼓，拿块布来补。到底是布补鼓，还是布补虎?”其中“布”“鼓”“虎”在刚刚诵读时会有些困难，但是孩子们会在不断吟诵，不断纠正的过程中体会到民间童谣朗朗上口的乐趣。又如《金瓜瓜，银瓜瓜》《五个好娃娃》《两只老虎》《小老鼠上灯台》《颠倒歌》等。

中班除了童谣之外，可以适当增加一些谜语、民间故事、神话故事、绕口令等。大班的孩子已经能够理解和接受内容丰富、形式较复杂的作品了，可以选择一些形式更加多样的民间文学作品，如《三个和尚》《盲人摸象》《曹冲称象》等民间故事，指导幼儿用唱歌、舞蹈、戏剧表演等多种形式去表现自己对文学作品的理解。马晓燕在《如何选择幼儿民间文学教学内容》中，对不同年龄班选择童谣时就指出：小班教学选择字数少、充满趣味的童谣容易激发幼儿的兴趣。中班教学选材中以句型规整、节奏性强的童谣为主，让幼儿容易以节奏的形式来表现，在表现中体验童谣的特质。大班选择童谣多注重的是形式上的变化，有叙事式的童谣，有问答式的童谣，连锁歌、数字歌充满了趣味性，孩子在无形中就感受到了童谣的趣味性和韵律性。① 一些常用的小、中、大班童谣、民间故事见表 5－3。

① 马晓燕．如何选择幼儿民间文学教育内容．剑南文学，2011 (7)．

表 5-3　　小、中、大班童谣、民间故事举例

内容	小班	中班	大班
童谣	《金瓜瓜，银瓜瓜》 《五个好娃娃》 《颠倒歌》 《数一数》 《炒蚕豆》	《十二生肖歌》 《摇啊摇，摇到外婆桥》	
民间故事		《守株待兔》 《葫芦兄弟》	《司马光砸缸》 《老鼠嫁女》 《三个和尚》 《盲人摸象》 《曹冲称象》 《后羿射日》 《猴子捞月》 《女娲补天》 《哪吒闹海》

资料链接

金瓜瓜，银瓜瓜

金瓜瓜银瓜瓜，村里瓜棚结瓜瓜。
瓜瓜落下来，打着小娃娃。
娃娃急得叫妈妈，妈妈急得抱娃娃。
娃娃怪瓜瓜，瓜瓜笑娃娃。

数一数

山上一只虎，虎虎虎；
林中一只鹿，鹿鹿鹿；
路边一头猪，猪猪猪；
草里一只兔，兔兔兔；
洞里一只鼠，鼠鼠鼠。

五个好娃娃

五个好娃娃，

乖乖睡着啦，
公鸡喔喔啼，
叫醒五娃娃，
拇指姐姐起床了，
食指哥哥起床了，
中指哥哥起床了，
四指弟弟起床了，
五指妹妹起床了。

十二生肖歌

小老鼠打头来，牛把蹄儿抬；
老虎回头一声吼，
兔儿跳得快，兔儿跳得快。
龙和蛇尾巴甩，马羊步儿迈。
小猴机灵蹦又跳，
鸡唱天下白，鸡唱天下白。
狗儿跳猪儿叫，老鼠又跟来。
十二动物转圈跑，
请把顺序排，请把顺序排。

（四） 了解民族节日

节日是社会文化的子系统。节日教育，即将“节日”纳入教育范畴，作为传承和发展传统文化的一部分，实现受教育者身心全面发展的重要途径。苏霍姆林斯基就相当重视节日在学生道德教育中的作用，他在著作《帕夫雷什中学》里提到了众多的节日和纪念日，如一年级学生“首次铃声节”、毕业生“最后铃声节”、女孩节、无名英雄纪念日、春秋两季的果园周、新粮面包节等。党中央制定的《公民道德建设纲要》中指出：各种重要节日、纪念日，蕴含着宝贵的道德教育资源。《幼儿园教育指导纲要（试行）》也指出：“适当向幼儿介绍我国各民族和世界其他国家、民族的文化，使其感知人类文化的多样性和差异性，培养理解、尊重、平等的态度。”

广西某幼儿园有效地把壮族各种民族节日融入幼儿教育活动中，值得我们借鉴。

南宁作为广西壮族自治区首府，虽不像老少边区那样拥有原生态的民族文化氛围，但每逢传统节日，节庆活动氛围依然浓厚，尤其是一年一度在南宁举行的“国际民歌节”“东盟博览会”等大型民族文化交流活动，让身处城市的人民都感受到了浓郁的民族文化氛围。

有鉴于此，当地在开展极具地域特色的“壮乡乐”“民族村”等主题活动时，以节庆活动为突破口，紧密结合幼儿的生活经验，实现民族文化资源与原有课程的有机整合。例如，在端午节，壮族人民素有包粽粑、赛龙舟的习俗，可以设计亲子体验活动“粽粑香”，组织家长和孩子一起包三角粽、枕头粽、凉粽等；投放粽叶和棉绳等材料，在区角开展“粽叶人”创意制作活动；选取壮族民歌《包粽粑》，组织幼儿欣赏和学习，设计韵律活动“赛龙舟”及运动游戏“龙舟赛”。又如，围绕中秋节赏月、吃月饼、赏桂花、猜灯谜等习俗，可以设计生活体验活动“自制月饼”，鼓励家长和孩子利用各种材料一起制作花灯参加“亲子花灯展”，策划包含知识竞答、猜灯谜、节日表演等内容丰富的“亲子欢庆中秋夜”系列活动，以此构建丰富多元的民族文化课程内容。①

幼儿园实施节日教育，通常是幼儿教师根据幼儿身心发展特点，为幼儿提供具体而生动地感受节日文化，体验节日习俗的生活场景，从而促进幼儿进一步认识和理解相关节日文化及其精神内涵，感受节日中丰富的人际关系，积累社会交往经验，并实现相关情感、行为与能力等方面全面和谐的发展。②我们把节日教育活动又分为中国传统节日、西方传统节日、国际重大节日来分别介绍。

1. 中国传统节日

传统节日的形成过程，是一个民族或国家的历史文化长期积淀凝聚的过程，形式多样、内容丰富的传统节日是我们中华民族悠久历史文化的重要组成部分。陈进玉认为，我国的传统节日，有着深厚的文化底蕴和人文关怀，无论春节、清明、端午、中秋，还是七夕、重阳、元宵，这些传统节日都有内涵丰富、各具特色的礼仪文化、餐饮文化、服饰文化、娱乐文化，并留下了贴对联、放鞭炮、祭祀扫墓、赛龙舟、吃年夜饭、吃粽子、吃月饼等非物质文化遗产。③由于受到当今时尚文化和外来文化的冲击，我国传统节日的文化氛围在减弱，这种情况在儿童身上也越来越有所体现，儿童对我国传统节日知道得比较少。所以加强幼儿的传统节日教育，在当今时代背景下尤其显得重要。我国主要几个传统节日习俗见表5-4。

表5-4　　我国主要几个传统节日习俗

节日名称	习俗
春节	守岁、贴对联、放鞭炮、拜年、吃年夜饭等
中秋节	备上各种瓜果和熟食品、吃月饼、庭院赏月等
清明节	携带果品、纸钱等到墓地，将食物供祭在亲人墓前，纸钱焚化，培上新土，插嫩绿的新枝，行礼祭拜等
元宵节	张灯、看灯、吃元宵、踩高跷、猜灯谜等
端午节	悬钟馗像、挂艾叶菖蒲、赛龙舟、吃粽子等

资料来源：刘倩影. 中国传统节日文化对幼儿道德情感的影响. 开封：河南大学，2011：4.

① 林丽. 开展与多民族文化相关联的学习活动. 幼儿教育，2014（11）：12.
② 郭祥. 华德福幼儿园传统节日教育研究. 杭州：浙江师范大学，2012：8.
③ 陈进玉. 大力弘扬中国传统节日文化. 人民政协报，2009-3-16.

春节、清明节、端午节、中秋节这四大中国传统节日具有中华民族历史独特的文化表征，还有元宵节、七夕节、重阳节、腊八节、冬至节等节日，都蕴含着极为丰富的教育资源。例如，春节代表家人团聚，辞旧迎新；清明节代表纪念缅怀先人；端午节代表端正、竞争；七夕节代表灵巧；中秋代表团圆；重阳节代表尊老敬老爱老；腊八节代表感恩；等等。幼儿教师在给幼儿讲述传统节日时，通过多样化的活动形式，把节日所蕴含的文化贯穿于活动中。某幼儿园举办的部分中国传统节日活动见表5-5。

表5-5　某幼儿园中国传统节日活动内容

中国传统节日	主要活动内容
春节	1. 剪窗花、冻冰花。 2. 串糖葫芦、做灯笼、品腊八粥、冰上陀螺。 3. 超市办年货、放鞭炮。 4. 农村过小年、品灶糖、放烟花、包饺子、贴对联。 5. 做春饼、唐装秀、拜大年、领红包。
清明节	1. 用餐巾纸制作小白花或小黄花（菊花）。 2. 做花环。 3. 扫墓。 4. 讲关于烈士的故事。
端午节	1. 端午节的由来和故事。 2. 做粽子吊饰。 3. 分享粽子。 4. 戴五彩绳或香包。
中秋节	1. 讲中秋节的故事。 2. 分享小朋友带的月饼。 3. 吃中秋大餐。

资料来源：姜艳秋．多元文化背景下幼儿园中外传统节日活动实施的个案研究．长春：东北师范大学，2013：27．有删改．

实例链接

九九重阳节（大班）

设计意图：

农历九月初九是我国的重阳节，重阳节又叫“老人节”，尊老、敬老是中华民族的传统美德，所以结合重阳节开展关于“尊老、敬老”主题活动是非常必要的。重阳节带给我们不仅是登高、赏菊、吃重阳糕，还是一种信息：老年人更需要爱、需要健康、快乐。他们需要的也许并不是你的钱物，不是礼物，而是你一声深情的问候……创建一个爱老、敬老、养老、助老的氛围，需要全社会的参与，儿童是祖国的未来，为了更好地从小培养他们尊老爱老的优良习惯，幼儿园在重阳节，组织孩子们与自己的爷爷、奶奶们一起联欢，用自己的方式表达对爷爷、奶奶等老人的关心和爱护。

活动目标：

(1) 知道重阳节是尊老、敬老、爱老、助老的节日。

(2) 了解“重阳节”的由来。

(3) 懂得“敬老爱老”是中华民族的光荣传统，要尊敬长辈。

活动准备：

(1) VCD 光盘《常回家看看》。

(2) 老人幸福生活的精彩片断。

(3) 课前和幼儿园的爷爷奶奶取得联系，到重阳节这一天把他们请来。

(4) 幼儿人手一份自制礼物。

活动过程：

1. 请幼儿观看 VCD 光盘《常回家看看》

(1) 师：“刚才你看到的是什么？”(引起孩子们的情感共鸣)

(2) 师：“片中表现的是什么内容？”(孩子和爸爸妈妈一起看望老人，回家团圆的情景)

(3) 引出老人节。

师：“我们小朋友有自己的节日，老人也有自己的节日。”(介绍农历九月九日就是老人节。)

(4) 师：“你们知道老人节是怎么来的吗？”

2. 介绍重阳节的来历

(1) 老人节也称重阳节，相传在我国古代有个叫恒景的小伙子，跟随仙长费长房学道。这一天，仙长把恒景叫到跟前说：“明天是九月初九，瘟魔又要出来作恶，你本领已经学成，应该回去为民除害了。”仙长给恒景一包茱萸叶、一壶菊花酒，并且密授辟邪用法，让恒景驾着仙鹤回家了。恒景回到家乡，在九月初九的早晨，按仙长的叮嘱把乡亲们领到了附近的一座山上。他发给每人一片茱萸叶、一盅菊花酒。中午时分，随着几声怪叫，瘟魔冲出汝河，但是刚冲到山下，突然闻到阵阵茱萸奇香和菊花酒气，脸色突变。这时，恒景手持降妖宝剑追下山，几个回合就把瘟魔刺死了。从此，大家在九月初九这天登高，插茱萸、饮菊花酒辟邪就年复一年地流传下来。因此，以后就逐渐形成一种风俗。

(2) 师：“在这一天，许多地方的人们都有登高、爬山、赏菊、吃重阳糕的习俗，其中登高和吃糕都含有‘步步高’的祝愿，为表示对老人的敬意，我国将重阳节又定为老人节。”

(3) 观看专题录像片“百岁老人”(老人们欢乐度晚年的情景)。

师：“‘敬老爱老’是中华民族的光荣传统，我们国家非常重视和关心老人，各地都为老人修建了敬老院，我们小朋友要尊敬长辈，知道在长辈生病时要表示关心，老人过生日，送一些礼物给他们。”

(4) 引导幼儿说出自己周围的老人是怎样过重阳节的（扭秧歌、跑旱舸、打腰鼓等）。

(5) 师："在重阳节，你是如何做的?"(给老人送礼物等)

(6) 师："在日常生活中，你是怎样尊敬老人的?"

3. 开展敬老爱老活动

(1) 重阳节是老人的节日，是爷爷、奶奶、外公、外婆的节日，在过节的时候，我们在家里可以给老人买许多东西，与他们一块过节，可是我们这里的爷爷奶奶们天天为我们做菜做饭很辛苦，我们一起来孝敬他们吧，也让他们感到幸福温暖。

(2) 给老人送礼物，并对老人说句祝福的话。

(3) 请小朋友一起与爷爷奶奶们合影留念，活动在《常回家看看》乐曲声中结束。

活动延伸：

(1) 取得家长配合，让家长和幼儿一块给爷爷、奶奶、外公、外婆买礼物，表达孝心。

(2) 在家中为老人做一件力所能及的事情。

活动反思：

今天的重阳节，将传统习俗与现代文明巧妙结合，已成为尊老、敬老、爱老、助老的老年人的节日。可是，对于中国的传统节日，孩子们是一无所知的，更不用说重阳节了。但通过这个活动，我们把孩子不容易懂的知识简单化后，孩子们就容易接受了。尤其是把重阳节简化到尊老、爱老的知识上，孩子们一个个说的很投入很认真。

这次活动中让孩子们感受到了亲情和我国悠久的历史，知道了过重阳节的风俗习惯，也知道了重阳节是老人节，敬老爱老要从我做起，要尊敬老人，愿意为老人献爱心。同时也使孩子们知道了老人们为了子孙后代的成长，付出了许多心血。我们要尊敬和关心老年人，平时为老人们做一些力所能及的事。

资料来源：张海云，蔺海燕. 大班社会活动——九九重阳节. 当代幼教，2015 (3)：30.

2. 西方传统节日

西方的一些传统节日有母亲节、父亲节、万圣节、复活节、感恩节、圣诞节等。某幼儿园举办的部分西方传统节日活动内容见表 5-6。

表 5-6　　某幼儿园西方传统节日活动内容

西方传统节日	主要活动内容
复活节	1. 做彩蛋。 2. 玩彩蛋游戏。 3. 送彩蛋。
感恩节	1. 讲感恩节的故事。 2. 感恩节诗朗诵。 3. 幼儿用节目表演的形式表达感恩。 4. 给家长做贺卡。 5. 回家帮爸爸妈妈做一件力所能及的事。 6. 做贺卡感谢身边的人（幼儿园里为小朋友服务的人）。

续前表

西方传统节日	主要活动内容
圣诞节	1. 圣诞节嘉年华——亲子音乐会。 2. 圣诞节亲子游戏活动。 3. 做圣诞树、圣诞袜，画圣诞老人。

资料来源：姜艳秋. 多元文化背景下幼儿园中外传统节日活动实施的个案研究. 长春：东北师范大学，2013：27. 引用时有所改动.

实例链接

感恩的心（大班）

设计意图：

自古以来，中华民族就有乐于助人、知恩图报的传统美德。现在很多家庭的孩子都是独生子女，家长对孩子的溺爱导致孩子觉得他人对自己的关怀是理所应当的，对他人的帮助欣然接受，连一声简单的"谢谢"都少有。针对这一现象，我们大班年级组借西方"感恩节"和故事《口渴的蚂蚁》，开展了此次主题为"感恩的心"的综合教育活动，让幼儿体验小蚂蚁期盼、惊喜、感恩的心情，然后在表达交流中，将教学的重心回归到幼儿的生活，并以制作感恩卡的形式，引导幼儿体会别人对自己的爱，同时也要教育幼儿学会把自己的爱积极地反馈给别人。希望通过此活动，让幼儿从小知道感恩父母，感恩一切关心和帮助自己的人，用一颗感恩的心面对未来的生活。

活动目标：

(1) 初步具有感激之情、感恩之心。

(2) 知道我们的城市有很多不知名的人在为大家服务。

(3) 通过故事和谈话，体会他人的帮助，并用自己的方式回馈别人的爱。

活动重难点：

(1) 重点：让幼儿通过制作感恩卡等活动表达对父母、老师给予他们爱的感谢。

(2) 难点：让幼儿学会感恩，激发幼儿对周围人及事物的感恩之心。

活动准备：

(1) 音乐《感恩的心》。

(2) 多媒体课件。

(3) 彩色卡纸、黑笔、固体胶等。

活动过程：

(1) 教师出示小蚂蚁图片，引出故事《口渴的蚂蚁》。

师："小蚂蚁口渴了，谁帮助了它？小女孩遇到了什么困难？小蚂蚁又是怎么帮助她的？"

师："小蚂蚁有一颗感恩的心，尽自己所能去帮助别人。我们也要像小蚂蚁一样，去帮助别人。"

（2）迁移经验，说说自己生活中被关心、被帮助的经历。

教师引导幼儿说一说自己在家里、幼儿园里都得到过谁的帮助。

师："她们是谁？在干什么？如果没有她们，我们的城市会变成什么样子？"（教师出示清洁工图片）

师："他们是谁？在干什么？如果没有他们，我们的城市又会变成什么样子？"（教师出示交通警察图片）

师："清洁工阿姨、叔叔为了保持我们城市的清洁，非常辛苦。交通警察叔叔为了我们这个城市交通的畅通、安全也非常辛苦，我们大家都要感谢他们。那小朋友们想一想，我们该怎么表达对他们的感谢呢？"

（3）示范、讲解做感恩卡的方法。

师："有的小朋友说，可以做张贺卡送给他们。那我们今天就来做感恩卡，好不好？老师已经做好了几张感恩卡，大家一起来看一看，我是怎么做的。"（教师操作，把几张卡粘在一起，就可以把它做成一个更好看的像小灯笼一样的卡片了）

师："小朋友们都非常聪明，待会儿你们做的时候可以和老师做一样的，也可以做不一样的。我要来看看哪些小朋友比较能干，可以做出不一样的。"

（4）幼儿制作感恩卡，教师巡回指导。

（5）展示作品，你想送给谁？说一句感谢的话。

（6）播放音乐《感恩的心》，一起做动作，结束本次活动。

资料来源：张海云，封芳芳. 大班综合活动：感恩的心. 当代学前教育，2015（3）.

3. 国际重大节日

国际上的重大节日有元旦、五一国际劳动节、六一国际儿童节、世界残疾人日等。

（五） 了解重大社会事件

一般选择当时发生的重大社会事件，也可选择历史上发生的重大社会事件为教育内容。结合当时的时事新闻，选择符合幼儿年龄特点的活动。例如，2016 年 8 月的巴西里约奥运会，可以给孩子们讲奥运精神。

（六） 了解世界文化

尽管人类文化处于动态的变革中，每一个时期都会产生新的文化特质，但每一个国家或民族都依然保存有自身独特的文化形态，各种文化形态共存于世，构成了多姿多彩的世界文化。从广义的民族文化教育而言，民族文化教育就是世界文化教育。

幼儿教师可有针对性地选择一些世界著名的人文景观，如埃及的金字塔、法国的埃菲尔铁塔和凡尔赛宫、英国的白金汉宫、美国的白宫、澳大利亚的悉尼歌剧院等；世界上流传最广的乐器，如小提琴、钢琴等；世界上流传最广的艺术形式，如油画、雕塑等；世界上著名的儿童文学作品，如《安徒生童话》《格林童话》等；世界上的种族，如亚洲的黄种人、欧美洲的白种人、非洲的黑种人等，作为幼儿园民族文化教育的素材。让幼儿初步感受世界著名的人文景观及优秀的文化艺术作品，引发幼儿对其他民族文化和世界文化的兴趣，知道其他民族和国家的文化与自己民族有所不同，逐步有尊重其他文化和维护文化平等的粗浅意识。

三、幼儿园社会文化教育的实施

（一）社会文化教育的实施方法①

幼儿园民族文化教育组织实施的一个重要途径是幼儿园教育。在幼儿园开展的民族文化教育活动必须使用一定的方法促使幼儿社会化与文化化。除文化情境陶冶法、移情体验法、语言传递法、行为练习法、角色扮演法等一般方法之外，还有文化情境定义法、文化传承与移入法等适用于民族文化教育的特殊教育方法，以下我们主要探讨这两种特殊的教育方法的含义及其运用。

1. 文化情境定义法②

（1）含义。情境定义是指个体对所处的文化情境的解释，它不仅决定个体的具体行为，且影响个体个性的发展。情境定义包括三层含义：一是整个文化情境，由文化环境、个人与群体的原有态度与观念、个人对情境的认识三部分组成；二是个人对文化情境的反应，不仅受周围环境的影响，而且受个人主观看法的影响；三是个人对文化情境若赋予意义，即会产生客观效果。③情境定义虽然是人们的主观体验因素，但它介于环境和行为反应之间，因而在个体与社会文化的互动中起着重要作用。由于每一个个体的经验和认识水平都不尽相同，每一个个体的情境定义也都具有一定的特殊性，从而形成差异。个体与文化情境的互动是以"象征"符号为中介的，他们不仅取决于某一方表现出的"象征"，也取决于另一方对这些"象征"的理解。例如，旅游者到达四川泸沽湖，摩梭人的"走婚"现象就是其表现出的"象征"性符号，旅游者依据自身经验和认识对这一现象往往有多种理解，或是好奇、猎奇，或是理解、尊重，或是批评、抨击。不同旅游者对同一现象所产生的不同理解，这就是我们所说的情境定义。

幼儿园民族文化教育的文化情境定义法指幼儿教师在社会教育活动中设置特定的文化情境，使幼儿在与特定文化情境的互动中产生解释并形成文化认同和理解的教育方法。

（2）其运用注意要点如下：

一是教师要创设丰富多样的特定的文化情境。文化是抽象的，而幼儿是以具体形象思维为主认识客观环境的。在幼儿园民族文化教育活动中，教师要有意识创设丰富的文化情境，这一方面是基于幼儿认知特点的要求，另一方面也是直观教学原则的体现。例

---

① 陈世联. 幼儿社会教育. 海口：南海出版公司，2009：91－96.

② "情境定义"是以美国人类学家米德（G. H. Mead）为代表的互动学派提出的核心概念之一。本书借此概念用于幼儿园民族文化教育方法，主要是基于幼儿对文化感知具有能动性这一特点。

③ 马和民，高旭平. 教育社会学研究. 上海：上海教育出版社，1998：383－384.

如，一位教师组织“元宵花灯会”活动，其创设的情境是：把幼儿带的花灯布置在教室内，并准备几个简单的灯谜。活动中，幼儿置身于这样的情境中观灯、讲灯、玩灯、猜灯谜、画灯、做花灯等，让幼儿了解元宵节的意义及民俗习惯。一位教师组织“世界大旅游”活动，其创设的情境是：用积木及辅助材料制作的金字塔、悉尼歌剧院、埃菲尔铁塔、自由女神像的模型和有关这些建筑的录像片。活动中，师生共同模拟旅游世界，让幼儿通过看录像、听介绍、看模型，初步认识金字塔、悉尼歌剧院、埃菲尔铁塔、自由女神像的外形特征，初步感受一些外国的文化景观，使幼儿知道这些建筑不仅是那几个国家的优秀文化体现，也是世界文化的重要组成部分。在“中国民乐”活动中，教师可收集二胡、唢呐、琵琶、柳琴、月琴、竹笛、钹、锣鼓、梆子等乐器；同时，准备《二泉映月》《春江花月夜》《梅花三弄》等乐曲，让幼儿直观了解这些乐器是我们中国特有的，是我国的民族乐器，并知道由这些乐器演奏的曲子就是中国民乐，是我国劳动人民用勤劳和智慧创作的。

二是教师、情境、幼儿三者互动并产生解释。在幼儿园民族文化教育活动中，文化情境是课程组织的基本要素，它决定着可能引发的幼儿活动以及获得相应的经验，民族文化教育注重情境中的材料特征对幼儿行为的影响。教师是情境的创设者和情境活动的发起者、指导者，教师通过对环境的组织与改变、材料的投放来影响幼儿经验的获得与身心的发展；幼儿是参与者、行动者，在活动中，要让幼儿自主地与文化情境及其材料产生互动并形成解释。例如，上面提到的“元宵花灯会”“中国民乐”等活动，都是幼儿与文化情境及其中的材料互动性很强的活动。这种互动从幼儿心理层面来看，包括感官的互动、情绪的互动和内在智力的互动。就后者而言，幼儿与情境内在智力的互动就是幼儿对情境形成解释的过程。例如，“有趣的西餐”教育活动中，幼儿了解到西方人吃的食品与我们有很大差异，而且居然还用刀子、叉子吃饭。幼儿自然会形成自己的解释：外国人就是外国人，与我们长得不一样，吃的就不一样，吃饭的东西也不一样。对此，我们不必去深究幼儿这种解释恰当与否，毕竟幼儿把握住了一个基本点，那就是：外国人与我们中国人不同，这样的解释也未尝不可。

幼儿教师需注意，当自己、幼儿与文化情境三者之间产生互动时，可能是积极合作性的互动（如幼儿自然地理解和认同该文化情境所反映出的习俗、价值观或某种规范等），也有可能出现消极对抗性的互动（如不接受、产生冲突、曲解等）。例如，“各种各样的礼节”这一活动，幼儿通过看录像、看情境表演或听了教师讲解后，会与身旁的同伴立刻产生效仿行为。幼儿这种观察学习是必要的，也是可以的，但有些孩子可能会有意或无意地产生曲解，学着西方人的样子去拥抱或亲吻其他孩子（对此，当然不必大惊小怪，只是要进行恰当的引导）。

三是教师要鼓励幼儿从多方面理解文化情境。在民族文化教育活动中，教师鼓励幼儿从多方面、多角度去理解本民族和他民族文化，主要目的在于帮助幼儿在初步认同本民族文化的基础上，从小树立平等地理解、容纳、尊重其他民族的文化，吸取本民族和他民族文化精华，以便获得未来参与多元文化社会所必需的价值观念与知识技能。例如，幼儿可能对非洲难民儿童不穿衣服、又黑又瘦、满身污垢的样子产生厌恶心理，也可能对大街上的乞丐儿童使用诋毁语言，还可能对少数民族习俗进行藐视等。

在民族文化教育活动中，师生对文化情境的认识和反应包括三个方面的内容：师生各自的原有经验、师生各自对对方的认识、师生各自对于文化情境的理解。一般而言，教师的先在经验代表了社会主流文化价值观念，所以，教师常常把自己对文化情境的理解有意无意地转化为幼儿的理解；而幼儿因把教师视为权威，也会乐于接受教师的理解和所表达的信息。

2. 文化传承与移入法①

（1）含义。对于民族文化教育而言，传播是至关重要的，文化是传播的产物。文化传播是指文化从一个群体到另一个群体的散布过程。民族文化传播给教育以存在的基础和意义，教育给民族文化传播以发展的契机和生机活力。民族文化传播可从纵向和横向两个角度进行。

纵向的民族文化传播指的是同一民族文化内部的传递，即文化传承。所有的文化都是习得的，而不是从生物学方面遗传的。人们通过在某一文化环境中长大成人而习得这一文化，这种文化代代相传的过程被称为文化传承。文化传承的过程，也就是人的社会化过程，是人的受教育过程。不同民族、不同区域的文化传承从形式到内容都有一定程度的不同，而且，随着社会的发展，文化传承的形式会日益多样化，内容也会日益丰富和复杂。

横向的民族文化传播指的是不同民族文化在不同区域的流动，即文化移入。文化移入的结果是民族本土文化与外来文化接触后所发生的文化变迁。研究表明，文化移入的结果大致有三种：一是接受，包括自愿接受和被迫接受；二是适应，包括单方的适应（一方被另一方所同化）与双方适应（即文化融合）；三是反抗，一种文化拒绝接受另一种文化，即意味着文化移入的失败。②

在幼儿园民族文化教育中，文化传承法主要是指幼儿教师、家长和其他成人利用种种手段和方式将民族文化有意识地传递给幼儿，使其掌握本民族的价值规范、习俗信仰和思想观念的教育方法。文化移入法主要是指幼儿通过直接接触和媒介接触外来文化后，教育者对外来文化加以选择、修正、整理、融合且以幼儿易于接受的方式进行教育的方法。

（2）其运用注意要点如下：

一是不管是文化传承还是文化移入，教育都是一个不可或缺的手段。教育始终是与文化联系在一起的，它所要达到的任何目的，在一定程度上都是以文化为中介的，离不开文化这个载体。反过来说，不管是文化传承还是文化移入，教育都是不可缺少的手段。在幼儿园民族文化教育活动中，幼儿教师一方面扮演着民族文化“卫道士”的角色，试图把它们传递给幼儿；一方面又扮演着新文化“缔造者”的角色，力图使幼儿吸

① “文化传承与移入法”实际上就是文化学家和人类学家所说的“儒化和涵化”概念。这里取用“文化传承与移入法”概念名，是为了便于理解。

② 范国睿. 教育生态学. 北京：人民教育出版社，2000：53.

纳各种新文化知识。例如，在幼儿园开展的端午节、中秋节、春节等系列民族节日活动；开展的诸如“龙的传人”“女娲补天”“炎黄子孙的由来”“十二生肖”等民间故事、传说活动；开展的“国戏：京剧”“黄梅戏”“中国国画”等文化精品教育活动以及社区人文景观教育等教育活动，都是为了帮助幼儿了解本民族文化，习得本民族文化知识。这也是文化传承活动。同时，在幼儿园还开展西方圣诞节等节日活动；开展认识不同肤色的外国人、认识世界著名人文景观、了解西方人的饮食和进餐习俗等教育活动，这是文化移入活动。

二是文化传承与文化移入是紧密相连的。文化传承使幼儿适应本民族、本社区的价值观念和生活方式，促成了其社会化；而文化移入使幼儿接受不属于本民族、本社区的生活方式和价值习俗，既拓宽了其视野，又为其学习整个人类文化奠定了基础。文化传承与文化移入是紧密相连的。在幼儿园民族文化教育活动中，文化传承法和文化移入法也可以综合运用。例如，中国有女娲捏泥造人的传说，西方《圣经》中有上帝造人的记载；中国的国画独具一格，西方的油画名满世界；中国乐器中的二胡、琵琶历史悠久，西方的钢琴、小提琴风靡全球；中国民间有农历七月七牛郎织女相会，西方有公历二月十四日情人节；中国民族舞蹈丰富，西方芭蕾舞独特；中国人黄皮肤、黑眼睛、黑头发，欧美洲人白皮肤、蓝眼睛，非洲人黑皮肤；中国人吃饭用筷子，西方人用刀叉；中国人见面握手问好，西方人见面拥抱亲吻……

以上若干方面的差异本质上是民族文化的差异，在幼儿园的民族文化教育活动中，是否可以考虑将其整合到一个教育活动之中以避免长期以来“他—我”文化割裂的教学？例如，大班或学前班“环球旅游”活动，教师在活动室或户外操场创设世界四大洋七大洲情境，教师当导游，幼儿扮游客做环球旅游。让幼儿置身于情境之中感受世界文化习俗。这样的教育，无疑能使幼儿在民族文化教育过程中体会到世界文化“差异的美丽”和“多元的丰富”，对帮助幼儿了解异种文化与包容其他文化也是大有裨益的。

三是教师要处理好民族本土文化和外来文化之间的关系。民族文化是孩子生长进程中取之不尽用之不竭的生命根源，它是一种培养“中国人”的教育。我们应该清醒地认识到，这个世界未来的竞争，不是经济、军事的竞争，而是文化的竞争；中国的孩子可能会输在起跑线上，但决不能输在文化上。民族文化教育就是对孩子进行一种文化注入和熏陶，以使我们的民族传统文化能根深蒂固地繁衍下去，在幼年时期就为孩子未来发展预留下足够的空间。换言之，我们的教育不能让人们仅感受到用人一生中最宝贵的年华来接受教育却未学到多少对人性、人格培养有益的东西。否则，就是教育的悲哀、民族的悲哀。

学前儿童阶段的教育是人生奠基的教育，是为形成未来参天大树扎根的教育。但时下的早期教育太过功利性，追求“实用主义”，追赶潮流；在教育上急于得到成长的果实，以致忽视了成长的过程，人为地推动幼儿超越其自然能力以满足我们成人自己的虚荣，如“我们是美语特色园”“我们的孩子会跳芭蕾舞”等无不是这种心态的表现。我们的教育过早地为孩子未来生活做着准备，教育变成“教识”了，“教识”的结果表面是枝叶繁茂，本质却是“墙头芦苇头重脚轻根底浅”。正如国学大师南怀瑾所说：现在的孩子“读的是‘小猫叫，小狗叫，开学了，开学了，老师早，老师好’。这是学语言，没有文化了……所以这一代的中国人，变成没有文化根基。”何为“根”？中华民族传统文化中蕴涵着的最丰富的营养就是我们炎黄子孙的“根”。

但民族文化也存在着非与时俱进的知识观念，外来文化亦非拈来则可用，尤其是对缺乏好坏美丑辨识能力的幼儿而言，教师一方面要处理好什么文化可用不可用的问题，另一方面又要处理好本民族文化和外来文化之间的关系问题。例如，上面提到的“女娲捏泥造人”的传说，如果是从神话传说的角度看，似乎无不当之处；但从科学角度而言，显然是错误的。再如，外国人见面拥抱亲吻，如果教师仅片面提出，而不加以区别对待或与我们习俗加以比较，是否会带来尴尬？所以，在幼儿园民族文化教育中，既要根植于民族本土文化，又要吸取外来文化的精华补充新鲜血液；既要弘扬民族文化的知识营养，又要摒弃外来文化的糟粕。

幼儿园民族文化的教育方法除一般教育方法和特殊教育方法之外，幼儿教师还可以通过故事、参观、讨论、图书阅读、影像资料观赏等方法与形式，开展幼儿园民族文化教育活动。

（二） 社会文化教育的实施策略

1. 做好社会文化资料的收集与整理

社会文化资料的收集与整理，是让幼儿接触社会文化的有效途径。随着幼儿年龄的增长，求知欲越来越强，现成的材料已经不能满足其需求。因此，教师要让孩子成为社会文化资料收集的主角。自己动手收集的文化资料，幼儿会印象更深刻，并且更加乐于探究。社会文化资料繁多，教师应该先让家长清楚民族文化对幼儿发展的重要性，及时与家长进行沟通，还可以请家长带领孩子通过走访老人、查阅书籍资料、网络搜索等形式进行民族文化的收集整理。例如，关于春节的活动，鼓励亲子一起收集关于“年”的来历，春节的习俗等，还可以请家长给孩子彩色打印出来。

幼儿园在收集和整理民间童谣时发现，有的童谣缺乏科学性，有的缺乏一定的思想内涵，有的对幼儿缺乏教育意义，并非所有童谣都能加以利用。由此，我们应达成共识：在挖掘与选取民间童谣时须对其进行价值判断，注重其思想性和教育性，同时须紧密联系幼儿的生活经验，以便幼儿大胆地表达、表现。①

2. 创设社会文化教育活动的环境

环境能够濡染孩子，在开展社会文化教育活动时，我们尤其要注重具有文化属性的特殊社会文化环境对幼儿的熏陶作用。在实施社会文化教育时，我们需要把创设良好的物质环境和精神环境结合起来，寓社会文化教育于周围环境之中。

在进行民间故事教学时，教师可以根据故事内容、故事特点和语言特点创设有利的学习环境，帮助幼儿尽快融入到故事情境中去。例如，《葫芦兄弟》的民间故事，就可

---

① 侯莉敏．融入民族文化的综合教育课程的创新与实践．幼儿教育，2014（11）：7.

以播放孩子们熟悉的动画片《葫芦娃》中的一些精彩片段，从而调动幼儿学习的积极性；在讲述民间故事《哪吒闹海》时，就可以在活动室里张贴一些哪吒闹海的情境图，在日常环节过渡时，播放与这些民间故事相对应的歌曲；在“中秋节”活动中，为了给孩子们创设环境，教师鼓励孩子们收集月饼盒。教师对孩子们带来的月饼盒进行欣赏，使孩子们的积极性大增。在此基础上，举办月饼盒展览，孩子们主动收集月饼盒，设计月饼盒广告宣传画，布置展览。

以下是广西某幼儿园开展民族文化活动时创设的民族文化环境：

我们重视发挥环境的教育作用。我们鼓励家长在节假日带孩子走进家乡山水、乡土文化，以获得最直观的体验。我们以班级亲子活动的形式，组织家长和孩子一起到广西民族博物馆感受浓郁的民族文化，激发幼儿的探究兴趣。我们还在幼儿园大环境中融入民族文化元素。在开展“我是中国人”主题活动时，我们在创设幼儿园环境时加入了很多极具广西特色的内容，如在公共环境、班级环境中大面积呈现对称图案、有规律的连续图案等民族特色图案，给人以视觉冲击；在门厅的圆柱上呈现造型各异的人形拓印画，让人仿佛置身于神秘的花山壁画前；在楼道上利用各种材料搭建了德天瀑布、桂林象鼻山景区的场景，给人留下深刻印象……在环境的熏陶下，孩子们自然而然地在自主探究活动中获得了这些经验。例如，他们自发地在美工区进行对称或连续图案的设计和创作，他们利用阳光下自己的影子创作巨幅人形拓印画，他们谈论着自己听到过、看到过的民族文化内容……在这样具有浓郁民族风情的环境中，孩子们自然地感受着民族文化的魅力，建构着属于自己的经验。①

3. 加强自身文化修养，深入理解文化内容

幼儿教师由于并非专业学习文化学，加之社会文化内容门类多且广博，教师对一些文化知识的理解也可能会存在一定的局限。例如，民间艺术博大精深且内容繁多，有的内容在日常生活中能接触和感受到，但是大多数的内容在日常生活中是很难接触到的。所以幼儿教师对民族艺术的了解也不够彻底和深入，仅停留在对民族艺术的表面认识上，对民族艺术众多的领域及其分类、特点、内涵等都缺乏必要的认识。因此，就需要幼儿教师广博地阅读各类文化书籍或利用网络资源、观看影像资料等，快捷、便利地补充社会文化内容。加强自身文化修养，深入理解文化的内容。如果条件许可，还可以实地实物考查，以增加自己对文化内容的理解。

4. 提升社会文化活动的内涵，培养文化认同感

在给幼儿传递文化内容的过程中，要注意把握文化的内涵，从而激发幼儿的文化认同感。例如，春节和中秋的团圆，清明节的缅怀先人，端午节的驱毒避邪，剪纸的辟邪、喜庆，中国结的喜庆、幸福和爱情等。

---

① 林丽. 开展与多民族文化相关联的学习活动. 幼儿教育，2014（11）：12

资料链接

华德福幼儿园实施端午节活动，教师集体分析端午的文化内涵

教师深入分析端午节习俗所蕴含的精神品质。关于端午节的习俗，教师们持有这样的观点：端午节作为我国四大传统节日之一，人们通常以较为隆重的方式庆祝该节日，进而衍生出众多节日习俗活动。当我们切实对如此繁多的传统习俗开展讨论与探索，我们将欣喜地发现这些看似无从考证的习俗背后蕴含着深厚的精神内涵和道德规律。一年之中，端午节最为接近二十四节气中阳气至盛的夏至，此时，世间万物生命力均接近极盛，呈现生机勃发和盛放的姿势。与此同时，自然界也出现了另一股力量，五毒尽出，各种毒气、邪气盛行。人体时处外热内寒的状态，瘴气极易入侵人体。端午被认为是毒月中的毒日，故人们在端午当日采取各种方式驱邪去毒，如沐兰汤、佩香囊、挂菖蒲等。端午节当天，人们登高临深、采摘百草、撷三芝之英、集天地芬芳，可治百病。人们利用各种自然力量驱毒避邪，强身健体，而非与自然形成对抗。

资料来源：郭祥. 华德福幼儿园传统节日教育研究. 杭州：浙江师范大学，2012：41.

四、社会文化教育的评价

（一） 对幼儿社会文化学习与发展的评价

学前儿童社会文化的学习与发展是幼儿社会适应的重要组成部分。通过对学前儿童社会文化学习和发展的评价，可以掌握幼儿社会文化学习与发展的状况、个体差异以及影响学前儿童社会文化学习与发展的因素，有利于教师针对学前儿童社会文化学习和发展的状况以及本班幼儿实际情况，制定教育活动的目标，因材施教；有利于家园共育，培养幼儿良好的社会适应。

1. 参照《指南》，对幼儿社会文化学习与发展进行评价

参照《指南》社会领域中“社会适应”的目标 3“具有初步的归属感”，幼儿社会文化学习与发展的目标主要有几点，见表 5 - 7。

幼儿教师与家长可以参照《指南》的目标，对幼儿社会文化学习与发展状况作出适当评价。但是《指南》明确指出：“尊重幼儿发展的个体差异……支持和引导他们从原有水平向更高水平发展，按照自身的速度和方式到达《指南》所呈现的发展‘阶梯’，切忌用一把‘尺子’衡量所有幼儿。”幼儿的社会学习与发展也呈现个体差异性，因此在评价幼儿社会学习和发展过程中，幼儿教师和家长在评价过程中切忌“一刀切”，尊重和认可幼儿的个体差异性。

表 5-7　各年龄段幼儿社会文化学习与发展的目标

小班（3～4 岁）	中班（4～5 岁）	大班（5～6 岁）
1. 知道和自己一起生活的家庭成员及与自己的关系，体会到自己是家庭的一员。 2. 能说出自己家所在街道、小区（乡镇、村）的名称。	1. 喜欢自己所在的幼儿园和班级，积极参加集体活动。 2. 能说出自己家所在地的省、市、县（区）名称，知道当地有代表性的物产和景观。 3. 知道自己是中国人。 4. 奏国歌、升国旗时能自动站好。	1. 愿意为集体做事，为集体的成绩感到高兴。 2. 能感受到家乡的发展变化并为此感到高兴。 3. 知道自己的民族，知道中国是一个多民族的大家庭，各民族之间要互相尊重，团结友爱。 4. 知道国家一些重大成就，爱祖国，为自己是中国人感到自豪。

2. 对幼儿社会文化学习与发展的评价应着重关注社会性情感、态度和价值观的形成

幼儿社会文化教育活动内容较为繁多，因此对社会文化学习和发展的评价就不仅仅是传统意义上的对儿童知识、技能的考察，更应关注儿童情感、态度、价值观的形成。例如，关于祖国类的社会文化教育，对幼儿这方面学习内容的评价，就应该关注幼儿是否生发出爱国的情绪情感；关于家乡类的社会文化教育，应关注幼儿是否萌发爱家乡、以家乡为荣的情感。

（二） 对幼儿园社会文化教育实施的评价

1. 社会文化教育的目标确定符合幼儿年龄阶段特征，表述清楚合理

教师在进行社会文化教育活动时，应该要拟定明确的教育活动目标，才能为活动后的社会文化教育实施评价提供依据。目标制定过程中，要注意三个方面：第一，一个社会文化教育活动的目标不宜过多，一般 1～2 个目标即可。第二，确定社会文化教育活动目标时，需要考虑幼儿的年龄特点。根据小、中、大班幼儿的发展水平，社会文化活动目标要适合本班幼儿的年龄特点。例如，对于“我的家乡真美丽”活动，小班的目标可以设定为“知道自己家乡所在地的名称”；中班的目标为“能说出自己家乡所在地名称，知道自己家乡的一些有名特产”；大班的目标为“能说出自己的家乡的具体名称，并能够感受到家乡的变化和发展”。第三，对社会文化教育目标的表述一定要有针对性，切忌过泛和过于笼统。如中班“我的家乡”活动的目标表述为“热爱家乡”，这种表述没有错误，但是太过于空泛。太过空泛的教育目标，教师无法在教育活动中对幼儿的行为给予切实的引导和影响。改为“知道自己家乡的所在地的名称，知道家乡的一些物产”这样的表述则更为具体，容易操作。

2. 社会文化教育活动内容的选择要根据年龄班特点兼顾全面性

对社会文化教育活动内容的选择，要兼顾到认识家乡、认识祖国、了解民族文化、了解民族节日、了解重大社会事件、了解世界文化等各个方面。每个方面涉及的内容又比较多，所以在学年或学期开始就要做好社会文化教育教学计划表。比如，节日教育活

动，每个月都会涉及不同的节日主题，在学期开始就应该做好全盘规划。某幼儿园节日活动安排计划见表 5－8。

表 5－8　　某幼儿园节日活动安排计划表

月份	日期	节日名称	节日活动安排
上　学　期			
9 月	10 日	教师节	我们爱老师（邀请家长来园，教师和家长、幼儿共同活动）
	农历八月十五	中秋节	参观食品店、制作月饼、赏月画月
10 月	1 日	国庆节	我是中国人（亲子看国庆阅兵、外出游玩）
	农历九月初九	重阳节	我们关爱老人（参观敬老院、请老人来园欢庆）
	15 日	国际盲人节	我们帮助盲人（亲子游戏“瞎子摸象”）
	16 日	世界粮食日	节约粮食（参观农贸市场，超市粮区、粮店、饭店、农场，学习故事“悯农”，准备餐点）
11 月	第四个星期四	感恩节	谢谢大家（幼儿在园内园外向同伴、教师、家长致谢）
12 月	3 日	世界残疾人日	关心残疾人
	25 日	圣诞节	圣诞快乐（制作圣诞树、圣诞卡）
1 月	1 日	元旦	祝贺大家新年好（制作贺年卡、大家相互祝愿）
2 月	正月初一	春节	春节真热闹（买年货、打扫卫生、准备食物、拿压岁钱）
下　学　期			
2 月	正月十五	元宵节	元宵真好吃（搓元宵、吃元宵、做花灯、猜灯谜）
3 月	8 日	国际妇女节	女士优先（慰问妈妈）
	12 日	植树节	小树快长高（参观植物园）
	22 日	世界水日	神奇的水（节约用水）
4 月	5 日	清明节	制作花圈、祭扫烈士陵园
5 月	1 日	国际劳动节	爸爸妈妈真能干（请不同职业的家长穿上职业装来园介绍自己的工作）
	第二个周日	母亲节	夸夸妈妈
6 月	1 日	国际儿童节	各种儿童节庆祝活动、游园活动
	农历五月初五	端午节	粽子真好吃（包粽子、端午来历、划龙舟）
	第三个周日	父亲节	爸爸辛苦了

关于民族节日活动，评价可以涉及如下方面①：

（1）是否有助于儿童了解本地典型的民俗节庆。

（2）是否帮助儿童增加对本地典型民俗节庆的了解，学习基本的节日礼仪。

（3）是否帮助儿童通过民俗庆典加深对周围人们的理解。

（4）是否帮助儿童通过民俗庆典了解自然与人的关系。

（5）是否帮助儿童通过民俗庆典加深对生活、社会的理解与感悟。

（6）是否帮助儿童对少量其他地方民俗庆典的了解，感受别样的生活风情。

关于民间艺术，评价可以涉及如下方面：

（1）是否有利于儿童对本地乐器的认识。

（2）是否有利于儿童对本地音乐的欣赏。

（3）是否有利于激发儿童对本地歌舞的热爱。

（4）是否有助于儿童欣赏本地美术，操作绘画、染、织、编、扎等艺术活动，体育活动的乐趣，感受生活艺术的美。

关于民间文学，评价可以涉及如下方面：

（1）是否有利于儿童习得本地儿歌、童谣、谚语等。

（2）是否有利于儿童对本地浅显传说、神话的认识与理解。

3. 社会文化教育内容的组织实施要考虑到社会文化的抽象性、传统性②

幼儿园社会文化教育的组织，从组织形式上可分为课堂教学活动、参观游览活动、日常随机教育活动；从实施过程上可分为集体学习、小组学习、个别学习；从实施途径上可分为家庭文化教育、社会文化教育、幼儿园文化教育。

幼儿园民族文化教育的组织与社会环境教育、行为规范教育、人际交往教育的组织指导相比有一定的特殊性。社会环境主要是幼儿所生活的社区环境（即使是社区之外的人文景观和自然景观，幼儿也能从电视等媒介了解），可以感知；行为规范和人际交往就在幼儿自身和周围的人身上或日常生活中时刻表现着，并不抽象。但民族文化就有所不同，其一，文化对幼儿而言，是抽象的；其二，就民族文化教育内容而言，除社区人文景观、幼儿所在地的习俗、节日、民间艺术和故事、传说等内容外，其他大部分内容都远离幼儿现实生活；其三，因民族文化教育具有特殊的方法，其组织与指导也有特殊性，这种特殊性集中体现在教师与幼儿对文化存在的不同解读、抽象而又难以捕捉方面。所以，幼儿教师在组织民族文化教育活动时，应善于捕捉时机，选择那些浅显易懂，便于操作实践，又是孩子比较熟悉、与生活或现实有一定关系的内容或信息，将抽象的信息具体化，将远离幼儿生活的内容拉进幼儿的现实视野。如果幼儿教师具有这样的意识，民族文化教育活动将变得异常丰富且富有趣味和生机。

民族文化是一个民族在长久的历史岁月中积淀下来的，具有传统性和古远性的特点；对于他族文化，则具有遥远性和难以感知性的特点。因此，对以具体、直观、形

---

① 赵海燕. 学前教育民俗文化课程研究. 重庆：西南大学，2012：248.

② 陈世联. 幼儿社会教育. 海口：南海出版公司，2009：98－99.

象思维为主的幼儿而言，民族文化教育的组织不可能就文化教育而文化教育，需将传统性与现代性、遥远性与现实性、抽象性与感知性结合起来，才能为幼儿所理解和接受。

技能训练

下面是某同学设计的一份关于十二生肖的活动教案，请仔细阅读后，指出该活动设计的优缺点，并对其缺点提出相应的修改意见。

十二生肖勇闯关（大班）

设计意图：

我发现我们班的幼儿大部分都是属老鼠的，我问了几个幼儿他们属什么，他们争相踊跃发言，有些幼儿说自己是属鼠的，有些幼儿说是属猪的，还有些说是属猫的。看着越来越多的幼儿围过来跟我说，我就想到幼儿对生肖这个话题很感兴趣，但又不是很了解，所以我设计了此次活动。

活动目标：

(1) 喜欢十二生肖动物，愿意与同伴交流自己和家人的属相。

(2) 了解十二生肖的排序，初步感知生肖的变化。

(3) 能用语言和动作表现故事中的动物形象。

活动准备：

(1) 物质准备：生肖时钟、故事《十二生肖动物渡河比赛》以及配套PPT、生肖头饰两套、生肖贴图一套、幼儿和爸妈的照片人手一套、生肖的儿歌一首。

(2) 经验准备：事先了解过自己和爸妈的属相，接触过十二生肖里的动物。

(3) 情境创设：设置四关情境。

活动过程：

1. 游戏引入、激发兴趣

本环节采取玩“转转盘”的游戏方式引入活动，激发幼儿的兴趣。

(1) 玩转转盘的游戏。

师：“今天我们要来玩一个好玩的游戏，叫做转转盘。”（讲解游戏玩法和规则）

师：“转转盘，拨一拨，转一转，小朋友们认真看，转到谁？”

师：“我来我来，认真看，转到小猴，这样做。”（模仿小猴经典动作）

(2) 提问引导。

师：“钟面上有多少种动物？”

小结：这十二种动物还有一个统一的称呼——十二生肖，也是我们人的十二种属相。

师："他们可厉害了，每一种动物就代表每一年，就像今年是蛇年，明年就是马年，依顺序排下去的。"

2. 倾听故事，了解十二生肖排列顺序的由来，初步感知其排列顺序

本环节采用幼儿听一听、看一看、说一说等方法来了解十二生肖排列顺序的由来，通过和教师一同回忆故事来初步感知它们的排列顺序。

(1) 师："十二生肖为什么要这样排队呢?"（请幼儿相互交流讨论已知的经验）

(2) 教师播放 PPT，生动地讲述故事。

(3) 出示图片，师幼一起回忆故事，给十二生肖排排序。

师："你听到些什么？有哪些动物？谁跑了第一名，第二名呢，谁是最后一名？中间还有哪些动物呢?"

3. 幼儿分享自己和家人的属相，并给家人的属相排序

(1) 幼儿说一说自己和爸妈的属相，引出属相的不同。

师："小朋友们，你们知道自己属什么吗?"（引出属相的不同，属什么，也可以说成你的属相是什么）

师："为什么有的小朋友的属相是一样的，有些却不一样呢?"（请幼儿交流讨论，请个别幼儿回答）

小结：同一年出生的孩子属相相同，一年一个属相。

(2) 观察生肖排序图，感知属相的变化。

师："请你们仔细观察，一共有多少个属相？12 种属相轮下来要多少年?"

小结：12 种属相轮下来要 12 年。

(3) 幼儿相互交流分享自己和爸妈的属相。

(4) 展示自己和爸妈的属相，并给它们排序。

师："老师要出一个小小的任务了，看看我们小朋友们能不能顺利完成？我要请小朋友将你和你家人的照片贴在黑板上，是什么属相，就将照片贴在那个动物下面，待会我请你们来给它们排队。"（请个别幼儿示范，再请幼儿分组来贴）

看一看，比一比，谁的属相排第一。

4. 演一演生肖渡河比赛故事，感受比赛的紧张和趣味

(1) 请幼儿选择自己感兴趣的角色，分组演一演这个故事。

(2) 小结：属相生肖是我们国家特有的民族习俗，十二生肖也是我们国家特有的传说和文化。

活动延伸：

(1) 延伸到活动区活动，将头饰投放到表演区。

(2) 将生肖时钟投放在科学区。

(3) 回家问问家里其他人的属相，并给其属相排序。

资料来源：唐有莲. 十二生肖勇闯关. 重庆：重庆师范大学. 有删减.

学练结合

1. 收集我国某民族的节日庆祝资料，包括节日名称、庆祝时间和形式等。
2. 收集我国的一些民间文学，并将其适宜地运用于幼儿园相应年龄班的教学活动。
3. 收集一些民间故事和传说的资料，并能将其改编用于幼儿园教学活动。
4. 收集当地和我国著名的民间艺术资料，了解其名称、材料和简单的制作方法。
5. 结合以下案例，谈谈对幼儿进行社会文化教育的启示。

美国的“节日幼儿园”

在美国做访问学者期间，我曾参观了许多美国的幼儿教育机构，对米尔沃基市的“节日幼儿园”留下了特别深刻的印象。

这所“节日幼儿园”是招收3～5岁幼儿的私立幼儿园。之所以称为“节日幼儿园”，是因为幼儿园的课程是围绕各种节日设计的。美国的情人节、万圣节、感恩节、圣诞节、母亲节、独立日、马丁·路德金的纪念日等，都是幼儿园课程的内容。例如，在“母亲节”那一个星期，幼儿园每日的活动基本上都围绕“母亲节”进行。自选活动时间，幼儿在角色游戏区玩“过家家”的游戏；在艺术区，幼儿为母亲设计衣服，画妈妈的画像，给妈妈做节日礼物；在图书角，幼儿听老师读有关妈妈的故事书。集体活动时间，教师请一位幼儿的母亲来与小朋友谈话、游戏，与幼儿一起吃蛋糕，教幼儿唱歌；教师还带幼儿去大商场，参观大商场为“母亲节”而作的布置以及为“母亲节”而展示的礼物；教师教幼儿做三明治，让幼儿为母亲准备早餐等。

除了美国本国的节日，幼儿园也过其他国家的节日，如日本的樱花节、巴西的狂欢节、中国的春节等。在中国春节那天，我被请到幼儿园，给幼儿讲中国的长城，教他们说中国话，回答小朋友的问题；教师还组织幼儿用纸做长龙，并进行舞龙游戏；幼儿园为幼儿做了中国式饭菜。在这些活动中，幼儿学习了其他国家的文化，开阔了眼界。

办这所“节日幼儿园”的目的是为了让幼儿在各种节日活动中学习多方面的知识，发展各方面的能力，同时培养幼儿对其他种族及其文化的尊重。这种教育在多文化、多种族的美国社会是十分必要的。这也是许多父母为孩子选择这所幼儿园的原因之一。这所幼儿园中孩子的最大特点是热情，好奇心强，知识面广，求知欲旺盛。

资料来源：姚伟. 美国的“节日幼儿园”. 幼儿教育，1995 (11).

6. “融入民族文化的幼儿园综合教育课程创新与实践”项目课程团队，通过对广西地区多民族文化课程资源的挖掘和整理，开发出了具有民族文化特色的课程资源库，构建了桂林地域民族文化课程主题网络，如图 5-1 所示。

请结合自己所在地域民族文化特色，模仿设计一个适合本地的民族文化教育的主题网络图。

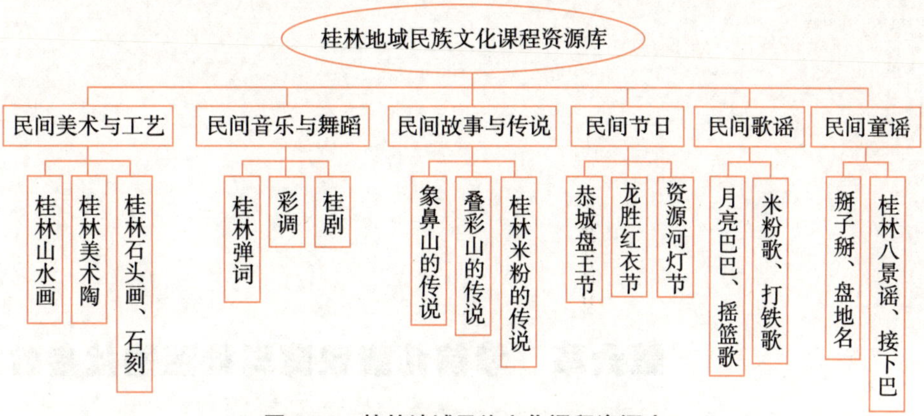

图 5-1 桂林地域民族文化课程资源库

图片来源：侯丽敏. 融入民族文化的综合教育课程的创新与实践. 幼儿教育，2014（11）：98.

第六章　学前儿童家庭与社区的社会教育

目标导航

[知识目标] 了解家庭教育、社区教育的概念、功能和特点，理解幼儿园、家庭与社区教育“三结合”的内容和方式，掌握幼儿园、家庭与社区协作开展社会教育活动的原则和方法。

[能力目标] 能够运用所学知识，开发利用幼儿园、家庭和社区教育资源，设计社会教育具体的活动方案并开展活动。

第一节　家庭的学前儿童社会教育

基础知识

世界学前教育组织（OMEP）和国际儿童教育协会（ICEA）在1999年召开的“21世纪国际幼儿教育研讨会”上，联合通过了《全球幼儿教育大纲》，文件指出：幼儿的成长和教育是家庭、教师、保育人员和社区共同的责任。在家庭和社区里，所有成员应共同为儿童的利益创造良好的条件。① 教师要和家长“就儿童的成长以及和儿童家庭有关的问题，经常进行讨论、交流”，教师“要和心理学工作者、社会工作者、健康卫生人员、工商人员、公共服务机构、学校、宗教组织、休闲娱乐机构及家庭联合会等建立合作关系”②。那么，家庭、社区与幼儿社会教育的关系是什么？家庭、社区在幼儿社会性发展方面究竟有何作用？幼儿园、家庭与社区协作实施社会教育可采取哪些方案？这是本章将要探讨的主要问题。

幼儿的社会性发展首先是在家庭中开始的。家庭是社会的基本单位，是每个成员出生后接受教育的第一环境，是承担社会化任务的最理想场所，在引导幼儿进入社会成为社会人方面具有核心地位。家庭及家庭教育在儿童智能开发、文化传递、生活技能掌握、社会性生成，以及价值观与道德观形成等方面具有不可替代的作用。

---

① 世界学前教育组织，国际儿童教育协会. 全球幼儿教育大纲——21世纪国际幼儿教育研讨会文件（下）. 李毅，译. 幼儿教育，2001（4）：6.

② 李生兰. 幼儿园与家庭、社区合作共育的研究. 上海：华东师范大学出版社，2004.

一、家庭教育概述

（一）家庭的内涵

《说文解字》中释“家”：“居也，从宀（mián）。”清人段玉裁注：“本义乃豕之居也，引申假借以为人之居。”即“宀”为屋之形，“豕”为畜牧，后引申为普通人的居住之所。“家庭”一词是后起的，本含义是指一家之内。在罗马，“famulus”（家庭）的意思是一个家庭的奴隶，“familia”则是指属于一个人的全体奴隶。罗马人用“familia”一词表示父权支配着妻子、子女和一定数量奴隶的社会机体。

随着社会的发展，家庭的意义也有所不同。大家比较认同的观点是：家庭是由婚姻关系、血缘关系或收养关系所组成的社会组织的基本单位，是组成社会最基本的初级群体，是社会的细胞。家庭有狭义和广义之分，狭义的家庭是指一夫一妻制构成的单元；广义的家庭则泛指人类进化的不同阶段的各种家庭利益集团，即家族。①

儿童的社会化首先是从家庭开始的，可以说，“家庭是孩子产生原始的自我感觉以及形成基本的身份、动机、价值和信念的背景”②。在家庭中，通过父母的影响和指导，儿童获得了最初的生活经验、社会知识和行为规范，使家庭成为儿童社会化最早与最基本的、最自然与最理想的影响源。

家庭之所以成为儿童社会化的理想环境，其原因有以下三个方面：第一，家庭是以婚姻和血缘关系为纽带建立起来的群体，社会成员相对较少，成员之间关系亲密，有利于儿童获得较为一致的行为准则。第二，家庭成员与外部环境的联系较多，有利于儿童参与社会活动，发展其社会交往能力，为以后的社会交往奠定基础。第三，由于每一个家庭的长辈成员都承担着抚养儿童的责任，儿童能获得较多的关爱和安全感。在家庭中，儿童经历了最早的社会冲突，父母的管教、亲子间的冲突与矛盾让儿童理解了服从与合作的重要性，同时也给了他们学习如何影响他人行为的机会。父母是儿童社会化中最早、最重要的榜样，儿童从父母那里模仿到了对人对事的态度和观念，甚至包括特殊的嗜好。诚如马克思、恩格斯所说：“家庭起初是唯一的社会关系。”③现代家庭尽管早已不是唯一的社会关系，但作为儿童最早的社会关系，在儿童社会化进程中，家庭始终是一个重要的“教育影响源”。家庭正是通过父母对子女的教育，把社会价值观念、行为方式、态度体系和社会道德规范传递给儿童，并由此完成了儿童早期社会化进程。

（二）家庭教育

家庭教育伴随着家庭的出现而产生，每个人无论是有意识还是无意识，都接受或实施过家庭教育。传统意义上的家庭教育，一般指家庭内的教育，主要指家长对子女的教

① 蔡岳建. 家庭教育理论与实践. 重庆：西南师范大学出版社，2013.

② 莫里斯·罗森堡，拉尔夫·H. 特纳. 社会学观点的社会心理学手册. 孙非，等，译. 天津：南开大学出版社，1992.

③ 中央编译局. 马克思恩格斯全集：第三卷. 北京：人民出版社，1965：32.

育，长辈对晚辈的教育。现代广义的家庭教育既包括家长对子女的教育，又包括子女对家长的教育，甚至包括双亲之间、子女与子女之间、子女与祖辈之间相互产生的教育影响。家庭教育的过程是家长与子女之间进行的一种双向影响的过程，这种影响包括显性和隐性两大类。儿童家庭社会化的过程不仅是传统文化的传递过程，更是文化的创造过程，不能将个人看成是被动地接受传统或新元素的机器，而应将现代人看作是一个有选择能力地接受传统或新元素的自主个体。①

教育文化学认为，教育是一种文化活动（Culture Activity），这种文化活动指向不断发展着的主体的个性生命，它的最终目的，是把既有的客观精神（文化）的真正富有价值的内涵分娩于主体之中。② 家庭是代际间最初接触也是最亲密接触的地方，文化在这样不同代际的紧密结合下会更有机会顺利地被继承。没有这样的承继，文化很可能就会消失。文化继承的最重要承载实体正是家庭——这个亘古不变的社会基本组成细胞，其途径就是家庭教育。家庭教育中，父母的教育行为都是在内化了的价值系统指导下以一种高度个人化、选择性的方式向儿童传递着社会文化的。每个人诞生到这个世界上，开口发的第一个音，说的第一句话，都是父母教的，在家庭中学到的。家庭教育给儿童关于他们所生活的社会的历史背景知识，带给他们关于其所处文化的永久属性的信息，以及具体的行为、习惯、传统和与同族文化社会中的人交流的语言。同时，儿童并不是被动接受着已有文化，随着社会文化的变迁，家庭成员又一起创造着新的文化。因此，家庭教育的过程是一个文化积淀、文化传递和文化创造的过程。

二、家庭实施社会教育的价值

（一） 家庭是幼儿社会化的起点

与其他的社会化途径（如学校、同辈群体、媒介等）相比，儿童在家庭中的社会化具有自身的特点，表现在以下方面。

1. 儿童在家庭中的社会化是儿童不可选择的

如果说，学校或其他的社会化机制对于每个人来说还具有一定的选择性，那么，家庭社会化对于每个人来说是必然的。这种必然使得家庭为每个人后期社会化奠定了重要基础。甚至可以说，个人在后期社会化以及发展过程中产生的各种现象，在一定程度上都可以通过其家庭背景得到说明。儿童在家庭这个“第一环境”中所形成的品质特征，在他们以后接受教育、获得发展的过程中往往具有难以磨灭的“铭刻性”。

2. 儿童在家庭中的社会化主要以情感为基础

家庭是以婚姻和血缘关系为纽带建立起来的，这也是家庭与其他社会组织的不同之处。由此，也决定了家庭这一社会化途径是以情感为基础的。正由于这种关系，家庭社会化具有一定的优势，父母的爱，尤其是母爱，在儿童的成长过程中会形成一种特殊的伟大力量，使儿童感到自己处于安全和幸福之中。在儿童成长的各种因素中，父母的作

① 周晓虹. 现代社会心理学——多维视野中的社会行为研究. 上海：上海人民出版社，1997.
② 郑金洲. 教育文化学. 北京：人民教育出版社，2000.

用往往是首要而关键的，英国学者丁·鲍尔毕在他的调查报告《母性照看与心理健康》中便明确指出，儿童心理健康的关键在于和谐而稳定的亲子关系。[①] 以情感为基础的家庭对儿童社会化起着不可替代的作用。

3. 儿童在家庭中的社会化具有综合性和教育生活一体化的特点

这种综合性表现在：一方面，家庭教育的范围非常广泛，包括语言、情感、角色、生活技能、经验与规范等；另一方面，家庭对儿童某一方面的教育和影响常常会对儿童其他方面的成长和发展产生一定的影响。同时，家庭生活的各个方面都影响着儿童的身心发展，保证了儿童在真实的家庭生活中完成早期社会化进程。

（二） 家庭在幼儿社会化中的功能

家庭在儿童社会化中的功能，主要涉及性别角色、社会行为、道德观念和儿童成就等几个方面。

1. 性别角色方面

在儿童社会化过程中，家庭在使儿童朝着社会认为“合适的”性别角色发展的社会化方面起着主要的作用。由于家庭中存在着某些男女之间的分工和行为差异，性别意识及角色在家庭社会化中便开始形成。通常父母要求女孩温顺、服从，不必过于逞强，容忍她们忸怩作态，没有主见等；父母与女孩的交往多以静的活动为主。对男孩则不同，父母常常要求他们行为果敢、富于主见、善于竞争，容忍他们行为粗暴、撒野等；父母与男孩的交往多以动力性为特征，玩激烈的、运动性的游戏较多。幼儿在家庭中进行性别角色社会化时具有较强的被支配性，因为幼小的孩子必须在物质生活和精神需求方面依赖父母，这种依赖往往导致他们表现出与父母对其性别期望一致的行为。如父母会对男孩说：“你是男子汉，要坚强，不要哭，不哭就给你买手枪。”对女孩则说：“你是女孩子，哭了就不漂亮了，不哭就给你买好看的裙子。”但有研究指出，儿童性别对家庭教养行为并无显著影响，只是父母对男孩和女孩的期望存在显著差异。（Lytton & Romney，1991）

2. 社会行为方面

费什巴哈（S. Feshbach，1970）认为，家庭之间相互作用的出现虽不直接与特定的损人行为的培养有关，但却可能对损人行为的发展产生深远的影响……家庭变量和损人行为之间的关系已经成为广泛的研究对象。[②] 根据他的研究，父母的态度和行为、情绪的稳定性与否、家庭对于损人行为的态度和行为、父母的榜样等都与儿童的损人行为有关。有研究表明：父母对儿童过失行为的形成负有很大责任，父母对儿童的攻击行为不制止，对儿童的纪律约束不一致以及强制性的惩罚等都与儿童的攻击行为和逆社会行为关系密切。（Patterson，1989）儿童从一出生就受到父母的影响，婴儿本能有一种进行社会交往的倾向，父母能否对这种倾向做出适当的反应，对儿童早期依恋的发展具有重

---

① 王振宇，等. 儿童社会化与教育. 北京：人民教育出版社，1992.

② 中央教育科学研究所比较教育研究室. 简明国际教育百科全书：人的发展. 北京：教育科学出版社，1999.

要的影响。家庭对儿童亲社会行为的形成与发展同样具有重要作用，如儿童的助人、施惠、善举、礼貌、友善等利他行为，皆会受到家庭教育的影响。

3. 道德观念方面

一些重要的因素，包括家庭中儿童对父母的态度、父母对儿童进行控制的态度和行动（如自律还是他律、民主或独裁等），以及家庭中惩罚儿童的方式等都与此有密切的关系。例如，那些爱哭、不乖的孩子，父母的消极控制较多；儿童的行为具有明显的攻击和不依从趋向时，父母采用命令、惩罚等消极行为明显增多；当儿童的行为具有亲社会趋向时，父母则多做出积极的反映。（Schaffer，1997）我国心理研究者关于家长教育观念与儿童发展关系的研究也表明，父母家庭教养观念与孩子的社交能力间有一定程度的相关；家长对孩子的独立性、礼貌和整洁等个性品质培养的重视程度与儿童社交能力的发展呈显著相关。（陈会昌等，1997）

4. 儿童成就方面

在儿童成就方面，有关学者这方面的研究尽管很多，但比较混乱。研究认为家庭对孩子在社会化过程中如何对待成就和工作有着重要的影响。而且，家庭和儿童社会化之间的联系往往与人口变量（地理和社会阶级等因素）和主观变量（如家庭的培养方法和父母对子女的期望等）起着相互的作用。① 研究表明：无论是婴儿还是幼儿，母亲的温情、鼓励、支持、期望，以及对儿童多讲道理、少用惩罚等行为特征都与儿童较高水平的能力发展有关。（Wachsetal，1993）父母教养观念与儿童在IQ测验中的成绩呈正相关。（Martin & Johnson，1992）

（三） 家庭亲子互动的双向影响

家庭是由家庭全体成员及成员间的互动关系组成的一个动态系统，儿童是家庭系统的一个组成部分，家庭系统对儿童社会性发展的影响主要通过亲子间的互动来完成。一方面，父母通过自己的教养观念、教养行为影响儿童的社会性发展；另一方面，儿童的社会性发展的水平又反作用于父母的心理状态、教养观念及其教养行为。② 这种双向互动的影响帮助儿童逐渐获得了知识技能，掌握了各种社会道德、规范和行为准则，从一个基本依靠本能生活的自然人逐渐发展成一个被其所在的社会环境认可和接纳的社会人。

1. 父母对幼儿的影响

父母对幼儿社会性发展具有极其重要的影响，这种影响是广泛而有效的。首先，父母在儿童社会化进程中具有特殊的价值和作用，主要表现为③：第一，教导儿童基本的生活技能；第二，教导社会规范，培养道德情操；第三，指导生活目标，形成个人理想，培养志趣；第四，培养社会角色感和行为；第五，形成个性。在儿童的社会化进程

① 中央教育科学研究所比较教育研究室. 简明国际教育百科全书：人的发展. 北京：教育科学出版社，1999.

② 张文新. 儿童社会性发展. 北京：北京师范大学出版社，1999.

③ 马和民，高旭平. 教育社会学研究. 上海：上海教育出版社，1998.

中，家庭的作用是其他诸如幼儿园、同伴团体等社会群体所无法替代的。其次，以父母为主体的家庭教育，以一种“缩影”的形式几乎涵盖了幼儿园以及其他社会机构教育的所有内容和功能，主要表现为：第一，父母帮助儿童形成了最初的人格品质，奠定了他们此后进一步社会化的基础；第二，父母的教育始终是儿童接受的其他各种教育的主要参照体，人们不仅在童年期得益于家庭的教导，而且在今后漫长的一生中依然从家庭吸取很多营养。因此父母的教育永远带有连续和潜移默化的性质。

父母对幼儿社会性发展的影响主要是通过父母的期望来实现的。父母的期望涉及两个方面：一是对儿童的期望；二是对自己教育成果的期望（即“自我效能”）。父母的期望对儿童社会性发展的影响机制如下①：（1）父母根据自己的信念、观察、成见等，对不同儿童形成不同的期望；（2）在父母与儿童的互动过程中，期望可能会做适当调整，最终形成对不同儿童特定的行为倾向；（3）这些特定的行为倾向，在教育中表现为不同的态度、情感与行为方式等；（4）儿童根据自己的判断来解释成人的行为，进而产生自我实现预言；（5）儿童根据自我实现预言对父母的期望与行为做出反应；（6）儿童的反应为父母提供了新的反馈资料，父母据此改变或否定最初对儿童的期望；（7）儿童重新认识自己，在此过程中，社会化进程产生变化；（8）上述过程是一个周期性循环的过程。父母期望之所以能产生儿童的自我实现预言效应，导致儿童社会化进程产生变化，其核心就是因期望不同所引起的有差别的对待。

2. 幼儿对父母的影响

反过来，儿童本身的发展及发展进程也影响着父母的教育心态和行为。（1）婴儿的出世往往使父母的生活方式发生巨大的变化。由于婴儿的需求往往是无条件的，父母对孩子的满足也是被动的和无条件的，同时，家务活动增多、工作和交往受到限制，父母的生活方式将受到重大影响；（2）儿童的年龄和发展水平影响到父母的生活和教养方式。婴幼儿使得母亲主要以家务工作为主，对低龄婴幼儿的不良行为主要以包容和忍耐为主，对较大幼儿的不良行为则采用简单和训斥的教育方式；（3）儿童的行为特征也影响父母的行为方式。另外，儿童过去的行为特征也往往使父母对其将来的行为产生一种预期或贴上某种标签，这在某种程度上影响到亲子间的互动方式。

家庭作为一个相互作用的文化系统，以一个全方位的、综合的方式影响着儿童的社会化，但家庭的影响并不由父母一方单向地作用于孩子。儿童社会化并不仅仅只是父母塑造的过程，父母影响着儿童，儿童也影响着父母，而且儿童会在自己的能力、气质、人格和过去经验的基础上以独特的方式对他人的行为作出解释和反应，积极自主地进行着社会化。儿童与父母这种双向的亲子互动影响，对儿童正常的早期社会化进程产生着重要的影响，正如日本教育家森重敏所说：亲子之间有丰富爱的家庭，就是健康、安定的理想家庭。在这样的家庭里培养的孩子，就能够获得情绪上的稳定发展和人格上的良好发展。②

① 邓金. 培格曼最新教师百科全书. 北京：学苑出版社，1989.

② 森重敏. 孩子和家庭环境. 愚心，译，北京：人民教育出版社，1984.

三、家庭与幼儿园协作实施社会教育的方案

在家庭与幼儿园协作对幼儿进行社会教育的过程中，由于幼儿园教师具有系统的科学的教育知识和一线实践经验。因此，在大多数情况下，幼儿园是居于主导地位的。教师应具备强烈的责任感，明确作为家园合作活动的发起者、组织者和参与者的角色意识，以及一切都是为了孩子和家长的服务意识。同时，教师还有责任唤起家长的主动意识。激发他们积极参与合作的态度。在开展家园合作工作之前，教师一方面有必要进行一定的调查研究，了解每一个幼儿的家庭状况和社会教育需求，并尽可能真诚地同家长一起针对问题各个击破。另一方面，教师也应当努力提升，提升各方面的综合素质和能力。这也是开展家园合作社会教育工作的前提。

根据活动的主导方及家长的参与程度，可将家园合作社会教育活动分为以幼儿园为核心的家园社会教育合作活动和以家庭为核心的家园社会教育合作活动两种类型。

（一） 以幼儿园为核心的家园社会教育合作活动

以幼儿园为核心的家园社会教育合作活动是指幼儿园主动发起和组织社会教育活动，幼儿园起实际主导作用，家长参与和配合。其目的在于让家长了解幼儿在园期间各方面的表现，了解幼儿园的教育方式和教育内容，通过观察教师的教育行为和孩子的表现，学习相关教育理念方法和反思自己家庭教育的内容和方法。具体来说，包括以下 8 种形式。

1. 家长开放日

家长开放日又称教育活动开放日，是指托儿所、幼儿园定期或不定期邀请家长来所、园的参观教育活动。① 让家长从整体上了解幼儿在园表现及幼儿园活动的内容和方法，加强家长、教师和幼儿之间的联系，促使家长增进对托儿所、幼儿园工作的了解；在与同龄幼儿的比较中，了解幼儿的实际发展水平；学习幼儿教育的方法；直观体验幼儿教师的工作。

从开放的时间上来看，包括每天开放、每周开放、每月开放、每学期开放或者半日开放、全日开放；② 从开放的形式上来看，包括家长观看教学、家长参与教学、家长配合教学、家长执教、家长评价教学；从开放的内容上来看，包括幼儿园整体环境设施（如园舍、户外活动场地、各班的活动室、寝室、各种功能活动室、厨房等）、幼儿园的文化、幼儿园课程、幼儿园师资、幼儿成长和幼儿教育观念方法；从开放的效益上来看，包括家长、教师、幼儿三方获益。

幼儿园举办家长开放日活动，在考虑满足家长的需要的同时，也应当有所限制，避免家长干扰到教师的工作安排。在开展活动之前，应对家长进行注意事项的说明。有些幼儿园在教室里安装了摄像设备，家长来访时，可在视频观察室观看班级动态和孩子的表现，或在教室旁边开一扇观察窗，便于家长观看。

---

① 祝士媛，唐淑. 幼儿教育百科辞典. 上海：上海教育出版社，1989.

② 卢筱红. 幼儿园家长开放日活动设计与实践指导. 北京：中国轻工业出版社，2014.

实例链接

某幼儿园家长开放半日活动安排表

班级	区域活动	运动	生活	学习活动	游戏活动
托班	生活区：娃娃家（3个）	内容：走跑区	小手甩甩	我们都是好朋友	亲子游戏：捕鱼小能手
	探索区：造房子、小汽车	器械：拖拉玩具、七彩伞、小推车等			
		游戏：七彩伞			
小一班	生活区：洗手帕、扭纽扣	内容：钻爬区	我会自己擦汗	找朋友	角色游戏：娃娃家（2个）、DIY小屋、公共汽车、银行
	探索区：气球娃娃、瓶宝宝找盖子、玩水	器械：垫子、手印等			
	表现区：做花伞、小扇子、刻图章	游戏：送小花回家			
小二班	生活区：洗手帕、给瓶娃娃喝水等	内容：走跑区	我会自己喝水	找凉快、熊猫妈妈过生日	角色游戏：娃娃家（2个）、出租汽车、菜场、银行
	探索区：会变的水、谁的健身圈、小鱼游来了	器械：拖拉玩具、滚筒易拉罐			
	表现区：吹画、小凉帽、理发、小舞台	游戏：我带娃娃去公园			

资料来源：李生兰. 幼儿园家长开放日活动的研究. 上海：华东师范大学出版社，2008.

2. 幼儿学习成果展览与汇报会

幼儿学习成果展览与汇报会就是将幼儿的作品展示和呈现给家长，向家长汇报幼儿在园的发展情况，包括两种形式：一是成果展览，既可以是专门的幼儿作品展览，也可以作为班级环境创设的一部分；二是汇报会，汇报会可与相关节庆日活动结合起来，如六一、元旦。

3. 接送交流和家庭访问

接送交流和家庭访问都是以访问、谈话为主要方式的个别交流形式。接送交流是指教师利用家长送幼儿入园和接幼儿离园的时间，就幼儿的表现情况做的简短交流，这是一种方便、及时和经常的家园联系方式。家庭访问又称家访，是教师上门看望家长和幼儿，与家长就幼儿发展、幼儿园教育和家庭教育的情况等方面进行的交流。家访一般在新生入园时或有特殊情况时进行。新生入园时进行家访可帮助幼儿熟悉教师，建立初步感情，进而适应幼儿园生活；当幼儿生病、发生意外事故或发现儿童有严重的行为问题时，要立刻进行家访，保证沟通的即时与顺畅，共同解决问题。

4. 家长手册

《家长手册》是一本汇集幼儿园各种信息的参考书，是一种便于家长浏览、翻阅的工具书，是幼儿园通过书面形式与每位家长进行个别沟通的一种重要形式。[1] 一般来说，家长手册应包括入学须知、办园理念、规章制度、各项活动、营养膳食、师资队伍和家长工作七个组成部分。

实例链接

某幼儿园家长手册

目录

① 李生兰，等．学前儿童家庭与社区教育．北京：高等教育出版社，2015.

5. 家园联系册

家园联系册也称家园联系手册，是教师采用书面通信的方式与家长联系，相互交流幼儿在家、在园的表现，征求家长建议和意见，共同商讨教育幼儿的个别沟通形式。家园联系册以周或月为单位，记录反馈。一般来说，家园联系册的主要内容包括六个项目：幼儿资料信息、主要教学（游戏）内容、幼儿在园表现、幼儿在家表现、教师留言和家长建议。幼儿园可直接购买或统一设计印刷。

实例链接

某幼儿园家园联系册

在园表现　　年　　月　　日　　星期

入园状况	入园时间：正常（　）迟到（　） 情绪表现：愉快（　）一般（　）哭闹（　）沮丧（　） 打招呼：主动（　）被动（　）不理不睬（　）没反应（　） 特殊行为：
饮水用餐状况	饮水：多（　）一般（　）少（　） 食欲：佳（　）一般（　）不佳（　） 速度：快（　）一般（　）慢（　） 情绪：愉快（　）一般（　）哭闹（　）不佳（　） 特殊行为：
同伴交往状况	乐群：佳（　）一般（　）不佳（　） 谦让：能（　）一般（　）不能（　） 攻击性行为：无（　）有时（　）经常（　） 特殊行为：

续前表

生理状况	大便次数：次数（　）无（　） 小便次数：正常（　）频繁（　）少（　） 排汗现象：多量（　）正常（　）很少（　） 特殊行为：
活动状况	活跃程度：佳（　）一般（　）不佳（　） 参与程度：主动（　）一般（　）不主动（　） 师生互动：佳（　）一般（　）没互动（　） 特殊行为：
午睡状况	入睡速度：快（　）慢（　）不睡（　） 生理表现：正常（　）咳嗽（　）呼吸不顺（　） 特殊行为：
自我服务状况	穿脱衣服（　）穿脱鞋袜（　）独立如厕（　）独立盥洗（　） 整理床铺（　）整理玩具（　）整理学习用品（　） 特殊行为：
家长配合事项	
家长交代事项及建议	

第　　周　　　　　　　　　　　　**在家表现**

评价项目	家长评价		
	棒极了	进步啦	要加油啊
【探索操作】创造力强：能拼搭各种形象			
【探索操作】双手配合协调、灵巧、迅速			
【认知发展】物体一一对应的能力			
【认知发展】积极主动地操作、探索			
【社会发展】懂得区分物体的相同点和不同点			
【社会发展】能遵守生活中的社会行为规则			
【语言艺术】懂得爱惜玩具等物品			
【语言艺术】阅读习惯良好，能爱护图书			
【健康发展】环境适应能力强，情绪稳定			

续前表

评价项目	家长评价		
	棒极了	进步啦	要加油啊
【健康发展】具备良好的平衡能力			
家长的话			

6. 即时通信联系与网络互动

即时通信联系是指幼儿园教师使用通信工具或软件与幼儿家长进行交流的方式。例如电话、短信等。随着信息技术的发展，“互联网+”产业方式的发展，各种互联网工具的普及，家园联系中的网络互动也多了起来。作为一种新型的家园交流方式，即时通信和网络交流具有开放、高效、多角度等特点。许多幼儿园都建立了网站，班级网页、班级博客、官方微博、微信公众号、网盘等网络平台进行教育宣传、传播和展示，建立了微信群、QQ群、与家长进行更加直接、高效、全面、深入的交流，同时这些方式还搭建了家长与家长之间的桥梁，促进了家长之间的联系交流，拉近了家长之间的距离，增进了家长之间的感情沟通。

7. 家长园地

家长园地，又可以称为家园联系园地、家长总动员、家园在线、幼儿连着我和你、家园同心树等，教师可在环境创设中根据活动主题在教室走廊墙壁上开辟一个地方，用于张贴班级的每月教育计划、每周活动安排，主题教育方案，帮助家长了解班级的动态。也可根据班级家长工作的需要，设置一些栏目，例如，设置“请您关注”，提醒家长近期需要关注和配合的工作；设置“快乐成长”栏目，张贴幼儿活动照片、作品，让家长看到幼儿的成长和发展；设置“育儿心得”，向家长约稿，交流育儿感悟和经验；设置“家长信箱”，收集家长的反馈信息，促进家长和教师之间的沟通。

8. 家长简报

家长简报是幼儿园以幼儿家长为对象，以幼儿教育、亲子教育为内容编发的出版物，是运用纸质或电子媒介与家庭交流信息的一种重要形式，可每月编发，也可以每周、每日编发。家庭简报的形式既可以是传统的纸质印发，也可以是数字媒体，将幼儿园的相关活动，以文字、图片、Flash 动画、音频、视频短片等形式通过网站、微博、微信等工具呈现在互联网上，供家长浏览阅读。

（二）以家长为核心的家园社会教育合作活动

以家长为核心的家园社会教育合作活动，其活动组织方不限于幼儿园，可以是幼儿园发起，也可以由家长发起，但家长不是被动参加活动，而是成为活动的主体。具体来说，包括以下 5 种形式。

1. 家长委员会

《幼儿园工作规程》指出，幼儿园应成立家长委员会。家长委员会的主要任务是：帮助家长了解幼儿园工作计划和要求，协助幼儿园开展家庭教育指导和交流。家长委员会在幼儿园园长指导下工作。

2. 家长会议

家长会是由园长、年级组长或教师发起、组织的，面向全园、全年级或全班家长，向他们介绍幼儿园、年级或班级的具体情况，并与他们进行交流或互动的会议。① 家长会是幼儿园对家长集体指导的一种重要形式。从时间上看，可以在开学初、学期中和学期末召开，也可根据需要临时召开；从规模上分，有全园家长会、年级家长会、班级家长会、小组家长会；从参会对象分，有祖辈家长会、父亲家长会、溺爱型家长会、新生家长会、毕业班家长会等。家长会的优势在于几乎所有的家长都能集中在一起共享信息，共商教育，这是一种经济高效的家长工作形式。②

3. 亲子活动

亲子活动又称亲子同乐活动，是指由幼儿园组织的，邀请家长和幼儿共同参与，通过教师、家长和幼儿三方的活动，促进亲子关系健康发展，密切家园联系的一种独特的教育活动。根据不同的维度，亲子活动可以分成不同的类型。按照活动的主体划分，可以分为父子女活动、母子女活动；按照活动的空间划分，可以分为幼儿园内亲子活动、幼儿园外亲子活动；按照活动的内容划分，可以分为亲子游戏活动、亲子体育活动、亲子智力活动、亲子科技活动、亲子才艺活动、亲子娱乐活动、亲子交流活动。

4. 家长沙龙

家长沙龙是由幼儿园教师或班级家长发起、组织家长参与的一种家庭教育研讨活动，教师提出相关主题，鼓励家长们畅所欲言，分享彼此的看法和做法，达成教育方面的共识。③ 家长沙龙的活动场所可以由幼儿园提供，也可以由家长自愿组织。家长沙龙的类型多种多样，按照幼儿的年龄层次划分，可以分为小班、中班、大班的家长沙龙；按照幼儿的发展领域划分，可以分为幼儿健康沙龙、幼儿艺术发展沙龙、幼儿科学探索沙龙、幼儿社会性发展沙龙、幼儿语言发展沙龙等；按照家长称谓划分，可以分为父亲沙龙、母亲沙龙、祖辈沙龙等。

5. 家长志愿者

家长志愿者是指奉献个人的时间和行动，自愿为幼儿园提供服务而不获取任何报酬的家长。幼儿园可通过《家长手册》或家长会议来宣传家长志愿者的相关事项，如家长志愿者服务的意义、服务的范围等，可以通过幼儿家庭情况调查表邀请有意向的家长担任志愿者。根据所获得的信息，进一步收集家长志愿者信息，汇总形成家长志愿者资源库，并适时召开志愿者培训会，通过集中培训和分层指导，帮助家长志愿者更进一步了

① 李生兰，等. 学前儿童家庭与社区教育. 北京：高等教育出版社，2015.
② 周雪艳. 学前儿童家庭与社区教育. 上海：复旦大学出版社，2012.
③ 李生兰，等. 学前儿童家庭与社区教育. 北京：高等教育出版社，2015.

解责任和义务。在开展具体的活动，如家长开放日、主题活动、社区活动时，请求家长志愿者给予支持和帮助，为活动献计献策，帮助教师组织活动，参与到相应的活动中。

资料链接

家长志愿者联系表

姓名：________________

孩子姓名：________________

电话号码：________________

电子邮件地址：________________

我选择用________________电话________________电子邮件联系

我的空余时间________________

我的职业/专业/特长________________

我可以做如下的工作：________________

——联系野营相关事宜，为班级烤制熟食，为班级买食品等。

——与学生一起在教室里工作。

——在教室里完成一些事务性的工作，如做板报、复印、检查试卷等。

——在家里做一些材料，如剪裁物品、帮助建立学习中心。

——维护班级网络平台。

——其他（请列下来）

____

____

资料来源：Joanne C. Wachter，Clare Carhart. 教师时间管理策略. 张迪帆，译. 北京：中国轻工业出版社，2009.

技能训练

请选择一本合宜的绘本，设计一次幼儿家园社会教育合作活动，自拟活动名称与年龄班，并组织试教与评课。

学练结合

1. 请根据学习的内容，设计一份新入园幼儿家庭情况调查表并说明理由。

2. 请利用在幼儿园见习或实习的机会，观察一次家园合作活动，并进行记录与反思。

第二节　社区的学前儿童社会教育

基础知识

社区是幼儿成长和发展的重要环境，除在家庭和幼儿园的时间外，幼儿的大部分时间是在社区里度过的。社区作为整个社会的雏形，是影响幼儿社会化的一个重要影响因素。

一、社区教育概述

（一）社区

家庭、幼儿园总是位于一定的社区范围内，从生态学意义上说，社区是整个社会系统中与家庭、幼儿园关系最密切的一部分，对于受年龄、经验限制的幼儿而言，社区及社区教育可以说是其面向社会的主要内容。

关于“社区”（Community）一词的含义，中外学者的界定虽有所不同，但都认为社区是一个空间单位，有一特定的地域。如美国学者戴维·波普诺（David Popenoe）在其著作《社会学》中认为，社区是在一个地理区域里围绕着日常交往方式组织起来的一群人。日本学者横山宁夫在其《社会学概论》中提出：社区具有一定的空间地区，它是一种综合性的生活共同体。我国著名学者费孝通认为，社区是若干社会群体或社会组织聚集在某一地域里，形成的在生活上互相关联的大集体。① 鲁洁认为：社区是作为和一定区域相联系的社会生活共同体，即是说，它是一种区域性或地区性的社会。② 郑杭生认为：社区是进行一定的社会活动、具有某种互动关系和共同文化维系力的人类群体及

① 李生兰. 幼儿园与家庭、社区合作共育的研究. 上海：华东师范大学出版社，2003 年.

② 鲁洁. 教育社会学：第 2 版. 北京：人民教育出版社，2001.

其活动区域。①

我国一些学前教育专家也非常注重对社区及社区教育的研究，如黄人颂认为：在一定地域里，在生活上互相联系，具有一定社会关系的人群就是一个社区。② 学前社区教育研究专家李生兰认为：社区是以一定地理区域为基础的社会群体。③

从以上对“社区”一词的界定可以看出，社区一般包括以下四层含义：一是社区要占有一定的地域，如街道、集镇、村落等，其社区形态都存在于一定的地理空间中；二是社区的存在离不开一定的人群；三是社区中共同生活的人们由于某些共同的利益，面临共同的问题，具有共同的需要而结合起来进行生产和其他活动；四是社区的核心内容是社区中人们的各种社会活动及其互动关系。

（二） 社区教育

社区教育（Community Education）这个概念是在第二次世界大战结束后被正式确立和广泛运用的。早期的社区教育是指以社区的学校为中心，借助学校和社区其他文化机构的物力、人力，根据社区的实际和群众的需要，为社区全体居民进行文化知识、科学技术和道德修养的广泛的教育活动。同时，强调社区教育为社区的文化、福利建设和社区发展服务。④ 现代的社区教育，则是由社区中心学校发展为普遍的社区机构与组织的各种教育活动。学前教育专家梁志燊认为：社区教育是指社区内为儿童或全体居民设置的教育设施和教育活动，是多层次的、多内容的、多种类的社会教育。⑤

社区及社区教育与幼儿教育具有密切的关系，李生兰认为：社区与学前教育之间的关系应为共建、共享、共发（幼儿园充分利用社区资源，幼儿园为社区提供各种服务）；幼儿园要密切加强与社区的关系，就必须遵循优势发展、互益发展、整体发展、平衡发展等原则。⑥

二、社区教育的价值

社区教育的价值，从世界各国政府的重大举措和相关法规中可见一斑。如日本 1986 年的教育审议会指出，幼稚园、家庭和社区三位一体对幼儿教育是非常重要的，只有这样，才能克服学前教育的封闭性。德国政府 1995 年开始推行婴儿读书计划，免费向 9 个月大的婴儿赠送内有故事书和图书证的一个礼包，鼓励父母到国家婴儿图书馆去借阅图书。巴西政府于 1993 年制定了《全国全面关心儿童和青少年计划》，强调家庭和社区要直接参与满足儿童和青少年的基本要求，促进儿童发展是家庭、社会和国家共同的责任。我国 2001 年在教育部颁布的《幼儿园教育指导纲要（试行）》明确提出：“充分利

---

① 郑杭生．社会学概论新修：第 3 版．北京：中国人民大学出版社，2007．
② 黄人颂．学前教育学．北京：人民教育出版社，1989：41．
③ 李生兰．幼儿园与家庭、社区合作共育的研究．上海：华东师范大学出版社，2003．
④ 鲁洁．教育社会学：第 2 版．北京：人民教育出版社，2001．
⑤ 梁志燊．学前教育学：第 2 版．北京：北京师范大学出版社，1998．
⑥ 李生兰．幼儿园与家庭、社区合作共育的研究．上海：华东师范大学出版社，2003．

用自然环境和社区的教育环境，扩展幼儿生活和学习的空间。幼儿园同时应为社区的早期教育提供服务。”

社区在幼儿教育中的功能主要体现在服务功能、教育功能、宣传功能三个方面。社区把幼儿教育发展当成与其利益密切相关的大事，调动各方面力量支持幼儿教育、参与幼儿教育改革，协调幼儿园与其他机构的关系，帮助幼儿园改善办园条件，为幼儿教师解决生活困难，积极配合幼儿园教育、家庭教育，优化幼儿健康成长的环境，为幼儿接触社会、参加社会实践、扩大视野、参加学习与文娱活动、培养劳动技能等提供条件和场所。这里需要指出的是，社区的宣传功能是被许多社区机构所忽略的功能。社区应利用有效的大众传播媒介（如社区报纸、黑板报、橱窗栏、广播等）宣传尊师重教，重视幼儿园教育与家庭教育。社区机构宣传功能的发挥水平如何，影响到其他功能的实现。

社区是由居住于同一区域的家庭或个人，出于社会、政治、商业、维护和保存文化、教育等目的而形成的。① 某一社区，在长期的社会生活中，形成了某些共同的特点，如相似的建筑风格、共同的历史文化传统和人文特点等，不同的社区正是由于这些特点的差异而区别开来的。在幼儿园与社区的关系上，直至目前仍有一个问题值得注意，即幼儿园教育游离于社区之外，幼儿园脱离社区，成为“教育的孤岛”，这不仅表现为幼儿在幼儿园中接受着封闭式教育，还涉及幼儿园教育的很多方面。这种现象给学前教育生态系统带来了严重的负面影响。实际上，幼儿园不仅与社区居民有着天然的联系，而且与各种社区机构也有着千丝万缕的联系。“学校社区化，社区学校化”是当今世界教育发展的主题之一，幼儿园教育理应在这一潮流面前采取积极的态度，加强与社区一体化的研究并注重二者的有机结合。

三、社区与幼儿园协作实施社会教育的方案

幼儿社会教育是一项复杂的系统工程，既不是幼儿园单方面能够完成的，也不是家庭单方面能够完全胜任的。因此，必须是幼儿园、家庭与社区三方面的通力合作，才能形成幼儿园教育、家庭教育和社区教育相结合的育人平台，充分发挥教育的整体功能。尽管此处讨论的是社区与幼儿园协作实施社会教育的方案，但是从大教育观出发，家庭不可孤立于课程方案设计之外。因此，幼儿园社会教育课程实施与方案中包括了幼儿园、家庭与社区三大主体。

自 20 世纪 80 年代发展至今，我国城市和农村地区社区与幼儿园协作实施社会教育已形成了以社区为主导和以幼儿园为主导两种合作模式。其一是以社区为主导的幼儿园社会教育合作活动是指以社区为依托，依靠基层社区政府各部门的力量，因地制宜地创设条件，组织实施各种教育活动，开展并实现幼儿园、家庭与社区之间的合作。其二是以幼儿园为主导的合作模式，即幼儿园依托并发挥社区内的各种力量（乡镇政府、企业、大学、中小学等），组织成一个以幼儿园为核心的园内园外相结合的幼儿教育网络，开展并实现幼儿园、家庭与社区之间的合作。在此列举几个典型的方案。

① 范国睿. 教育生态学. 北京：人民教育出版社，2000.

（一）社区幼儿教育委员会

社区幼儿教育委员会是由社区内街道居委会、企事业单位以及社区内各种与幼儿教育有密切联系的职能部门和经济实体参与组成的。成立社区委员会，健全社区教育机构，构建一个涉及幼儿教育、卫生、人口与计划生育、妇联、民政等多方面的能统筹、协调社区内各种教育因素的组织机构，并充分发挥其参教、议教、资教、助教的作用，使得幼儿园教育与社区教育紧密联系，有计划、有步骤地进行，这十分有利于社区幼儿教育的开展。社区幼儿教育委员会成立的目的在于架起幼儿园与社区之间的桥梁，加强教师与家长、社区之间的伙伴关系。社区幼儿教育委员会举办的活动多种多样，如负责家长教育，出版幼儿园教育、家长教育材料，协助家园合作的研究和实践工作，参与教育决策和监督，组织大型联欢活动等。

（二）社区幼儿教育服务网络

社区幼儿教育服务网络是指社区通过提供不同层次、不同内容、不同途径的幼儿教育服务，形成彼此独立又相互呼应的立体网络，服务于社区内的居民和幼儿。其内容包括成立社区幼儿教育基地、建立社区幼儿教育志愿者资源库、设立社区幼儿活动中心等。社区幼儿教育基地可与幼儿园协作，建立社区幼儿教育宣传栏、举办社区亲子活动，以及定期开展家长学校、育儿知识讲座、幼儿心理发展咨询等送教服务；社区可建立社区幼儿教育志愿者资源库，招募热心于幼儿教育的志愿者，在幼儿园专业人员的指导下，积极参与社区幼儿教育活动，为本社区的居民提供方便、快捷的幼儿教育指导和幼儿教育宣传服务，充分发挥社区的教育资源优势；根据幼儿的需要，社区可设立幼儿活动中心，开办社区玩具图书馆和儿童乐园，在社区玩具图书馆中分设玩具室和图书室，为来馆的幼儿需办理借阅卡。

社区可面向辖区内全体儿童开展各种各样的社会教育活动，如儿童生活自理比赛、玩具图书分享或义卖活动、家庭趣味运动会等。同时，社区还可以协调相关单位和部门为幼儿社会教育提供参观、交流等活动。社区幼儿教育服务网络以社区为中心，以幼儿园为依托，为家长带来科学的育儿理念，为幼儿提供接触社会、增加人际交往机会，能有效促进幼儿的社会性发展。

（三）社区幼儿教育信息平台

社区幼儿教育信息平台是一种依托信息技术，通过计算机硬件和软件系统支持实现的社区、幼儿园和家长进行幼儿教育交流的远程互动平台。社区幼儿教育信息平台通过开发社区幼儿教育网络，向幼儿园、家庭提供信息化支持平台，使教师、幼儿、家长等参与人员进行有效、开放、自主、合作的交流和学习活动，从而实现多方协作的幼儿大教育系统。

社区幼儿教育信息平台的建立，有利于教育资源大数据的有效利用。社区借助平台建立社区幼儿数据库，可涵盖幼儿自孕育、出生、成长的各类记录，以及家庭家族史、父母以及家庭亲近成员的一些基本情况；可在平台发布信息，幼儿园和家长可以同时接收到信息；可共享社区、家庭、幼儿园社会教育资源和利用规则，便于幼儿园和家长共享。社区幼儿教育信息平台的建立，有助于突破时间和空间的限制，实现幼儿园、家庭与社区三方信息沟通的有效和顺畅，个人或单位均可依照时间安排随时随地表达观点和获得反馈。社区幼儿教育信息平台的建立，有益于突破传统单向交流模式，可实现多渠道多向交流模式，如不同幼儿园之间、不同幼儿园教师之间、社区辖区内家长之间经验的分享，家长与社区专家或教师的互动，多方面提高信息沟通的效率，最终实现优质教育资源流的格局。

某幼儿园网络信息平台建构模型如图 6－1 所示。

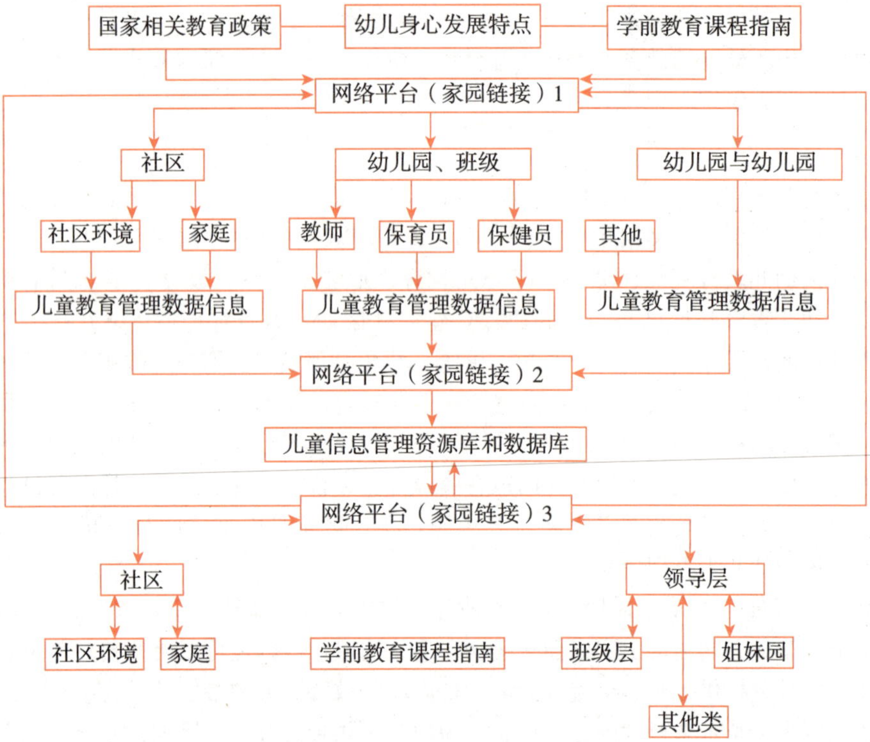

图 6－1　某幼儿园网络信息平台建构模型

资料来源：陆建国．区域教育信息化建设实践与思考．上海：上海远东出版社，2007．有改动．

技能训练

请结合案例，自拟活动名称与年龄班，设计一次幼儿园与家庭、社区合作的社会教育活动。

我（注：幼儿园教师）在家园论坛上看到一篇为“小二班家长”的帖子，是乐乐的妈妈在谈她的孩子：“孩子不会整理自己的玩具，怎么办?”“不会整理自己的玩具?”这让我有点吃惊。乐乐可是我班出了名的小帮手，每次游戏结束后，他总会把自己玩的玩具整理得整整齐齐，还会帮着大家整理。于是，我把孩子在幼儿园能干的表现告诉他妈妈，她十分吃惊，还有点不敢相信。

在与乐乐的妈妈进一步沟通中，我找到了原因。乐乐的玩具比较多，有一间专门的小房间，玩具橱是玩具的家，妈妈要求孩子玩好后把玩具都能放到玩具橱里，结果有的倒了、有的散了，弄得她总要再收拾一次。

于是我通过班级邮箱分享了帮助孩子建立整理习惯的经验文章，又把我在幼儿园帮助孩子形成整理习惯的经验与方法告诉乐乐的妈妈，还把乐乐在幼儿园井然有序地整理玩具的录像通过 FTP 发给她看，她诧异了，孩子真的很行！

后来，乐乐的妈妈开始帮着孩子给玩具宝宝分家，贴上了可爱的帖子标记：这是积木的家、这是娃娃的家、这是停车场……慢慢地她看到了一个本领大的宝宝，一个在家在园一个样的宝宝。

学练结合

请阅读案例《开放的瑞吉欧模式》，阐述从瑞吉欧幼儿教育的社区管理模式能得到什么启示，幼儿园与社区合作开展幼儿教育有何意义。

开放的瑞吉欧模式

瑞吉欧幼儿教育模式是颇具特色的，堪称影响世界的幼儿教育模式之一。它诞生于二十世纪六十年代，因其发源于意大利北部一个名为瑞吉欧·艾米里亚的小城而得名。瑞吉欧幼教模式的最大特色之一，即社区是推动幼儿园发展的强大力量，社区民众全力支持、配合、参与幼儿教育。在瑞吉欧市，幼儿教育是全社会的事。0～6 岁幼儿的保育和教育是一项十分重要的市政工程，享有 12%的政府财政拨款，社区公民进行监督。在瑞吉欧教育体系中，大自然、大社会就是孩子学习的大课堂，家庭、社区中的物质资源、自然资源和人文资源为幼儿提供了学习的舞台。教师们将幼儿园的环境称为“第三位教师”。幼儿园物质环境的创设要考虑如何增进它的开放性和资源的综合利用性，使幼儿园与周围的社区密切互动。例如，教室向一个中心区域敞开大门，厨房可以随时提供参观的便利，大大的玻璃窗、教室后面的院落、开向外面的大门，也使幼儿园同社区保持随时的沟通；入口处放着各种各样的镜子、照片和儿童的作品，便于他们沟通，为幼儿提供了充分的交往机会。

资料来源：肖全民，周香. 幼儿教育概论. 北京：北京师范大学出版社，2012.

第三节 幼儿园、家庭、社区协作的社会教育

基础知识

《幼儿园教育指导纲要（试行）》在社会领域的“指导要点”中指出：“社会学习是一个漫长的积累过程，需要幼儿园、家庭和社会密切合作，协调一致，共同促进幼儿良好社会性品质的形成。”

一、幼儿园、家庭、社区社会教育一体化

美国心理学家布朗芬布伦纳（U. Bronfenbrenner）提出的生物生态系统理论（Bio-ecological Theory）指出，个体的发展受其身处的一系列生态环境所制约。或者说，发展的个体处于从直接环境（家庭）到间接环境（幼儿园、社区、宽泛的文化等）的若干个环境系统之中，或嵌套于其中，每一个系统都与其他系统以及个体发生交互作用。① 这些系统表现为一系列同心圆，如图 6－2 所示。

生物生态系统理论将环境系统分为微观系统、中间系统、外层系统、宏观系统和时代系统。对于学前儿童而言，其生活的场所及周边环境，如家庭、幼儿园、社区和邻居就构成他们微观系统（个体活动和交往的直接环境）的主要要素。处于微观系统中的要素两两关联，如幼儿园和家庭、家庭和社区、幼儿园和社区，就构成了学前儿童的中间系统。

布朗芬布伦纳进一步指出，这些系统中的每一个系统都对儿童的发展有着复杂的生态学意义；各个系统是相互联系、相互制约的，其中任何一个系统的变化都会波及另外一个系统；儿童的发展过程是其不断地扩展对生态环境的认识的过程，从家庭到儿童再

① 桑标．当代儿童发展心理学．上海：上海教育出版社，2003.

到社会；儿童的生态过渡（即生态环境的变化）对其发展具有举足轻重的作用。① 这一理论为幼儿园、家庭、社区社会教育的一体化提供了强而有力的理论支持。

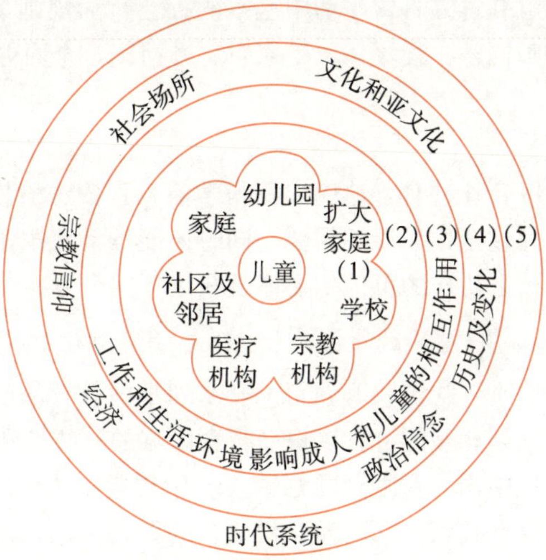

（1）微观系统（2）中间系统（3）外层系统（4）宏观系统（5）时代系统

图 6－2　生物生态系统理论的同心圆模式

基于生物生态系统论的启示，在学前儿童社会教育的实施过程中，应充分认识到家庭与社区的重要作用，开发家庭与社区中的教育资源，争取家庭与社区的配合，以更好地优化幼儿的发展环境。

近年来，我国政府十分重视幼儿园、家庭、社区协作进行学前教育。2016 年 9 月 1 日，重庆市政府颁布《重庆市家庭教育促进条例》，从法律的角度确立了家庭尽责、学校指导、社会参与和政府推进的原则，同时，分层次设置了家庭教育的组织协调机制，妇联、教育、民政、卫生和计生、公安、关工委等相关部门的责任明晰，这也从宏观的角度促进了家长、学校、社会（社区）和政府履行各自的教育责任。

幼儿园、家庭、社区在幼儿教育方面具有各自的特点。幼儿园教育是根据国家教育方针，根据改革发展的需要提出教育目标，有目的有计划地实施教育，具有幼儿教育的专业优势。家庭教育是在日常生活中不拘形式地对幼儿进行教育，产生潜移默化的影响。社区教育是按照国家教育方针和年龄特点，有义务地配合幼儿园、家庭开展教育，组织安排生活，防止和减少孩子受到社会消极因素的影响，具有灵活性和自愿性的特点。

家庭是幼儿园重要的合作伙伴，幼儿园应本着尊重、平等、合作的原则，争取家长的理解、支持和主动参与，并积极支持、帮助家长提高教育能力。同时，幼儿园应充分利用自然环境和社区的教育资源，为社区的幼儿教育提供服务，扩展幼儿生活和学习的

① 李生兰. 幼儿园与家庭、社区合作共育的研究. 上海：华东师范大学出版社，2003.

空间。幼儿园、家庭、社区教育相互配合、步调一致，实现学前儿童社会教育一体化，方能达成优势互补、协调发展的教育效果，帮助幼儿增强自信心，主动积极参与各项活动，乐意与人交往，理解并遵守日常生活中基本的社会行为规则，努力做好力所能及的事，爱父母长辈、爱老师同学、爱集体、爱家乡、爱祖国，全面促进其社会性发展。

二、幼儿园、家庭、社区协作的价值

幼儿园、家庭与社区合作共育，适应了我国学前教育依法治教的需要，能发挥学前教育的整体功能和促进儿童全面发展的需要，同时还能推动我国学前教育改革的国际化进程。幼儿园、家庭、社区协作的价值主要体现在以下四个方面①。

（一）有利于学前教育法规的贯彻执行

二十世纪九十年代以来，我国政府颁布了一系列学前教育的政策与法规，明确指出了幼儿园必须与家庭、社区相互配合，以提高教育影响的一致性和有效性。1992 年，国务院在发布的《九十年代中国儿童发展规划纲要》中规定："发展社区教育，建立起学校（托幼园所）教育、社会教育、家庭教育相结合的育人机制，创造有利于儿童身心健康、和谐发展的社会和家庭环境。" 2016 年，教育部在新颁布的《幼儿园工作规程》中提出："幼儿园应当主动与幼儿家庭沟通合作，为家长提供科学育儿宣传指导，帮助家长创设良好的家庭教育环境，共同担负教育幼儿的任务。" 幼儿园应密切同社区的联系与合作。宣传幼儿教育的知识，支持社区开展有益的文化教育活动，争取社区支持和参与幼儿园建设。2001 年，教育部在颁发的《幼儿园教育指导纲要（试行）》中指出，"幼儿园应与家庭、社区密切合作……综合利用各种教育资源，共同为幼儿的发展创造良好的条件"。可见，幼儿园、家庭与社区合作共育是贯彻实施幼儿教育法规的需要。

（二）有助于与世界学前教育的接轨

世界学前教育发达国家都倡导幼儿园要重视使用家庭和社区的资源，以丰富、加深儿童对自己、对他人和对社会的认识。日本在《第三个幼稚园振兴计划（1991—2000 年）》、美国在《0～8 岁儿童适宜性发展教育方案》（1997 年）中，都强调幼儿园要充分利用家庭和社区资源对儿童进行教育，促进儿童在体力、认知、情感、社会性、语言、审美等方面的最佳发展。国际教育组织也呼吁要关注儿童的社会学习，加强幼儿园与家庭、社区的紧密配合。联合国教科文组织（UNESCO）在重新界定教育的使命时指出，为了实现世界公民目标，不能再只是强调认知学习，还要强调情感和行为学习。世界学前教育组织（OMEP）和国际儿童教育协会（ICEA）在 1999 年召开的"21 世纪国际幼儿教育研讨会"上，通过了《全球幼儿教育大纲》，其中指出：儿童的发展是家庭、教师、保育人员和社区共同的责任，教师要和家长就儿童的成长以及和儿童家庭有关的问题，经常进行讨论、交流，教师要和心理学工作者、社会工作者、健康卫生人员、工商人员、公共服务机构、学校、宗教组织、休闲娱乐机构及家

---

① 李生兰. 幼儿园与家庭、社区合作共育的研究. 上海：华东师范大学出版社，2003.

庭联合会等建立合作关系。因此，关注家园社区合作共育，是我国学前教育走向世界、顺应世界潮流的需要。

社会、幼儿园给予的家庭指导如图 6－3 所示。

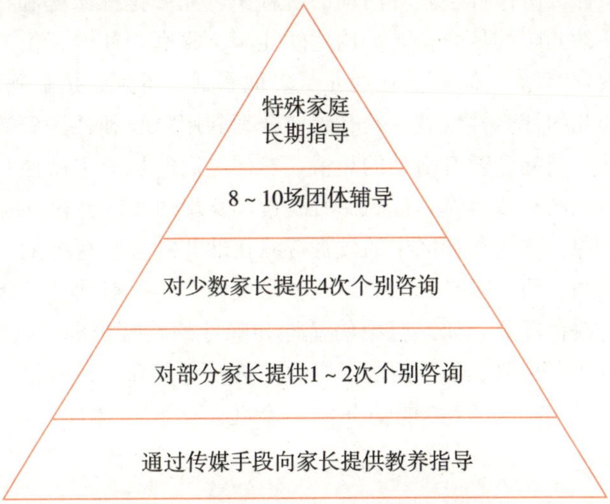

图 6－3　社会、幼儿园给予的家庭指导

（三）有利于学前教育整体功能的发挥

学前教育是一项极为复杂的系统工程，既不是幼儿园单方面能够完成的，也不是家庭或社区单方面能够胜任的，它需要三方面的通力合作，才能形成幼儿园教育与家庭教育、社区教育相结合的育人平台，充分发挥出学前教育的整体功能。

（四）有益于儿童身心全面和谐的发展

儿童的发展包括德、智、体、美等方面的发展，这几个方面既相互独立也相互依存，忽视、轻视其中的任何一个方面，都会阻碍儿童身心和谐发展的进程，这已为我国学前教育的实践和科研所证明。

三、幼儿园、家庭、社区协作社会教育活动的实施

幼儿园、家庭、社区协作进行社会教育是指三方积极主动地相互了解、配合和支持，通过幼儿园、家庭与社区的多向互动共同促进儿童的社会性发展。其中，幼儿园处于主导地位。幼儿园是专业的教育机构，幼儿教师是专职的教育工作者，懂得儿童身心发展的特点和规律，掌握科学的幼儿教育方法，因此，在执行幼儿园、家庭与社区协作进行社会教育的策略时，幼儿园应当是“平等中的首席”，与家庭和社区一起共同促进幼儿的发展。

（一）家庭、社区的社会教育资源的开发和利用

《纲要》指出“家庭是幼儿园重要的合作伙伴”，“幼儿园应与家庭、社区密切合

作……共同为幼儿的发展创造良好的条件。”

一般来说，教育资源指的是具有教育意义的，为教育所用的各种有形教育资源（人力、财力、物质等）和无形教育资源（政策、制度、时间、文化氛围）的综合。① 在实施幼儿园、家庭、社区协作社会教育活动的过程中，充分挖掘家庭和社区教育资源，不仅能够丰富和拓展幼儿园的教育资源，构建幼儿园、家庭、社区三位一体的幼儿教育网络，也让幼儿园教育跨越“藩篱”，让幼儿更多地看到、听到、接触到外面的精彩世界，最大限度地促进幼儿的社会性发展。幼儿园应合理利用家长和社区资源，调动幼儿家长和社区人士参与幼儿园社会教育活动的热情，发挥他们的积极主动性和幼儿教育的协同性功能，使家园与社区有效合作，提高保教质量，实现幼儿社会教育的协调发展。

幼儿园教育资源、家庭和社区中的教育资源在幼儿社会教育方面各有各的优势，且都是对方不可替代的。幼儿园是专门的幼儿教育机构，会针对幼儿的年龄特征创设教育环境，收集一定的教育资源，如家庭中的显性和隐性的教育资源，社区中的自然环境、人文环境，社会生活更是取之不尽用之不竭的宝贵教育资源。只有最大限度地发挥这些资源的教育价值和作用，才能实现幼儿园、家庭、社区一体化，促进幼儿的社会性发展。

1. 社区和家庭的物质资源

物质资源是指可以被直接利用的有形资源。社区中的物质资源主要包括自然物质资源和社会物质资源。自然物质资源包括山川河流、动植物等。幼儿园社会教育可利用大自然这本天然的活教材培养幼儿感受能力、探索意识，以及对家长、祖国的热爱。社会物质资源包括公共场所和社会机构组织两种，具体有广场、公园、街道、医院、银行、邮局、住宅等。

2. 社区和家庭的人力资源

人力资源是指具有某种专业知识、技能的个人或组织。幼儿园社会教育中可以合理利用社区和家庭中的人力资源，主要有幼儿家长、社区管理者、企事业单位工作者以及具有各种专业特长的居民等。其中，家长是社区人力资源的首要资源。家长的个人经历、职业优势、专业背景、兴趣特长，本身就构成了一种活资源、活教具，能够在幼儿社会教育中起到重要作用。

3. 社区和家庭的文化资源

文化资源是指人们从事文化生产或文化活动可利用的各种资源，一般来说，包括文化场所和行为文化。社区文化资源可分为“硬件”和“软件”两个部分。硬件指一些文化基础设施，软件指社区的文化环境、文化氛围、人文传统、人文景观及社会文化网络，具体包括富有地方特色的社区历史、民族、风俗、景区、文化场馆、方言、生活习惯、节日活动和娱乐活动等。家庭文化资源包括家庭文化活动、文化氛围、学习资源、家长的观念和言传身教等。

---

① 王芸. 幼儿园利用社区教育资源的现状及其对策研究——以M幼儿园为研究个案. 福州：福建师范大学，2013.

（二）幼儿园、家庭、社区社会教育工作的策略

1. 促进家庭、社区对幼儿园社会教育工作的认识和理解

（1）邀请家长、社区人士了解幼儿园各项活动。幼儿园要积极实施“请进来”策略，应在完成保教工作的同时，主动采取措施，将封闭的教育转化为开放的教育，热情邀请家长、社区居民参观和访问幼儿园，定期向家长、社区人士开放幼儿园的各项活动，让他们了解幼儿园的教育与其他教育的不同之处，幼儿的年龄特征和个性特点；认识到在幼儿社会教育和成长中家长和社区人士应该担任的角色；理解幼儿园教育并与幼儿园的教育理念保持协调一致。例如，开展幼儿园开放日活动，向家长和社区人士讲解幼儿园的教育理念、作息制度，传授科学育儿的知识；通过信息栏等方式，让家长和社区人士了解到幼儿园近期的社会教育计划和信息。

（2）帮助家长、社区人士参与幼儿园班级的社会教育活动。幼儿园要积极实施“一起做”策略，不仅仅是邀请家长、社区人士参观了解，还应该根据主题活动的需要，热心告诉他们幼儿园所需要的各种各样的帮助，鼓励家长、社区人士参与到幼儿园班级的各项活动中，共同促进幼儿的成长。例如，在“医院”主题活动中，邀请社区医生或职业为医生或护士的家长担任教师或助教，为幼儿讲解医院的常识和故事。

实例链接

家长当老师：飞行员爸爸

大一班请来耿乐横的爸爸——一名飞行员来当老师。当耿乐横的爸爸穿着飞行员制服，带着飞机模型走进班级时，喧闹的班级一下子就安静下来，耿乐横的爸爸用形象化的语言向孩子们介绍了飞机的结构和简单的飞行原理，孩子们听的是津津有味，许多孩子还好奇的问东问西，追根究底，耿乐横不仅充当了爸爸的小助手，回答小朋友提出的问题，还主动把自己在飞机场看到的和自己了解的有关飞机的知识告诉大家。通过这次活动，许多小朋友尤其是男孩子，对飞机、对科学产生了浓厚的兴趣，他们回家和父母一起查阅飞机的资料，去飞机场参观，很多孩子都树立了长大当飞行员、当科学家的理想。其中变化最大的要数耿乐横小朋友了，他平时上课不认真，喜欢说话，不愿意举手发言，在班上的人缘也不好，可自从爸爸来当了老师后，他就像换了一个人似的，不仅上课认真听，积极举手发言，还主动和大家玩，好朋友也多了。他爸爸也反映在家无论是自控能力还是自我服务的意识都有所增强，变成一个有责任感的小小男子汉了。

资料来源：宋睿. 家、园、社区合作共育的实践研究. 南京：南京师范大学，2008.

(3) 邀请家长、社区人士配合幼儿园班级的社会教育活动。幼儿园要积极实施“走出去”策略，与社区、家庭密切联系，结合主题活动，邀请家长、社区人士配合幼儿园班级的社会教育活动。如在重阳节期间，结合社区的“敬老节”系列活动，开展“尊老爱幼”教育主题，幼儿园教师组织家长和幼儿一起到敬老院，陪伴老爷爷、老奶奶，和他们聊天，给他们唱歌、讲故事，在交往过程中理解“尊老”并提高社会观察、交往和分析能力；在开展“交通规则”主题活动期间，让家长协助在生活中引导教育，使幼儿在幼儿园社会教育中获得的经验在家庭及社区中得到延续、巩固、发展和应用。

实例链接

某幼儿园大班的家长园地

本周我们将进行一个关于《我要上小学》的幼小衔接主题活动，这是我们将要开展的活动：

(1)“上小学担心的事”调查表。

(2) 模拟小学课堂+谈话活动。

(3) 参观小学。

……

您可以和您的孩子共同完成“上小学最担心的事”调查表，帮助您的孩子阅读关于小学生活的书籍；可以向儿童讲述您自己关于就读小学的亲身经历，并要求儿童复述学校里所进行的活动；可以陪同参观小学。

我们需要您的帮助。

实例链接

幼儿园老师如是说

(1) 以家长的大手牵着孩子的小手，走出家庭，走向社区，让家长根据活动的要求，引导孩子看一看、说一说马路行人遵守交通规则的重要性，对社会规则有较为深刻全面的感知。如果是我们集体带出去的话，就不会照顾到每一个孩子。

(2) 便利蛮多的，比如收集与教学相关的材料，协助幼儿园帮助孩子巩固知识的掌握，让孩子体会亲子学习的快乐，有家长的参与，孩子能得到很多难得的情感享受，而且更有激情，有时候请懂得相关知识的家长当助教也挺不错的，毕竟老师不是全能的。家长参与后他们也能更加清楚地了解幼儿园的教学进度与具体情况。

(3) 我觉得，让家长带领孩子进行的这种一对一的教育形式，有利于弥补我们幼儿园教育中教师少、孩子多所造成的缺陷，能使孩子获得最大的教育效益。

资料来源：冯淑娟. 幼儿园利用社区资源进行社会领域教育的研究. 上海：华东师范大学，2007.

2. 整合社区、家庭资源，系统制订社会教育工作计划

(1) 建立社区、家庭社会教育资源库。幼儿园可成立“教育资源调查小组”①，首先，以幼儿园为圆心，对周边容易获得的社区资源进行普查，了解社区内各类企业、事业单位的分布，了解它们的所属领域、服务类型和其他情况，对附近景区、公园、学校、医院等设施进行统计，对社区中物质资源、人文资源的情况充分了解。其次，设计“家庭情况调查表”，对与幼儿密切相关的教养对象的工作单位、专业背景、兴趣特长及联系方式进行调查和统计；最后，对社区和家庭教育资源进行汇总和分类，建立完善的可用资源库，为社会教育活动提供信息支持，为资源的有效利用提供坚实的保障。

资料链接

社区、家庭社会教育资源库简表

<table>
<tr><th colspan="3">类别</th><th>资源</th><th>可利用情况</th></tr>
<tr><td rowspan="3">物质资源</td><td colspan="2">自然物质资源</td><td>阳光、江河、泥土、石头、矿藏、花草、树木等。</td><td>观察自然界中的各类事物，或带回幼儿园活动中。</td></tr>
<tr><td rowspan="2">社会物质资源</td><td>公共场所</td><td>西城路步行街、象山广场、游乐园、球馆、运动场、火车站、汽车站、飞机场、超市、蛋糕店、菜场、农贸市巧、餐厅（油茶店、米粉店、面馆、饭店等）等。</td><td rowspan="2">为幼儿园教育开拓了更为广阔的活动空间，不仅可以在其中收获可利用的活动材料（如废旧轮胎、各类蔬果等），更丰富了幼儿的生活体验、人际交往经验等。</td></tr>
<tr><td>社会机构与组织</td><td>学校（卫生学校、逸仙中学、民主路小学）、医院（中医院、人民医院）、部队、警察局、消防队、银行、广播电视台、报社、杂志社、孤儿院、敬老院、福利院、法院等。</td></tr>
</table>

① 许晓. 幼儿园整合社区教育资源策略探微. 学前教育研究，2006（7－8）：122.

续前表

类别		资源	可利用情况
人力资源		家长、居民、医生、护士、军人、警察、司机、消防队员、教师、离退休干部、厨师、会计、演员、艺术家、设计师、主持人、销售员、工人、农民、裁缝等。	邀请不同职业的家长或社区人士来园分享他们的工作，或带领幼儿参观工作场所，使幼儿通过亲身体验，了解各种职业的义务、责任和价值，感受社会中的人和事。
文化资源	文化场所	景区（象山公园、舍利塔景区、杉湖、双塔公园、太平军攻城营房遗址）、图书馆、艺术馆、桂林三花酒博物馆、科技馆、展览馆、少年宫、影院剧院等。	各类文化场馆为幼儿学习提供了各种文化空间和课程资源，让幼儿感受不同地区人们的文化特点，培养幼儿的审美及文化鉴赏能力。
	行为文化	语言：普通话、方言。 生活习惯：公园广场内老人每天晨练进行太极拳、太极剑、柔力球、广场舞等养生活动；每天白天民间艺人及老人在公园内自发进行的弹唱表演等。 节日活动：端午节龙舟大赛、重阳节慰问活动、每年8月和9月的“水月金秋”“漓江之声”大型文艺活动等。 民族民俗：壮族对歌。 娱乐活动：节日组织的游园活动等。	

资料来源：武文斯. 幼儿园主题活动中社区资源的选择与利用研究. 桂林. 广西师范大学，2015.

（2）寻求社区、家庭长期联系与支持。幼儿园在建立社区、家庭教育资源库以后，还要重视与园外团体和个人建立长期联系，寻求支持。① 根据幼儿园社会教育课程需要，对已有资源进行筛选，一方面，与社区企事业单位等组织联系“共建单位”，如烈士陵园、蔬菜基地等；另一方面，与社区工作人员、不同职业的家长联系，建立“幼儿导师组”。经过优化后，可让“共建单位”和“幼儿导师组”参与幼儿园社会教育课程建设中，作为主要参与者，为幼儿社会教育提供多元的视角，出谋划策，同时发挥监督和评估的作用。

（3）制订社会教育工作计划。在拟订幼儿园、家长 、社区协作的社会教育工作计划时，不论是学年计划、学期计划，还是月计划、周计划、日计划，都要遵循系统考虑、全面考量、协作设计三大原则。

① 沈丽华. 幼儿园课程开发中社区资源的整合. 学前教育研究，2010（5）：61.

由于不同的社区资源从属于不同的社会机构和承担着不同的社会功能，有些资源具有长效性，可直接用于幼儿园课程的实施，如社区内的各种活动设施和场地等，只需要提前一周与相关单位或个人协调安排；有些资源具有即时性和计划性，如元宵灯会、端午龙舟赛等大型的社区活动，若要使用这些资源，需要在制订计划时，就与相关部门沟通；有些资源具有不可重复性；有些资源则可以反复使用；等等。因此，在制订社会教育计划时，应当遵循系统考虑的原则，从资源的特性出发，充分利用已建立的社区与家庭教育资源库，把各种教育资源巧妙地渗透进去。制订社会教育计划时，还需要与社区人士和家长协作，共同商定，使计划更具体。在具体实施方案部分，参考其他领域的专业意见，使活动更具可操作性。在制订具体社会教育方案时，要从社会认知、社会情感、社会技能的培养三个方面来全面考量，在追求教育性的同时，还应当注意活动的娱乐性、趣味性，要能激发参与人员的积极性、主动性和创造性。

实例链接

参观上海消防博物馆活动方案

活动目标：

(1) 帮助幼儿了解上海消防博物馆的环境、设施和设备（如消防装备、消防车和自动化消防装置），以丰富幼儿的消防知识，增强幼儿的自我保护能力。

(2) 帮助幼儿了解消防队员的工作，以引发幼儿尊敬消防队员的情感，促使幼儿学习消防队员英勇顽强的精神。

活动准备：

(1) 教师在网上查找消防博物馆的信息，知道它的地理位置（位于长宁区中山西路229号），了解它的开放时间和交通路线。

(2) 教师实地参观消防博物馆，知道馆中的布局，并预约将带幼儿来参观，希望得到支持和帮助。

(3) 教师通过家长园地、送接交流、手机信息等多种方式，邀请家长参加，共同组织好幼儿的参观活动。

(4) 教师带领幼儿在幼儿园里寻找有关消防的器械，以激发幼儿参观消防博物馆的兴趣；提醒幼儿参观时，可带上绘画板或照相机。

活动过程：

(1) 教师和家长带领幼儿来到“上海消防博物馆”门前，帮助幼儿认识中文名称和英文名称（SHANGHAI FIRE MUSEUM）。

(2) 教师和家长带领幼儿走进博物馆大厅，引导幼儿观看水枪、消防玩具模型柜台、蒸汽消防车等。

(3) 教师和家长在讲解员的陪同下，带领幼儿边从一楼走到二楼边看云梯，参观

“火灾的历程——消防科普教育馆”：御火者的脚步、火灾的探究、虚拟火灾实验室、虚拟火场、4D影院。请讲解员利用宣传图文版及虚拟火场，向幼儿介绍“什么是火”“什么是火灾”“火灾应对及自救逃生”等知识与技能，帮助幼儿学习正确的火场逃生方式。

（4）教师和家长在讲解员的陪同下，带领幼儿边看云梯边从二楼走到三楼，参观“城市导火者——消防历史展示馆”。请讲解员带领观看各种各样的消防器材藏品（如木质双筒人力泵、消火栓、内燃机消防车、灭火弹、电话、手摇式防空报警器等），以及消防队、消防服装、消防头盔和消防英雄等。

（5）教师、家长和幼儿一起向讲解员表示感谢，下楼回到大厅。

（6）教师提醒家长和幼儿可以在高大的蒸汽消防车旁拍照或画张像，也可以在多排水枪旁拍照或画张像。

（7）教师提醒家长和幼儿可以在咨询台那本消防宣传手册，回园或回家后再仔细阅读。

活动延伸：

（1）教师和幼儿在班级共同阅读消防宣传手册，并谈谈参观上海消防博物馆的收获。

（2）教师在班级的活动区里，增加材料，引导幼儿搭建“上海消防博物馆”，玩消防队员的游戏。

（3）教师和幼儿一起演习火警，学习使用灭火器，强化消防知识，巩固消防技能。

（4）教师鼓励家长带领孩子参观家庭附近的“消防站”以及相关设备，加深孩子对消防的认识。

资料来源：李生兰．学前儿童家庭与社区教育．北京：高等教育出版社，2015.

《指南》指出，“家庭、幼儿园和社会应共同努力，为幼儿创设温暖、关爱、平等的家庭和集体生活氛围，建立良好的亲子关系、师生关系和同伴关系，让幼儿在积极健康的人际关系中获得安全感和信任感。”作为幼儿园教师，我们要清晰认识到：在幼儿五大领域学习与发展中，如果缺少三方协作中的任何一方，可能面临彻底无助或迷茫；在幼儿园五大领域教育中，离开了三方中任何一方的协作，势必面临无效或失败。

技能训练

请根据案例，设计一个幼儿园、社区和家庭协作的社会教育活动。

端午节前夕，乐乐从姥姥家回来，带了几个小粽子到幼儿园来。
一群小朋友马上对粽子产生了兴趣，七嘴八舌地说起来。
凌凌说：“这个粽子好小哦，外面卖的都很大！”
萱萱说：“这些包上粽叶的糯米怎么会变成三角的呢？”

琦琦说："我们去买点糯米和粽叶，自己来包吧。"
沐沐说："我不会包啊，好想知道大人是怎么包的呀？"
小宇说："我家小区门口有家卖粽子的店，婆婆们都是一边包一边卖。"
壮壮说："我吃过长方形的粽子，里面还有肉。"
芯芯说："我只喜欢吃甜粽子。"
……

学练结合

1. 请分组选择到不同的幼儿园及所在社区，调查了解他们开展合作教育的情况，撰写调研报告。

2. 请以"参观社区××"为主题，设计一个完整的幼儿园、家庭、社区协作的社会教育活动。

第七章　学前儿童常见的社会性发展问题

目标导航

［**知识目标**］了解学前儿童社会性发展问题的含义与影响因素，掌握学前儿童常见社会性发展问题的表现特征及其成因，掌握学前儿童社会性发展问题的基本指导策略。

［**能力目标**］学会初步判定学前儿童社会性发展问题并设计具有针对性的指导策略。

第一节 学前儿童常见的社会性发展问题的表现

基础知识

社会性发展是儿童全面发展的重要组成部分，一个人能否与周围的环境、社会相适应被视作健康的标志之一。走进 21 世纪，我们可以发现，全社会对儿童适应周围环境的能力给予了更高的重视，培养和造就 21 世纪的世界性公民已成为教育的主旋律。但是近年来，儿童社会性发展问题的发生率呈现急剧上升趋势，引发了全社会的广泛关注。本节主要讨论学前儿童社会性发展问题的一般表现和影响因素，以及常见社会性发展问题的具体表现和成因。

一、学前儿童社会性发展问题

（一） 社会性发展问题的界定

我们每人都要经历由自然人到社会人的发展历程，脱离社会而独自生存几乎是不可能的，或者说那样就不是一个完整、健全的人。如同 1989 年联合国世界卫生组织（WHO）对健康作出的新定义一样：健康不仅是没有疾病，而且包括躯体健康、心理健康、社会适应良好和道德健康。社会性是构成健全人格的重要组成部分，是儿童学习掌握文化知识、行为习惯和价值体系并成为现实社会中所要求的成员的过程，即社会化过程。①

学龄前是身体发展最迅速，性格、心理及行为在个体与外界交互作用的过程中初步形成的重要阶段，这是一个双向的作用过程，即儿童不仅是受外界影响的客体，也同时成为对外施加影响的主体。儿童社会性的发展主要体现在通过各种活动，不断丰富社会

---

① 陈会昌. 中国学前教育百科全书：心理发展卷. 沈阳：沈阳出版社，1994.

经验，认识并内化社会规范，形成个体价值观念，掌握行为规范和社会交往规则，学会处理人际关系，最终发展成为一个社会人。然而由于年龄较小、发育不成熟、判断能力差等原因，学前儿童社会性发展存在较强的可塑性和易变性，外界的不良影响及个体的消极因素极易促使儿童产生各种问题行为，在学龄前出现的心理和行为的失调或变态，即学前儿童社会性发展问题。

近些年来，儿童的心理和行为问题越来越突出地呈现在家长、教师和社会面前，不论是根据有关调查还是新闻报道，儿童行为问题发生率都呈上升趋势。国内权威的儿童医学保健专家从学龄前儿童常见的 34 种问题行为中，评出了影响中国学龄前儿童身心健康发育的最常见十大问题行为，如“注意力差，容易分心，难以完成任务，在幼儿园坐不住，来回走动”“明显多动”“过分依恋，缠人”“孤僻，难以与同伴交往”“过分好强，处处争第一，受不了一点挫折和批评”“违拗性严重”“有睡眠问题”等，以上这些问题或多或少、或轻或重的在不少儿童身上都有存在。多项研究结果也显示具有严重社会性发展问题的儿童大约占 10%以上，但是有更多儿童身上存在不太显著的障碍，如果这些障碍早期得不到及时纠正，势必会影响以后的学习、生活，严重者可能产生心理疾病，危害家人及社会。因此，深入探究学前儿童行为发展问题是非常迫切和必要的。

（二） 社会性发展问题的一般表现

学前儿童的天性纯真、活泼好动、情绪外露等特点，使得一些发展过程中的问题易被成人忽视，而且正常与异常的区别并非泾渭分明，年龄越小，辨别的难度越大，偶发的不当行为也不能被视作社会性发展问题。如果识别不准确，轻易下结论、贴“标签”，还会给儿童成长带来非常不利的影响，所以识别工作既困难又重要。学前儿童社会性发展问题种类多，表现各有不同，如何辨别一个学前儿童身上是否存在社会性发展问题，需要综合考虑的因素有很多，我们归纳出以下一般表现。

1. 从常模和发展规律看行为表现

我们辨别一个学前儿童的社会性发展是否正常，是否存在问题，需要参照多数人这个群体。所谓的正常不是绝对的，只是一个相对评价，是与大多数儿童相比较而言。若某种问题在同年龄大多数儿童身上都存在，则该问题属于共性，不属于异常问题；如果同龄多数儿童不存在该问题，只有少数儿童存在，那我们可以说出现的问题是不正常的。

当然需要指出的是，共性特征是和年龄紧密相关的，不是永恒不变的，若随着年龄的增长，有些儿童的共性特征不发生改变，也将成为发展异常儿童。例如，幼儿在 2～3 岁时是发脾气的高峰期，大部分儿童在该年龄阶段都控制不住自己的情绪，这是正常的。但随着年龄增长，儿童的控制能力逐渐提高，发脾气的次数逐渐减少，如果儿童到了上学的年龄还天天发脾气的话，那可能就不正常了。

2. 从行为程度看行为表现

学前儿童社会性发展问题在行为程度上表现为行为不足或行为过度。行为不足是指符合社会规范期望且有利于儿童身心健康成长的行为很少或从不发生。这类儿童缺乏与外界环境互动，表现出忽视周围环境、不能与他人建立良性的交往关系，并出现不合时宜的情绪反应，如很少主动讲话或者不愿和同伴接触，不喜欢参与集体活动。行为过度指那些妨害、影响别人，甚至伤害到自己的行为发生频次过多，并且自控力差，不易受约束，成人也较难控制。

3. 从适应环境看行为表现

行为是否恰当还要看儿童与所处的情境是否相适宜。当儿童常常表现出与所处环境格格不入的不当行为，如古怪、易发怒、攻击别人，或者在悲伤的氛围中却开怀大笑等，并且行为长期存在、无消退的迹象，也可以被认定为存在社会性发展障碍。

（三）影响学前儿童社会性发展的因素

分析学前儿童社会性发展问题的成因是有效干预行为问题的关键。我们通常认为凡是影响学前儿童身心健康发展的因素也都影响着其社会性发展，这些因素是多方面的、错综复杂的，简单来说可以分为两大维度：生物性因素和后天环境因素。

1. 生物性因素

生物性因素主要包括遗传、疾病、气质等。

（1）遗传素质是个人身心发展的物质基础和前提条件。随着现代医学的研究发展，目前已知的因基因因素直接引起的人类遗传缺陷或疾病有 3 000 多种，占人类各种疾病的 1/5 以上，如苯丙酮尿症、唐氏综合征等。近年来在分子遗传学研究中，一些调控正常或异常行为的基因已被定义或克隆，有研究者发现有些行为障碍是由于染色体缺损或基因突变造成。

（2）各种病原微生物，如细菌、病毒、真菌等在人体内生存与繁殖也会引起新陈代谢的紊乱、生理功能障碍而导致罹患各种疾病。疾病感染会使学前儿童健康水平下降，身心受到影响，从而可能会引发相应的问题行为，如流脑、乙脑的感染会影响中枢神经系统的发育，使儿童的情绪和行为问题增多。假如病毒感染听觉神经或语言中枢，则会造成儿童的听说障碍，导致其社会交往困难，从而更加封闭、自卑。

（3）气质是一个人所特有的心理活动的动力特征，包括活动的速度、强度、稳定性、灵活性、指向性等，它是人的个性和社会性发展的生物基础。气质较多地受先天的生物学因素影响，比如婴儿在出生后，就会表现出是爱哭、爱闹，还是安静少动的区别。近代比较广为接受的是将人的气质划分为胆汁质、多血质、黏液质、抑郁质四种类型，见表 7-1，而巴普洛夫则认为高级神经活动有三个基本特征，即兴奋与抑制的强度、均衡性和灵活性。

表 7-1　不同气质类型的基本特征和行为特点

神经类型（气质）	强度	均衡性	灵活性	行为特点
兴奋型（胆汁质）	强	不均衡		反应快、易兴奋、难于抑制
活泼型（多血质）	强	均衡	灵活	活泼、灵活、好交际
安静型（黏液质）	强	均衡	不灵活	安静、迟缓、有耐心、不好交际
抑制型（抑郁质）	弱			行为紧张、刻板、敏感、孤僻

胆汁质和多血质的儿童情绪情感表达比较强烈，反应灵活，对社会知识、社会规则等认识的速度快，对待外界积极主动，交往能力往往较强，这些儿童会比黏液质和抑郁质的儿童表现出更多的利他行为，但他们的自制力较差，执行规则时不能持久；黏液质和抑郁质的儿童认知速度慢，不善于沟通交流，但行为自制力、坚持性和执行规则的效果较好。

虽说气质是先天形成的，并无好坏之分，但研究表明，婴幼儿的某些气质特点会影响其心理活动和行为，同时影响亲子、师幼、同伴等社会性关系。从早期与父母的亲子交流到后来的同伴交往，由于儿童的气质不同，也会导致社会交往上表现出迥然的差异。情绪稳定、易于教养、容易相处的儿童，会得到他人更多的关爱。而经常哭闹、自制力差、脾气急躁、不易教养的儿童，往往会得到父母更多的禁止和警告，甚至体罚，也容易发生同伴间冲突。可以说，气质影响了儿童的行为表现，进而影响到亲子、师幼等人际关系和父母教养、教师教育的方式，而父母教养和教师教育的方式反过来又会对儿童的行为产生影响。

2. 后天环境因素

（1）家庭。家庭是儿童社会化的最初场所，学前儿童在与其他家庭成员的交往过程中，成人通过自己的言行以及所营造的家庭环境，有意无意地向幼儿传授了社会生存所必需的知识技能、行为准则和社会规范。陈会昌等关于家长教育观念和儿童发展的关系的研究也表明，父母的教养观念、对待学校教育的态度与孩子的社交能力有一定程度的相关性，对孩子独立性、礼貌及整洁等个性品质培养的重视程度与儿童社会交往能力的发展呈现显著相关。因此，家庭因素包括父母的行为方式、教养方式、家庭结构等方面都在影响着儿童社会性的发展。

1）行为方式。幼儿天生喜欢模仿，父母是子女的第一任教师，他们的所作所为、一言一行对学前儿童的行为方式、个性塑造、价值观念取向等都有潜移默化的影响，正如颜之推所言“父不慈，则子不孝；兄不友，则弟不恭”。班杜拉社会学习理论中的观察学习和替代性强化理论，也说明了儿童在成长过程中行为的习得主要依赖的是对身边榜样行为的观察模仿。因此，父母在孩子面前，要特别注意发挥自身言传身教的示范性榜样作用。

2）教养方式。父母对子女的教育方式一般分为四种：忽视型、民主型、溺爱型、专制型。精神分析学派弗洛伊德认为不同的教养模式会使儿童形成不同的人格特征。

首先，忽视型的父母对孩子的发展不管不顾，不关心也不了解孩子，忽视孩子的需求，让其随心所欲，缺乏正确的行为规范指导，儿童以后多表现为自信心较差、冷漠、情绪消极、自由散漫、社会适应能力差等问题。如果诸如饮食、睡眠的生理需要没有得到满足，幼儿会产生暴躁或拒绝行为；而依恋、尊重、爱的心理需要没有得到满足，则会导致拒绝行为、孤僻、丧失安全感等问题，这种情况在留守家庭里面表现得尤为突出。最近几年，我们会时常看到媒体有关留守儿童自杀或犯罪的报道。也有研究证明，特别是在农村地区，留守儿童行为问题发生率显著高于非留守儿童，主要问题有孤僻离群、焦虑抑郁、情绪不稳定、逆反、道德缺失等。这与他们长时期得不到父母的关爱密切相关。

实例链接

2013年，据《金陵晚报》报道，跟着爷爷奶奶在苏北农村长到13岁的留守儿童小宇（化名）约了自己的好友，另一名留守儿童小丽一起喝安眠药自杀，所幸获救。原来，自一岁起，每年至多见到父母两次的小宇在一次吵架中害怕父母离婚，绝望中选择了自杀。

2014年1月20日，据《新京报》报道，安徽望江县9岁的留守少年小闯在屋外厕所房梁上自缢，只因为接到妈妈的电话，说今年不能回家过年。

2015年6月9日23时许，毕节市七星关区田坎乡4名儿童在家中疑似农药中毒，经抢救无效死亡。4名儿童为留守儿童，年龄最小的5岁，最大的13岁，父母均在外打工。大儿子张启刚留下了一份简单遗书，遗书大概内容是："谢谢你们的好意，我知道你们对我的好，但是我该走了。我曾经发誓活不过15岁，死亡是我多年的梦想，今天清零了！"

其次，民主型家庭成员之间关系平等，家庭氛围和谐融洽，父母尊重理解儿童，在一定的规则范围内给孩子以自由。这种儿童较为自信，性格开朗，社会适应能力和沟通能力较强。

再次，专制型的父母对孩子干预过多，温暖、关爱少。不允许违背大人的意志，一定程度上限制了孩子的自我意识和自我教育能力的发展，合理要求也得不到满足。在家长的高压专制教养中，儿童容易发展成为懦弱、顺从、缺乏自信、性格压抑、自卑的人，或者走向另一个极端——表现得异常反抗、冷酷、残暴。

最后，溺爱型多见于独生子女家庭，家长过分宠爱孩子，无原则地满足儿童的所有要求，对不当行为也不加管束，容易造成儿童依赖、胆小怯懦、任性、自私、骄傲、意志薄弱、自主独立性差等不良问题。

3）家庭结构。正常家庭结构的破坏会使学前儿童的心理适应发生困难，如父母死亡、离婚、再婚等，往往造成儿童心理的紧张和压力。大量研究表明，不良的家庭氛围、成员间情感亲密程度差、家庭矛盾多等都与儿童发展问题具有密切关系。家庭内的冲突往往会成为儿童心理创伤的背景，甚至还可能导致孩子在神经—心理上的某些病态。

4）其他因素，包括家庭经济收入水平、父母受教育程度和心理健康状况等。例如，受教育程度较高的父母更容易营造良好的家庭氛围，充分认识并尊重孩子的个性特征，建立良好的亲子关系，提出合理的期望值，并用其所拥有的知识影响和教育子女。相反，受教育程度较低的父母对子女的帮助有限，甚至可能因其自身的不良习惯、教育态度与方式给子女的身心健康造成不良影响。

（2）幼儿园。与成员人数较少、以血缘关系为基础的家庭教育相比，幼儿园教育是以师幼和同伴关系为纽带形成的组织。在这一点上，幼儿园更像是一个雏形的社会，人与人的接触也相对频繁和广泛，这更有利于促进幼儿的社会化。此外，与其他教育形式相比，幼儿园的教育功能更加突出，它会根据幼儿的发展特点和社会的要求，开展有目的、有计划的教育活动，培养目标的设定更符合社会化的要求。

幼儿园主要通过物质和精神两个方面影响学前儿童社会性发展。一方面，儿童的成长以及交往是在一定的物质环境中进行的。整洁、舒适、适当的空间组织和充足的玩教具材料都有利于儿童情绪安定，心情愉悦，增加亲社会行为；反之，脏乱、无序的环境容易造成儿童忽视规则，违规行为和冲突增多。另一方面，幼儿园的精神环境是指幼儿园的人际关系以及由此带来的心理氛围等，包括教师与幼儿、幼儿与幼儿、教师与教师之间的相互关系。温暖和睦的气氛、和谐融洽的师幼关系、友好关爱的同伴关系有助于幼儿形成乐群、合作、友爱的良好行为；而冷漠、缺乏关怀的环境，教师不当的言语或者体罚以及同伴间的冲突，都有可能导致幼儿胆小、缺乏同情心、缺乏交流与合作。幼儿园人际关系中教师对幼儿社会性发展影响最大，幼儿把教师当成心目中的权威，通过有意或无意地模仿教师的行为举止进行着大量的社会性学习。此外，与亲子和师幼关系相比，幼儿园同伴关系更加平等、广泛，交往内容也更为丰富和复杂。通过同伴交往，幼儿逐渐学会社会交往技能和策略，既可以满足幼儿被群体接纳和被他人尊重的需要，同时同伴的评价反馈也能帮助幼儿形成自我意识，逐渐摆脱自我中心。所以，同伴交往是幼儿社会化过程的重要途径。

（3）社会。对于还未真正踏入社会的学前儿童，影响其社会性发展的主要社会因素包括儿童居住的社区环境以及接触到的社会风气、影视、网络等。

良好的社会风气可以营造一个促进儿童社会性健康发展的氛围。人人坦诚相待，友好互助，这些都有利于幼儿形成分享、互助、诚实等优秀的品质和行为；反之，不良风气只会导致儿童在社会的浸染中不断出现心理问题和行为问题。

大众传媒对学前儿童社会性发展是一把双刃剑。如果媒体传递的是良好的社会规范，如亲情、助人、分享、合作等优秀品质，幼儿则会获得有益的发展；相反，如果充斥暴力、欺骗，就会使原本辨别能力差的幼儿被误导，形成反社会性人格。此外，电视、网络阻碍幼儿社会性发展的另一表现，就是它会减少幼儿的真实性社会交往，在“电视、电脑保姆”陪伴下长大的孩子，与父母和同伴的接触减少，这严重影响其社交能力的发展，更容易出现社会性发展障碍。当然，我们也不能否认优秀少儿节目的积极影响，它扩大了幼儿的社会性认知，有利于更广泛地了解社会交往的规则和行为规范。

资料链接

开播于1969年的《芝麻街》是美国公共广播协会制作播出的儿童教育电视节目。这个节目综合运用了木偶、动画和真人表演等各种表现手法向儿童教授基础阅读、算术、颜色的名称、字母和数字等基本知识，有时还教一些基本的生活常识。有关研究显示，收看《芝麻街》的学龄前儿童在字母表、数字、身体部位、形状和分类等知识方面较其他孩子有优势。有项研究追踪一批《芝麻街》儿童观众入学后的表现，任课教师评价这批孩子在阅读能力、词汇量、数学技能、对上学的态度和适应性、与同伴相处方面优于其他学生。

二、学前儿童常见的社会性发展问题的表现和成因

学前儿童社会性发展问题表现在很多方面，常见的主要有焦虑、攻击性行为、说谎、破坏性行为、偷窃等。这些问题既存在一些共性因素，也有各自独特的原因和表现，以下对这几种常见的幼儿社会性发展问题作简要介绍。

（一）焦虑

1. 焦虑的表现和类型

焦虑是指个体因不能达到目标或不能克服障碍的威胁而使自尊心受损时所形成的一种紧张不安而又带有恐惧的负性复合情绪。①

在所有幼儿的成长经历中，都体验过恐惧、担忧、焦虑或羞怯，但大多只是短暂的、程度较轻、频率低、易恢复的，并不影响人体的生理功能和社会交往，甚至还具有适应环境和自我保护的作用。而重度的焦虑则会严重影响身心健康，成为一种发展障碍，主要是以经常持续性的、过度的焦虑、担心、害怕为主要体验，并削弱身体机能，影响正常社会交往。焦虑者或许并未面临危险，也未受到伤害，但却能体验到一种类似恐惧的心理，且能明显地意识到自己处于这种状态之中。

焦虑在认知、情感和躯体行为上都有表现。首先体现在认知上，幼儿对事物抱有消极负面的认知，以悲观的态度看待事物。例如，妈妈离开是不要我了；小伙伴不跟我玩是因为我太笨了；今天老师看我一眼，很生气的样子，是不是我做错了什么。其次，消极的认知导致负面的情感体验，过于担心、恐惧，感到紧张、不安、不愉快等。最后，焦虑的情绪转化为外在的行为，如哭闹、易怒、退缩、执拗、不易安抚等，程度严重的焦虑还会伴有躯体的不适，如呼吸急促、出汗、心悸、腹痛、失眠、头痛、肌肉紧张、疲劳等。

焦虑的类型多种多样，主要包括分离性焦虑、社交性焦虑、特异性焦虑等。

（1）分离性焦虑。伴随依恋关系的建立，幼儿与所依附的人或最初照顾者（通常是母亲）分离时，会表现出分离性焦虑的情绪：伤心、痛苦，拒绝分离。例如，一名8个月大的婴儿，正坐在小床上玩玩具，看见妈妈穿上外衣，拿起手提包走出去了，随着妈妈身影的逐渐消失，婴儿就会哭起来。如果婴儿已经1岁多，能走路了，他会跑过去搂住妈妈，不让妈妈出门，要是妈妈关上门走出去了，他会放声大哭。这种情景大概每个母亲都曾经历过，这就是分离焦虑反应。分离性焦虑在婴儿6～7个月的时候产生，此时正是婴儿的社会性依恋初步形成时期，分离性焦虑的发展也是有个过程的，一般情况

① 陈会昌. 中国学前教育百科全书：心理发展卷. 沈阳：沈阳出版社，1994.

下，婴儿与母亲的亲密接触越多，分离性焦虑出现的时间就会越早。①

（2）社交性焦虑。在童年早期，当儿童遇到崭新的、陌生的或具有社会性威胁的情景时，出现一定程度的担心或焦虑是正常的，但当这种担心和害怕持续存在，引起儿童对陌生人或社交场合的回避行为，影响儿童的社会功能时，这种情形即构成儿童社交性焦虑障碍，通常见于 6 岁以下儿童。在社交场合中，幼儿会表现为过分胆怯、孤独，对新环境和陌生人产生恐惧，依附父母，想躲藏起来，往往回避集体活动。尤其是在公共场合说话或与他人有视觉交流时，幼儿通常会有脸红、心慌、手抖、恶心、出汗、口吃的表现，甚至出现惊恐发作，同时常伴有自我评价低，害怕遭到批评的心理。

（3）特异性焦虑。幼儿出于本能和自我保护，对黑暗、登高、雷电、动物等可能会有恐惧心理，但这类恐惧时间短、程度轻。如果恐惧体验时间长、程度重，与外界刺激不成比例，明显超过客观存在的危险程度，且不能因安抚和解释而消失，那么可能就产生了对某一特定事物的特异性焦虑。

2. 产生焦虑的原因

焦虑产生的原因复杂，是众多因素相互作用的结果，主要包括以下几方面：

（1）遗传和气质。抑制气质的儿童有发生多种焦虑或抑郁障碍的风险。适应性程度低、趋避退缩的幼儿，其行为常常表现为多变、无规律、退缩、适应过程缓慢等，这些气质特点使得这类幼儿在生活中经常表现出爱哭、烦躁、易激怒、回避、退缩等行为特征，容易与抚养者及周围的人发生冲突，不易安抚，在与同伴交往中也不易被接受。这些表现使得这类幼儿受到父母和老师的责罚可能会相对较多，长期的结果可能导致较多的焦虑情绪产生。

此外，也有研究证明，广泛性焦虑具有遗传效应，遗传方式符合染色体隐性遗传或多基因遗传。② Mancini 研究发现，父母患有焦虑症的，其孩子患病的概率远高于父母没有患病的孩子。

（2）依恋关系。家庭氛围和成员间的亲密程度越差，则幼儿发生焦虑障碍的可能性越大。依恋关系包括三种形式，即安全型依恋、不安全—矛盾型依恋和不安全—回避型依恋。大量研究发现，后两种依恋类型会导致儿童产生各种心理问题。Ainsworth 等人在实验中，观察不同依恋类型孩子面对与监护人分离、团聚的不同反应，推测出不安全依恋类型的婴儿将来出现社交焦虑的概率比其他类型的婴儿更高，并通过追踪研究证实了前期假设。

（3）教养方式。儿童焦虑也与父母的教养方式存在一定的关系。金盛华认为，倾向于多操纵、控制子女按照自己意愿行事的父母，会使子女形成懦弱、胆小、畏惧的负面性格，为今后更容易形成社交焦虑埋下隐患。于景凯的研究发现，家庭环境中的亲密因子与幼儿焦虑及各种焦虑症状呈显著负相关，而矛盾性因子与幼儿焦虑及各焦虑症状呈

---

① 林崇德. 中国独生子女教育百科. 杭州：浙江人民出版社，1999.

② 马震祥，刘玉局. 广泛性焦虑遗传效应和遗传方式研究. 临床精神医学杂志，2006（6）：336－337.

显著正相关，说明亲密度低的家庭和矛盾性高的家庭，幼儿发生焦虑障碍和各焦虑症状的可能性大。

留守儿童社交焦虑检出率显著高于非留守儿童，留守儿童的认知偏差也显著高于非留守儿童，对于日常生活中的一些中性的外部信息，留守儿童多将其解读为带有消极的含义，幼年期亲情的缺失使他们幼小的心灵蒙上阴影。①而且父母离开时，儿童年龄越小，留守儿童的焦虑水平越高，主要是由于幼儿处在安全感、自信心发展的关键期，却长期缺少父母关爱和情感寄托，安全感降低，加之认知上的不成熟，不能客观准确地理解父母离开自己的原因，所以更容易引起自卑、退缩等负面情绪。

(4) 其他因素。贫困家庭的儿童焦虑水平较高，经济压力导致父母采用忽视和苛刻的教养方式，进而影响到儿童情绪。忽视主要是因为父母工作时间长、压力大，精力大多放在应对拮据生活上，没有足够精力关心儿童的内心需求。苛刻的教养方式主要表现在学习和其他方面，父母认为只有通过努力成才改变贫困命运，因而将期望寄托在孩子身上。② 还有研究表明，身材矮小和体重超重肥胖也会导致儿童出现社交焦虑。

（二） 攻击性行为

攻击性行为也称侵犯性行为，是指一种有意伤害他人，给他人带来不愉快和痛苦，且不被社会规范所接受和许可的行为，可造成被攻击方生理上和心理上的伤害。③ 攻击者的意向和动机是判定和分类的最关键因素，有时虽然实施了侵犯性行为，如果学前儿童不以伤害他人为目的，则不属于攻击性行为。攻击性行为既影响幼儿人格和品德的发展，又是个体社会化成败的一个重要指标。

1. 攻击性行为的类型与表现

从形式上来划分，攻击性行为一般分为言语攻击和身体攻击。从目的性来划分，一种是为了争夺某一物体的工具性攻击，攻击被当作一种手段来达到获取物品的目的，并不是为了给被攻击者造成身心伤害；另一种是专门打击或伤害他人的敌意性攻击。从婴儿期争夺玩具开始，攻击性行为的方式、原因、对象都随年龄增长不断变化。国内外多项研究表明，学前儿童攻击性行为呈现出随年龄增加，身体和工具性攻击逐渐减少（如抢夺、推、喊），言语和敌意性攻击不断增加的趋势（如批评、嘲笑、辱骂）。但攻击性行为的发展又呈现出整体稳定性，即童年被同伴评定为攻击型的男孩到成年期呈现出更多的犯罪、虐待配偶和其他暴力行为。④

2. 攻击性行为产生的原因

(1) 生物因素。德国心理学行为治疗师安妮特·卡斯特·察恩指出，一岁过后，随着自我意识的产生，探索能力和自主意识不断增强，基于人的本性，幼儿试探性地了解

---

① 王晓丹，陈旭. 留守儿童与非留守儿童社交焦虑及认知偏差的比较研究. 四川师范大学学报（社会科学版），2010 (2)：57－61.

② 毕玉，王建平，成吉祥. 贫困压力和家庭教养环境对儿童焦虑的影响. 心理研究，2008 (2)：71－75.

③ 朴永馨. 特殊教育辞典（第2版）. 北京：华夏出版社，2006.

④ 周宗奎. 现代儿童发展心理学. 合肥：安徽人民出版社，1999.

自己对外界的支配能力。在这个过程中，幼儿可能就会自然产生攻击性行为，而常作为照料者在身旁的父母和一些在他力所能及范围内的物品，很有可能就成为了练习的对象，这在行为生物学上被称为“攻击性社会探索”。

另外，行为是大脑认知的直接结果，与大脑的协同功能有关。张倩等关于攻击行为儿童大脑两半球的认知活动特点的研究表明，具有攻击性行为的儿童与正常儿童比较，大脑两半球均衡性发展较低，显示左半球抗干扰能力较差，右半球完形认知能力较弱，这可能是儿童攻击性行为的某些神经心理学基础。①

此外，还有研究证明攻击行为与情绪唤起水平和性激素有关，如男童的攻击性行为发生率总体高于女童，并且男童采用身体攻击较多。

（2）家庭影响。学前儿童的攻击性行为与家庭教育模式密切相关。放任型和溺爱型的父母不约束、不控制孩子的攻击性行为，任其发展，在这种默许下不仅会使孩子的攻击行为越来越多，而且削弱了儿童的自控能力，一旦孩子的某种需要得不到满足，他就以反抗攻击来达到目的；专制型父母过于控制幼儿的自主性，使儿童产生逆反心理和反抗行为，而对于儿童攻击行为，父母则采取简单的以暴制暴的方式，反而可能强化这种行为。那些经常用暴力解决问题，并常常教育子女被欺负时一定要还手的父母，无疑是在助长幼儿的攻击行为。

家庭成员间的关系氛围也影响儿童的攻击行为，来自充满矛盾与冲突家庭的儿童往往会有包括侵犯在内的诸多行为问题。

（3）大众传媒。包括班杜拉的理论在内的大量实验研究和现实生活案例皆证实，儿童的许多行为都是通过观察和模仿而习得的，观看大众传媒中的暴力影像已是导致儿童攻击行为增加的另一重要原因。然而当下却有不少流行的动画片充斥着暴力情节，这极易引起学前儿童的效仿，如果不加以制止，久而久之就可能养成攻击他人的恶习。

实例链接

喜羊羊与灰太狼

问题台词：红太狼常用肉麻的音调称呼灰太狼“老公”，反复传递“老公”与“老婆”的关系。

问题情节：羊羊们总是捉弄村长，不尊敬长辈；红太狼经常对灰太狼施以家庭暴力；灰太狼烤羊、煮羊。

问题道具：平底锅。红太狼动辄挥动手中的平底锅殴打灰太狼。

---

① 张倩，郭念峰. 攻击行为儿童大脑半球某些认知特点的研究. 心理学报，1999（1）：104－110.

熊出没

问题台词："我跟你拼了""杀了你""砍死你"。
问题情节：光头强与熊大、熊二有粗暴的冲突。
问题道具：枪支。光头强打不过狗熊就拿枪射击。

(4) 社交能力。Richard 等人的研究发现，与受欢迎的孩子相比，具有攻击性行为的男孩对冲突的社会情境的解决办法较少，并且他们解决社会性争端的办法往往比攻击性较低的男孩所提出办法的效果更差。① 陈世平的研究也发现，经常采用问题解决策略来处理人际冲突的儿童较少卷入欺负行为问题。②

(5) 道德发展水平。攻击性行为与儿童认知和道德发展水平相关。攻击性儿童自我认同感高，不能正确认识自己，且轻视他人，对他人的意图倾向给予敌意性归因。因此，道德发展水平越高，儿童会从符合社会道德规范的认识出发，更多地考虑他人的利益，倾向于做出更多的亲社会行为；反之，则更容易做出侵害他人的行为。

(6) 人格。较强的攻击倾向与某种人格结构紧密相连，攻击者的性格往往易冲动、好发脾气，稍遇刺激就会有比较激烈的反应。

（三） 说谎

说谎指儿童有意无意地说假话欺骗别人的行为。对于儿童的说谎行为，应有足够的重视，要意识到说谎是一种不良行为，平时不要有意无意地教儿童说谎，注重对儿童的诚实教育，鼓励他表达真实的情感和想法。

了解幼儿说谎，首先要弄清楚动机问题。由于幼儿心智、道德标准尚未成熟，导致说谎的原因复杂多样，各种因素都会导致幼儿产生说谎行为，所以我们要具体情况具体分析，一般按照原因将说谎划分为五种类型。

(1) 想象与现实的交融性说谎。幼儿神经系统还未发育完善，思维以自我为中心、认知水平低，再加上记忆易偏差、语言表达不准确等原因，容易造成将想象当成现实，两者互相渗透的现象，即出现事实认定不清的想象性说谎。例如，一个 4 岁的幼儿对一位叔叔说："你再跟我玩一会儿，明天我就要回老家了。"叔叔问其父母，发现根本没有这回事，只是曾向孩子说过放寒假后会回老家看看，并不是明天要走。同样一句话从成人口中说出来，与幼儿所理解到的意思并不一致。这个事例中，妈妈强调的是寒假回老家，但幼儿对什么时候放寒假并没有准确的时间概念，她可能理解为很快就要回老家玩了，这就属于经历过的事情未能完全准确地回忆出来而导致的"说谎"。

(2) 为引起关注的有意虚构性说谎。人都有被赞美和表扬的情感需要，面对成人，每个幼儿都希望得到父母、老师的关注和赞赏，从而带来极大的满足感。面对同伴，伴随竞争意识的形成，相互之间的比较不可避免，他们也会有意夸大或捏造一些事实来使

① 周宗奎. 现代儿童发展心理学. 合肥：安徽人民出版社，1999.
② 陈世平. 儿童人际冲突解决策略与欺负行为的关系. 心理科学，2001 (2)：234.

得自己处于优势地位。例如，东东看到楠楠在玩坦克车，自己明明没有坦克车，却会不假思索地说："妈妈给我买了很多坦克车，比你的好玩多了！"而且说谎后得到的表扬、称赞或是奖励，会进一步强化说谎的动机和行为。

（3）逃避惩罚式说谎。当幼儿意识到自己的行为会造成某种严重后果，并很有可能招致父母的责罚时，不具备逻辑抗辩能力、不懂得申辩的幼儿，自然会产生恐惧和逃避的心理。为了逃避责罚或推卸责任，就很有可能使用欺骗性语言，即有意说谎。从某种程度上来说，这也是儿童的一种出于趋利避害的本能和自我防御性行为。

（4）创造性谎言。学龄前阶段的儿童对外界有了一定的知识和表象储备，但还尚未成熟完善，处在一知半解、似懂非懂的状态，为了满足愿望，抑或是纯粹的遐想，使得他看待事物时往往表现出一种独特的创造性。因此，创造性谎言是指儿童把所见所闻汇集、交融到一起，对并汇入自己虚幻世界中的各种素材进行随意加工，编成故事、童话等。这类谎言不是儿童的虚荣心所致，而是好奇心和求知欲的直接外露，也体现了一种发散的思维。德国教育学家施鲁克教授说过："孩子第一次有意义的说假话是他成长过程的一个重大进步，孩子说谎标志着他有了想象力、开创性的行为与周围环境打交道。"

（5）榜样式说谎。学前儿童效仿父母的一言一行，成人的榜样作用同样体现在说谎上。很多成人误以为孩子小，懵懂无知，即使被欺骗也会全然不知，更不会造成多么严重的后果，所以幼儿周围经常充斥着成人连哄带骗的谎言。现实生活中，父母不诚信的例子数不胜数，例如，孩子生病怕打针吃药，这时家长往往想方设法哄骗孩子，有的会说，吃了药身体好了，妈妈带你去动物园。可是当孩子病好之后，妈妈却早已把承诺忘得一干二净，当孩子问妈妈为什么说话不算数时，妈妈却若无其事地对孩子说"那是妈妈哄你的"。

实例链接

在号称荷兰迪斯尼的游乐园门口，我看到一对中国夫妇带着儿子来玩，只听那个妈妈对儿子嘱咐："要进去了哦，等会儿在门口如果有人问你几岁了，你就说 3 岁。"

"可我是 5 岁啊！"

"5 岁就要买门票了，3 岁还是免费的。"

"可要是他们看出来我是 5 岁怎么办？"孩子有些害怕。

"不会的！"妈妈安慰儿子："我们中国人比荷兰人长得小。进门他们不见得会问你年龄，我嘱咐你是以防万一。免票省下的钱，妈妈进去给你买冰淇淋吃，好不好？"

孩子听懂了，高兴地点点头。进门时，孩子自己在脑门上比着个三的手势往前走，的确没人问他年龄。他们一家进去后哈哈大笑，很开心："耶，过关了！"

过了一会儿，在坐海盗船的地方排队，我又看到了这一家三口。只听孩子妈又开始嘱咐了："你想坐这个的话，那等会儿有人问，你得告诉他们你六岁了。因为这个船规定是六岁的小孩才能坐的。记住了，六岁哦！"

排到他们时，管理员问孩子："你几岁了？"孩子妈抢着用英语回答："六岁。"管理员盯着孩子，不容置疑地再问："请问你几岁了？"

孩子紧张地看了看妈妈，妈妈小声怂恿他："六岁，Six。"孩子涨红了脸，张了张嘴，突然崩溃大哭起来："我到底多少岁啊？我是三岁，六岁，还是五岁啊？我不知道了。"

孩子一哭，管理员吓坏了，她听不懂中文，以为是自己把孩子弄哭了，她说着对不起并让孩子父母带孩子去休息室缓和一下，让他们下一轮再坐。孩子妈赔着笑，边拉着儿子走出队伍边数落："不许哭！你一哭不是露馅儿了吗？幸好那个阿姨听不懂中文……"

马卡连柯曾说过："如果一位母亲瞒着人把东西给自己的孩子，而不给别人的孩子，就是在教自己的孩子不正直，不忠诚。"我国古代"曾子杀猪"的故事早已告诉我们，想要孩子诚实，父母一定先要守信。反观上面案例中的母亲，为了省下为数不多的门票钱，却让孩子处处说谎，贪占小便宜，最终引发孩子内心矛盾，崩溃大哭。如果孩子就此养成说谎习惯的话，将来省下再多的钱也换不来他诚实的品质。

（四） 破坏性行为

破坏性行为是指学前儿童损坏家中或他人的财物、损坏公共设施的行为，是一种损人不利己的行为。它虽然没有对他人的生命造成损伤，但其负面影响同样十分恶劣，甚至影响人与人之间的交往，导致人际关系的破灭。一般情况下，儿童一旦具有某种破坏行为，都会直接降低家长、教师和同伴对他的评价，也会直接导致幼儿同伴关系的恶化。

1. 破坏性行为的表现与类型

幼儿的破坏性行为主要表现为损害公共财物或他人的利益、扰乱集体活动等方面。例如，在校园、公园或其他公共场所刻字、涂抹、打碎路灯、毁坏公共设施等。另外，扰乱集体活动，违反纪律，使活动难以进行，这在幼儿园里是一种比较常见的现象。群体中总有些比较调皮的幼儿，戏弄或碰撞弱小同伴，抢夺别人的东西，故意踢桌子、摇椅子，甚至恶作剧、出别人的洋相等。

评判破坏性行为时，客观行为和主观意图同样的重要。从心理学的动机角度分析，幼儿的破坏性行为分为"无意性破坏行为"和"有意性破坏行为"两类。处于通过自身行为动作来获得直接经验的幼儿，有时某种行为虽客观上造成物品的损坏，但他并没有主观恶意性。例如，把书当做玩具，把用手撕书当做一种游戏，可以说，撕书对他来说是一种乐趣。还有对待植物生长没有耐心，为了幼苗快快长高，用手去拔，导致植物枯萎。这类伤害就属于无意性破坏行为，主要发生在低龄幼儿身上，常常由于他们好奇心以及认知水平有限造成的。正如卢梭所言："即便在孩子身上似乎是破坏的倾向较多，其原因也不在于儿童生来是邪恶的，而是由于创造活动很迟缓，而破坏活动则比较迅速，所以更适合他的活泼的性情。"

有时幼儿为了发泄不满和愤怒情绪，报复或者在人们面前炫耀自己"能干"，明知某种行为会造成破坏，却有意而为之，进行有意性破坏。就像下面案例中的乐乐一样，他这种由于敌对情绪引起不满或报复的破坏行为，常造成他人人身或财物的伤害。

实例链接

乐乐，男，5岁，上幼儿园大班。身高略高于同龄孩子，动作敏捷、迅速。但是，近几个月来突然变成了“破坏大王”，什么玩具、什么东西一旦到了他的手里就不要想完整的还回来，就连衣服也是只要经过他的手就要遭到破坏，还喜欢在别人活动时搞破坏。给他一本画册，他会一页一页地撕破，给他一个玩具，他玩一阵便将其拆开或砸坏，颇令人苦恼。在和同伴一同玩游戏的过程中，也常常将同伴刚做好的东西推倒或者弄坏，被人发现或指责之后，他的破坏行为会有所收敛，但很快又会重复其破坏行为，继续有意无意地摘花、撕书、摔东西。为此，小朋友们越来越不喜欢和他玩了，家长和教师对此都很头疼，也很担忧其以后的发展。

2. 学前儿童破坏性行为产生的原因

对于幼儿在活动中出现的破坏性行为，我们要用探究的眼光去看待，去寻找他们行为背后的原因，切忌凭借主观臆断对孩子批评教育。引发幼儿破坏性行为的原因有很多，其中最主要的原因有以下几个方面：

（1）身体发育不完善。有部分孩子的行为初衷是好的，但是因为思维与动作发展的不协调，自我控制能力较差，会出现一些表面类似破坏性行为的现象。例如，他们想拿某件东西，结果手没拿住，掉在地上摔坏了，这只能说是损坏，不能横加指责。除此之外，他们也还未形成财产、价值意识。

（2）正常的探索行为。有时儿童的一些破坏行为是生命力发展的表现，源于其自内而外逐渐增强的生长力量，表示开始摆脱自我中心，支配外界事物，以及对外界新鲜事物的本能探索。如同婴儿把拿在手中的东西都往嘴里放一样，摔打东西也是一种“从做中学”探索事物的方式，不带任何恶意。把玩具车拆散，是想了解汽车里面是什么，为什么会走，不倒翁为什么不倒，钟表为什么发出嘀嗒声。儿童早期的经验是在强烈的好奇心驱使下，靠亲身的动手操作获得的。正如苏联著名教育家霍姆林斯基所说：“儿童的智慧在他的手指尖上。”

（3）情绪宣泄。学前儿童情绪的特点就是变化较大、不稳定。有的儿童生性易生气，爱发脾气；有的儿童自小受宠，自我中心；有的儿童骄横霸道，恃强凌弱。这样的儿童在现实生活中，如有一点不满足、不如意，就会大发雷霆、摔桌凳、踢门窗、大喊大叫、发泄怒气，从而破坏正常秩序和活动。心理学研究也表明，内心过多的压抑和孤独感会导致幼儿的攻击性行为或是破坏性行为增多。例如，孩子在活动之前有不愉快的情绪体验，又不知道如何进行恰当的表达时，就有可能以一种破坏性行为来发泄心中不满。

此外，出现破坏性行为也可能是幼儿较长时间探索不成功，其行为已停留在无意义的反复摆弄和操作上，失去了进一步探索的兴趣和信心，此时的破坏性行为是情绪烦躁引起的，或者是一种对不成功行为的破坏放弃。例如，幼儿一开始对拼图有浓厚兴趣，一块块地试拼，可是许久之后还没有成功，便故意将拼图撒得一地都是，或是把搭的积木推到。

（4）报复性破坏。当被别人施予不公平的对待或评价时，幼儿也会心怀不满，但他们积累的解决问题的方式有限，语言表达能力差，常以模仿他人相同的行为来进行反抗，而这些行为通常被看作是幼儿的报复行为。报复行为的产生一般有两种情况：一种是当幼儿受到家长或教师的不符合事实的批评和惩罚时，内心不服，但又无力反抗，于是就用隐蔽方式，暗地进行破坏；或者情绪失控，不顾一切，针锋相对，制造事端。另一种是当幼儿受到别人欺负或讥笑时，受不了委屈，为了出口恶气，想尽办法，寻找机会实行报复，使对方也遭受同样的损失。

当然，年龄越小，破坏性行为的主观恶意性也越小。一是因为道德水平较低，尚未形成爱护公物、爱护他人财产的意识，破坏可能只是幼儿产生的一种无意性行为。例如，在墙壁上或桌子上写字、打破别人的玻璃窗。二是由于自控能力差，约束不住破坏性行为的冲动。

（5）虚荣心的驱使。有些儿童在群体生活中往往被人遗忘，没有地位，也有的儿童由于自身的某些缺点和问题受到群体的排斥。在这种情况下，这些儿童往往容易采取各种破坏手段，如损坏公物、起哄打架等，以显示自己的“强大”“勇敢”，炫耀自己的“聪明”“能干”。

（6）模仿。大众传媒失控也是引发儿童破坏性行为的重要原因之一，有些不太健康的影视节目极易腐蚀儿童的心灵，为儿童模仿种种不良习气和行为提供了机会。

（五） 偷窃

偷窃指儿童未经允许经常性、持久性地拿取别人财物并形成一种不良习惯的行为，也是一种极易染上的不良行为，一次成功可能就会成癖，所以要及时发现，及时纠正。

1. 偷窃的类型

儿童的偷窃行为主要有两种类型：一种是为了满足对于物品的需求而偷窃，这是在儿童早期最常见的形式；另一种是为了引起关心而偷窃。有些儿童偷窃金钱或物品，目的就是为了引起他人的关注。他们与小朋友共同使用、分享偷来的物品，或者是由于看到朋友们拥有喜爱的东西而自己没有，或者是想参加一项活动而参加不进去，于是偷窃以博取伙伴们的关心。这些儿童多数在各方面都存在自卑感。①

2. 偷窃的原因

（1）幼儿思维以自我为中心。皮亚杰通过著名的“三山实验”，证明了前运算阶段的幼儿在对事物进行判断时，思维是以自我为中心的，不能从他人的角度来看待。这个阶段的孩子常认为整个世界是围绕着他转的，因此，他们很难理解别人的观点，也往往分不清“你的”“我的”“他的”，没有“物权”概念，也不知道什么东西是自己

---

① 陈会昌. 中国学前教育百科全书：心理发展卷. 沈阳：沈阳出版社，1994.

的，什么是别人的，只要喜欢的就是自己的，所以在幼儿心里根本就没有“偷窃”的概念。

（2）自控能力弱。幼儿本身道德认知水平发展低，行为规范未内化，很难对自己的行为进行自我约束。加之身心未成熟，延迟满足能力差，面对想要的东西往往缺乏自控能力。

（3）需要没有得到及时满足。动机引发行为，而动机又是由某种想要得到满足的需要引发的。当成人未及时满足或忽视幼儿合理物质需要和情感需求时，他们要么会“偷拿”别人的物品来满足自己的物质需要，要么会借偷窃行为来引起成人的注意，从而满足情感的需求。很多不良的嗜好就是这样慢慢形成的，其中有些嗜好可能会侵犯到别人，甚至长大后发展成为犯罪。

（4）家庭教育不当。家教不严，过分溺爱幼儿，满足一切要求，导致自我约束能力差，欲望膨胀，产生过度不合理的要求；加之规则教育不到位，想要得到的东西毫无顾忌地去拿，父母也未意识到行为的严重性，认为孩子还小，长大自然会更正，故不加以管束，由此幼儿产生虚荣心和攀比心。当然，如果家教过严，过分限制幼儿，也可能会导致幼儿的偷窃行为，当他羡慕别的小朋友的东西时，又不敢向父母提出要求，可能就会通过偷拿的方式来获得。

（5）错误榜样。当幼儿看到成人或同伴偷到想要的东西，而且没有被发现时，很可能触发其效仿。

作为幼教工作者，为了促进孩子的全面发展，尤其是社会性发展，首先，要了解学前儿童社会性发展问题的一般表现，理解导致问题的各种因素，做到在实践工作中趋利避害，给幼儿营造一个健康的生活环境。其次，了解一些常见的社会性发展问题的特异表现、类型和成因，这有助于我们对问题的鉴别、分析判断以便采取有效的干预措施。

技能训练

结合本节内容，请分析导致案例中儿童被烧伤的原因。阐述在学前儿童健康成长中，社会媒体应该扮演什么角色，以及如何承担应有的社会责任。

据媒体报道，在江苏某地，8岁的李浩冉、其5岁的弟弟李浩和其8岁的小伙伴李某，在村边树林里模仿动画片《喜羊羊与灰太狼》中烤羊肉串的剧情，做“绑架烤羊”游戏。李某把李浩冉兄弟俩绑在树上，点燃地上的树叶。火借风势迅速蔓延，导致李浩冉兄弟俩被严重烧伤。

学练结合

寻找一个经常有攻击性行为的幼儿，对其行为进行观察记录，并尝试找出行为背后的原因。

第二节 学前儿童社会性发展问题的指导策略

基础知识

社会性发展问题阻碍个体在社会性交往等方面的正常发展，如果不能准确诊断、有效干预和及时纠正，往往会影响个体今后的学习和生活，严重的还有可能引发违法犯罪。所以，必须选择恰当有效的干预措施，以促进儿童的健康成长。本节主要介绍常用干预学前儿童社会性发展问题的方法和针对一些常见社会性发展问题的具体指导策略，目的是帮助幼教工作者在实践中正确运用这些方法，了解其实施策略，做到既有针对性，又能综合性地解决学前儿童社会性发展问题。

一、学前儿童社会性发展问题的指导方法

（一）强化法

强化是用于养成或纠正儿童社会性发展问题的主要手段，强化包括正强化和负强化。正强化即奖励，是指当儿童出现令人期待的操作性行为时，给予他物质或精神方面的奖励，满足儿童需要，那么该操作行为就会被强化，以后出现的频率就会大大增加。负强化是指儿童出现令人期待的操作行为后，就消除使他厌恶的刺激（负强化物），从而增加所期待行为发生的几率。负强化包括了逃避和回避两个阶段。逃避是指儿童在经历多次厌恶性刺激后，为了避开这种刺激，只有选择做出特定所期待的行为。于是，为了摆脱厌恶刺激，以后他会努力做出被期望的行为，以回避厌恶刺激的出现。具体实施策略需要注意以下四点：

（1）选择适当的正强化物。强化物的种类有很多，在选择上要考虑可行性，易于给予，如糖果、动画、游乐场、小红旗、表扬等。在选择强化物时要做到因人而异、因年

龄而异，考虑个体差异和儿童的身心发展特征。

(2) 正强化的关键在于正确的操作程序。正强化实施之前，要将计划告诉儿童，以取得其积极配合，当行为发生后应立即给予强化物，加强行为和奖励的联系，不要间隔时间过久，并且指明儿童是因何种行为才得到奖励的。

(3) 负强化物是使儿童产生消极情绪体验的事物，如物质或自由的剥夺、语言警告、心理惩罚等，教师或家长在选择时应慎之又慎，要符合职业道德和社会公德，并顾忌儿童身心发展水平和个体差异。

(4) 使用强化法还要特别注意，要注重激发行为的内在动机，形成自律。内在动机是人类行为的根本动力，是保证个体一贯良好行为的真正原因。我们期望儿童养成良好社会行为规范，就是要促其形成内部自律。然而强化却是在利用儿童行为的外部动机，这将导致儿童行为的出发点是为了获得奖励或者逃避惩罚，而不是真正自发的。因此成人在使用强化法时一定要注意由外而内的转化，当所期望行为的发生频率大大增加且稳定时，应逐步消除可见强化物，以社会性强化物代替，也可寻找环境中的其他自然强化物来继续维持所需行为。

(二) 惩罚法

惩罚是指对人的不良行为给予否定性评价，从而使其改正不良行为或品质。惩罚的方式有批评、警告、取消资格、限制活动等。如果一个行为发生后，带来的直接结果是令人不快的，那么这种行为将来就不太可能被重复。惩罚的目的是使儿童认识到自己行为的错误，知道给他人或集体带来的危害，从而产生悔改心理，并积极改正。惩罚包括两个过程：给予不良刺激和剥夺愉悦刺激。

需要明确的是，惩罚与负强化有本质的区别。惩罚是剥夺幼儿获得奖励性刺激，或是当幼儿做出不适宜行为时给予厌恶性刺激的一种“教育”方式；而负强化则是当幼儿做出适宜行为时，取消厌恶性刺激的方式。惩罚往往与幼儿的消极情绪体验相联系，而负强化则与幼儿的良好情绪相联系。惩罚与负强化的区别见表 7-2。

表 7-2　　惩罚与负强化的区别

	反应后呈现	反应后消除
奖励性刺激	正强化	（负）惩罚
厌恶性刺激	（正）惩罚	负强化

惩罚种类有责备、剥夺、隔离等。责备是指当儿童出现不良行为时，通过语言或肢体动作及时给予强烈否定性警告，以阻止或消除不良行为，一般适用于程度较轻的行为问题，通常谴责后跟随其他惩罚性刺激。剥夺和隔离是指当儿童表现出不良行为时，停止其享用的某种权利或正强化物，或暂时隔离开，以阻止或削弱此类不良行为的再现。例如，幼儿在参与感兴趣的活动时，若表现出不良行为，教师可以停止其活动，等到幼儿表现良好时，再让他继续参加。当一个儿童连续几次攻击他人时，可以采用隔离法。教师要冷静地把儿童带进隔离区，肯定并平静地告诉儿童：“我不允许你伤害别人，你

必须坐在这里，直到我叫你时，你才可以离开。”具体实施策略需要注意以下五点：

（1）家中父母和幼儿园教师在使用惩罚法时要坚持一贯性原则，做到态度一致、措施一致，不半途而废，避免因措施不统一而产生的负面效应，否则不仅起不到纠正的作用，还可能会引发儿童的人格分裂。

（2）惩罚要做到合理、公正、慎重，前后一致，对事不对人，不挖苦讥讽，不发泄个人情绪。要根据问题的轻重以及儿童的人格特征、承受能力，采取适当的惩罚形式，告诉儿童受罚的原因，就事论事，指出改正的方向。

（3）在儿童隔离期间，不与他说话，也不看他，更不要让其他儿童靠近他。隔离时间一到，立刻让儿童出来，不要对儿童训话，但要让儿童明白被隔离的原因。

（4）运用惩罚要结合其他形式，具体处理，不笼统说教。绝不能采用体罚，避免打骂、恐吓、罚站等摧残儿童的方式。

（5）惩罚不是万能的，惩罚法收效虽然立竿见影，但毕竟多数情况儿童是基于父母先天的权威地位而做出的妥协认错，多伴随消极情绪。且惩罚本身也是一种消极榜样示范，经常使用的话，非但不能改变错误行为，反而还会引发儿童模仿，造成身心伤害，产生自卑、退缩、说谎、不自信等问题。

（三）模仿法

模仿法指儿童通过观察榜样示范来获得良好行为，消除不良行为的方法。根据班杜拉的社会学习理论，儿童许多行为的形成不是依赖于直接强化，而是通过对榜样的观察学习获得的。因此，对具有正面、积极意义榜样的模仿是纠正学前儿童社会性发展问题的常用手段之一。具体实施策略需要注意以下两点：

（1）正确选择模仿榜样。儿童周围所有人的亲社会行为都是模仿的榜样，尤其他心目中的重要权威——父母、教师，对其行为塑造影响更深。此外，榜样的特性对模仿效果也有影响，与儿童年龄、性别越相似就越容易引起模仿。因此，周围同伴的良好行为也可以成为其模仿的目标。

（2）当需要模仿的行为在榜样身上出现时，要对儿童加以引导或暗示，使其注意观察要模仿的行为。示范者尽量清楚展示良好行为，增加示范时间和次数，加深儿童印象。模仿行为产生后要立即给予强化，用赞赏的口吻说明行为与强化之间的关系，让儿童明白他的行为对在哪里。

（四）系统脱敏法

系统脱敏法是一种减少或消除恐惧行为的行为改变技术，指在舒适的环境中，让患者充分地放松自己，然后系统地让患者逐渐接近其所恐惧的事物；或是逐渐提高患者所恐惧的刺激物的强度，从而让患者对于恐惧事物的敏感性逐渐减轻，直至完全消失。① 这种方法由J. 沃尔佩在1956年首创。

系统脱敏法主要用于治疗儿童对常规事物的过分恐惧，如害怕动物：猫、狗、老

---

① 朴永馨. 特殊教育辞典（第二版）. 北京：华夏出版社，2006.

鼠、蛇等；害怕自然现象：打雷、闪电、暴雨等；对特定人物角色的恐惧：医生、护士等。儿童对这些人和物的恐惧已经达到相对严重的程度，并伴有明显的情绪和生理反应时可采用此种方法。具体实施时需要注意以下三点：

（1）确定患者的焦虑等级，将其各种焦虑反应按由弱到强的顺序排列起来。

（2）患者接受肌肉松弛训练。

（3）从最低等级开始，要求患者在面临引起焦虑反应的刺激时放松肌肉，以对抗焦虑。成功后进入下一个等级，直至通过最高等级。

（五）代币制

代币制法又称标记奖励法，是一种用精神或物质奖赏改变问题行为，塑造新行为的方法。代币是一种可以用来替代货币的标记或物品，实际上是作为一种强化物来对儿童的行为进行矫正，使原来不具有强化作用的一种刺激，一旦与其他强化物适当地配合，就能获得强化的力量。一般地，只要可以累积起来用于交换的东西，如五角星、小红花、数点及其他有明确单位的东西都可以当做代币。具体实施时需要注意以下五点：

（1）实施代币制首先是明确具体的目标行为。在确定目标行为时要把焦点放在希望儿童增加的良好行为上，明确指出要他做到的是什么。例如，对于生活懒散，没有规律的儿童，所规定的目标行为是“早晨 6：30 起床”“饭后马上洗碗”等具体而又肯定的行为，而不要使用“以后早点起床”“不要那么懒惰”等抽象而含糊的词语。

（2）要选择适当的媒介物，简单、便于发放。例如，出现了目标行为时，用红花或数点记录下来。在任何场合下只要儿童表现出适当行为后，都要及时发放一定数量的代币，同时可以根据行为质量的好坏差别，对代币进行增减。给予代币时，成人要表现出对行为的赞许，告知儿童是因为什么而得到代币。

（3）在设计代币兑换的强化物时，要考虑其对于儿童的价值以及强化物本身的经济价值。可广泛使用儿童喜爱的不同类型强化物（奖励），但又不要过于昂贵。注意强化要以精神刺激为主、物质刺激为辅，多利用自由支配时间、玩玩具、看图书等作为奖励，尽量避免让孩子直接接触现金。

（4）拟定代币交换系统。规定兑换比例、时间、地点并进行监督。例如，小刚每天早晨能够 6：30 准时起床，就给一朵红花，或记 1 分，积累 10 朵红花或满 10 分，可以交换一件他所需要的玩具或满足一项其要求作为奖励。代币换取奖励的次数开始时应多一些，且易发放、易消耗，然后逐渐减少。

（5）当儿童的目标行为反应达到期望水平后，还应帮助其逐步脱离代币制，以适应自然环境。一种方法就是逐渐地取消代币，可通过逐渐减少赢得代币的数量，或逐渐延长目标行为和代币发放之间的时间来实现。另一种方法就是逐渐降低其价值，通过逐渐减少代币可兑换到的强化物的数量，或逐渐延长获得代币和兑换强化物之间的时间来实现。

代币制具有很多优点，强化作用明显，方法简单，成人易于掌握，孩子乐于接受。可以把代币制的实施过程制成一张一目了然的表格，内容包括目标行为、代币物、交换系统。把这张表贴在床头、墙上或门上等醒目的地方，便于记录和检查。

（六）消退法

消退法是指在之前某个情境或刺激条件下，某种行为曾得到强化，若此后在类似情境中强化消失，则该行为的发生率就会逐渐降低，见表 7－3。使用消退法的关键是识别维持问题行为的强化物，然后消除它。

表 7－3　　消退法的正确运用

情境	反应	立即效果	长期影响
丽丽晚上上床	看不到妈妈就大哭	妈妈不管她	大哭的行为会慢慢减少
同学相处	明明喜欢告状	老师没有反应	告状行为会逐渐减少
晚餐	安安不爱吃，动作慢吞吞	妈妈不管她，时间一到就收拾餐桌不给她吃	吃饭动作慢的习惯会改善
父亲在跟客人交谈	文文趁机吵着要钱	爸爸没有反应	趁机要钱的行为会减少
课堂上	滔滔做鬼脸，又说又唱	老师和同学们都不理他	出风头的行为会逐渐减少

具体实施时需要注意以下五点：

（1）要找准导致行为发生的强化物，否则消退不仅不能起到应有作用，反而可能加重问题行为。在这一过程中，要对与行为有关的相关环境因素进行分析，包括行为发生之前的前奏事件以及行为发生之后的结果，确定它们与行为之间的关系。

（2）对于受到正强化而形成的行为，取消正强化即可。对于受到负强化的行为，应使原来的负性刺激不再被减少。负强化是行为之后出现厌恶刺激的减少或撤离，可以逃避或回避厌恶刺激。负强化行为的消退就是消除能够强化这一行为的逃避和回避，使个体不能逃避和回避厌恶刺激。

（3）消退程序要与良好行为的强化相结合，不但可以促使问题行为更快地减少，使消退的难度降低，同时也能帮助个体建立适当的良好行为。

（4）不能指望消退会使行为发生频率很快降低，如同强化一样，它是一个循序渐进，需要持之以恒的过程。在消退过程中可能会出现问题行为不仅没有减少，反而加剧的状况，甚至有抵触情绪或攻击行为，这时必须坚持下去，否则只会加重原有不良行为。

在日常生活中，常会出现儿童因为讨厌某些事情而找借口不做的情况。例如，父母要求孩子做作业的时候，孩子说肚子饿、头痛、等一会之类的话，如果父母不坚持的话，久而久之，孩子就会养成拖拖拉拉的习惯，并且也会养成做事情找借口、撒谎的习惯。要改变这一类行为，父母就是要不允许他们逃避，不管他们说什么借口，该做的事情仍旧要继续做、马上做。

（5）消退的错误用法是无意中消退个人的良好行为，或者误认为消退就是忽视目标行为，造成不良行为的持续恶化，见表 7－4。

表 7-4 消退法的错误运用

情境		反应	立即效果	长期影响
良好行为消失	睡觉时间到了	毛毛向妈妈道晚安	妈妈没有反应	道晚安的行为会逐渐消失
	起床后	童童自动整理被子	妈妈漠然处之	整理被子的行为会减少
不良行为恶化	早上起床	菲菲赖床不起来	妈妈不管她	赖床的行为增强
	游戏活动	明明不停地说脏话	老师不加阻止	脏话出现增多
	同伴相处	滔滔喜欢欺负弱小	老师视若无睹	欺负行为加剧

二、学前儿童常见的社会性发展问题的指导策略

（一）焦虑

首先，父母的敏感、多虑、缺乏自信等一些焦虑人格的表现，常常可以在孩子身上反映出来。所以，面对孩子的焦虑表现，父母先要管理好自己的情绪，沉着、冷静、自信、果断，避免大惊小怪，将内心的焦虑彻底甩掉或尽量克制，在孩子面前不表露出来。如果此时父母脸上流露出哪怕一点点的焦虑，对孩子来说都无异于雪上加霜。其次，解决学前儿童焦虑问题，前提是弄清孩子发生焦虑反应的原因，针对不同类型的焦虑，有的放矢地采取干预措施。针对幼儿焦虑问题的具体指导策略如下。

1. 分离性焦虑

幼儿的分离性焦虑常表现在入园焦虑上，由于熟悉的环境和教养者的变化，幼儿常常害怕上幼儿园，害怕与父母分离。可采取的干预策略包括：

（1）幼儿情绪外露、易变，注意力易转移，园内可通过开展有趣的活动、游戏以及营造家庭式的物质环境和母爱般的精神环境，来缓解幼儿的焦虑情绪，激发其乐于嬉戏的天性，感受教师的关爱，体验与教师、同伴一起活动的乐趣，重新在幼儿园里找到新的安全感和归属感，逐步实现对新环境的脱敏。

（2）父母最好先收集一些新环境周围的信息，正面积极介绍新环境，找到新环境中幼儿熟悉的因素和同伴。在条件允许的情况下，家长也可陪伴孩子逐步适应幼儿园里的生活常规和活动内容。

（3）焦虑的主要原因是安全感的丧失，由于父母和其他家庭成员平时包办代替太多，孩子失去了锻炼的机会，各种能力得不到培养，成人一旦离开，当他们独自置身于新环境、新情景中或与陌生人接触，便感觉孤立无助，会产生不知如何应对的困惑，以至情绪波动，过度担忧。因此，父母对孩子该放手时就放手，让他去做一些力所能及的事情，逐渐增强独立活动的能力。

2. 社交性焦虑

幼儿社交性焦虑表现为与人接触时会紧张、害怕、脸红、出汗，言语不流畅，表情不自然，不敢直视等，尤其是面对陌生人和众人时。焦虑的原因在于幼儿与同伴接触较少，未熟练掌握社交技能，导致在与外人交往时常常不自信、紧张。常用的干预策略有：

（1）加强幼儿的户外和社交活动，不封闭，不过度保护，针对有社交焦虑的幼儿，要利用并创造机会，鼓励幼儿与亲人、同伴甚至陌生人交往。步骤要循序渐进，刚开始成人可以介入，直接指导幼儿的交往活动，然后再慢慢脱离，在旁观察，最终实现幼儿能够独立自主地进行社交。

在幼儿园里，教师请有社交退缩的幼儿做值日生，每天向小朋友交代卫生保洁要求；当天气预报员，向大家预报当天的天气情况……这样就可以逐步消除由于过度紧张而发生的语言表达上的不良行为反应。在家里，妈妈每天设定三五分钟或十分钟的“讲故事时间”，全家人当听众，讲完之后为之鼓掌；也可请一些小朋友到家里来，开个故事会，为孩子创造在众人面前说话的机会。

（2）营造温馨、和睦、有安全感的家庭环境，有助于幼儿形成开朗、乐观、自信的性格，乐于而不畏惧与外界的交流。

（3）成人的呵护、安慰和精神上的鼓励，能有效地降低孩子的焦虑指数。多说“没关系”“大胆些”“不要怕”“再试一次”“爸爸妈妈相信你”之类的话，在一段时间以后，孩子会走出焦虑，建立自信，学会应对困难，形成积极主动的性格。

3. 对某一特定事物的特异性焦虑

消除特异性焦虑的方法主要有模拟示范法和系统脱敏法。成人首先做到在任何情况下不要恐吓幼儿，避免接触渲染恐怖的影视作品。当孩子面对雷电、动物或医生发生焦虑困扰时，他们最需要的是心理支持，希望成人轻松地和自己一起积极寻找应对策略，这会逐渐淡化孩子对焦虑的感受。同时注意提高幼儿认识水平，了解自然界现象，养成良好生活习惯。

（二） 攻击性行为

幼儿的攻击性行为影响着他们人格和品德的发展，是个体社会化成败的一个重要标志。成人切忌轻易判断学前儿童的攻击性行为，如在一岁之前，幼儿还分不清主客体，尚未有自我概念，他们此时就根本不可能有意识地去攻击别人。针对幼儿攻击性行为的具体指导策略如下。

1. 移情训练

当幼儿在行为动机上能够摆脱自我中心，设身处地体会他人情绪感受，从他人角度考虑问题，能有效地减少攻击行为的发生频率。进行移情训练时，教师或家长对幼儿要动之以情、晓之以理，可以通过换位思考、讨论、角色游戏等方式，学习认识各种情绪特征及其后果，特别要使幼儿对一些过激情绪有初步的认识和看法。重点引导幼儿体验被攻击者的感受和心情，使之明白攻击别人是令人不愉快、不受欢迎的做法，会引起别人的厌恶，在源头上降低攻击行为发生的冲动。

2. 鼓励幼儿亲社会行为

鼓励幼儿谦让、分享、合作、帮助等亲社会行为来代替攻击性行为，并感受亲社会行为给他人带来的愉悦感，满足幼儿实现自我价值的需要，同时对方积极的反馈会进一步强化其做出更多的利他行为。

在幼儿园里，攻击性行为主要因独占或争抢玩具、图书、椅子而引发，教育工作者应根据幼儿的实际情况，在环境布置、主题活动、一日生活中，渗透分享和谦让教育。例如，让幼儿带糖果、蛋糕来幼儿园过生日，体验分享的快乐；通过故事，懂得同伴之间不谦让造成的后果；班上买了新玩具让幼儿讨论在人多玩具少的情况下，如何才能都玩到。通过此类一系列的活动，幼儿学会了等待、分享、谦让和协商，懂得如何来处理同伴间的矛盾冲突，攻击发生的频率自然而然会降低。

3. 榜样示范和环境熏陶法

要消除幼儿的攻击行为，成人首先不要以暴制暴、以恶惩恶，而是以更有效、积极的方式解决冲突矛盾，为幼儿树立正面榜样。同时阻止孩子接触不良传媒，尤其是那些具有暴力情节的影视作品，而要多看些内容积极健康，宣扬优秀美德的电视节目。

营造良好的幼儿园物质与精神环境。在物质环境方面，减少环境中易引发攻击性行为的刺激，提供较为宽敞的游戏空间和充足的材料，尽量避免由于空间狭窄，玩教具分配不均所导致的攻击行为，同时避免提供有攻击倾向的玩具（如玩具枪、刀等）。在精神环境方面，民主、平等、温馨、和谐的家园氛围，更有利于幼儿养成亲社会行为，减少攻击性行为。此外，减少不必要的集体活动和消极等待的现象，如一起如厕、喝水。等待时间过长，幼儿无所事事，更容易出现矛盾和冲突，发生打闹或拥挤，所以教育者在组织活动时要做到一日活动中应动静交替、室内室外交替、集体活动和小组活动结合，尽量让每个幼儿都参与到活动中来，都有事可做，从而避免攻击行为的发生。

4. 合理宣泄情绪

烦恼、挫折、愤怒常容易引发攻击行为，此时成人要教给幼儿合理表达和宣泄的方法，学会自我控制、自我反省，引导他们以被允许、积极的方式去表达或发泄，明白不是只有攻击别人才可以宣泄愤怒，其实还有很多更好的途径去释放，既不伤害他人，也有利于自身。

多数情况下，攻击实施者的语言沟通能力不足，每当发生冲突只会诉诸暴力。成人要加强对幼儿语言沟通能力的训练，引导幼儿通过言语沟通、协商来解决矛盾，用语言来表达内心的感受，学会倾听和诉说，用“等会儿，我们相互交换下玩具好吗?”这样的一句话代替直接抢夺玩具。另外，可以教给幼儿一些情绪宣泄的方法。其中运动就是一种调节情绪的健康方法，如打球、扔沙包、玩水、玩沙、唱歌、跳舞等，可起到愉悦身心、转移注意力的作用，并且通过大运动量的活动，幼儿心中的愤怒也会得到很好的发泄。也可以专门开辟“发泄角”，放置拳击手套、软沙袋等材料，让幼儿在这个活动区内得到情绪上的释放。另外还可以利用提高认知水平、激励强化、观察模仿、“冷处理”等方式纠正幼儿的攻击行为。

（三） 说谎

诚实是公认的优秀品质，很多家长担心孩子从小撒谎，长大后必养成欺骗的恶习，因此孩子稍有不诚实之处，尤其是欺骗家长，有的性格粗暴的父母便不问事由，不讲方法地训斥责备甚至打骂孩子。针对幼儿说谎行为的具体指导策略如下。

1. 学会判断什么才是说谎

一种语言表达是否被认定为说谎，需要满足以下三个关键成分：事实——言语是否符合实际，意图——说话者是否有意欺骗，信念——说话者是否相信自己所说的话。三者缺一不可，缺少任何一方面，我们都不能认定幼儿是在说谎。说谎行为与儿童的认知水平和道德发展阶段密切相关，《指南》也指出，低龄幼儿经常分不清想象和现实，成人不要误认为他是在说谎。针对这类“说谎”，父母要原谅，不要过于严厉。随着身心不断成熟，语言表达越加完整、准确，这类说谎自然会慢慢减少。

2. 查找说谎原因

首先要深入了解幼儿为什么说谎，从谎话中分析出其内心需要。例如，当发现孩子说谎是为了获得成人和同伴的关注、夸奖，满足虚荣心时，这是在提醒成人以后要多给予幼儿关怀和鼓励。其次，要有针对性地对儿童的想法进行耐心解释，注重诚实教育，使其意识到谎话终究是假的，讲真话更能得到别人的喜爱。在这个过程中，成人态度要温和，尊重孩子，启发他自己认识到说谎的错误，鼓励今后表达真实的情感和想法。

3. 避免滥施惩罚

英国心理学家吉纳特说过，“说谎是说真话遭到训斥的孩子在心理上解脱自己的避难所”。滥施惩罚导致儿童产生恐惧心理，幼儿为求自保而说谎，针对这种类型的说谎，成人对待幼儿要宽严适度，允许犯错，过于严苛甚至惩罚只会加重幼儿的说谎行为，要让幼儿明白，虽然做了错事，但只要勇于承认，也是值得称赞的，欺骗父母比做了错事更可怕。

总之，针对幼儿的说谎行为要对症下药，事出有因，不能不分原因直接指责幼儿，当然成人生活中的榜样作用同样十分重要。

（四） 破坏性行为

家长和教师都应高度重视幼儿的破坏性行为，若不及早干预，很有可能转化为暴力行为，长大后甚至走上犯罪的道路。针对幼儿破坏性行为的具体指导策略如下。

1. 了解何为破坏性行为

评判破坏性行为，客观行为和主观意图同样重要，幼儿生理和心理发展都还不成熟，动作控制能力差，认知水平低，不能预料到行为的结果，但已经开始有了自己独立活动的能力，体内充满探究外在世界的能量和渴望。在探索过程中经常不可避免造成财物的损失，而这种情况是不能被认定为破坏性行为的，因为幼儿本身并无主观故意，他只是在摸索、了解这个世界。

实例链接

活动室里有生物角，投放了许多小金鱼、小乌龟。一天早上，东东主动要求做生物角里的“饲养员”，有空就去生物角喂食。可到了中午时分，老师发现生物角里的小金鱼全都肚子朝天了。老师找到“饲养员”，问他做了哪些事。东东很自信地说：“我先给小动物洗个澡，再喂它们吃饭，陪它们聊聊天。”“那你是怎么给它们洗澡的呢?”老师继续问。“就是用从我家带来的香皂，妈妈昨天给我洗澡用的，可香啦。”原来如此。于是老师带东东来到生物角，他发现小金鱼都死了，感到既惊讶又伤心。

上面案例中的东东就属出于好奇心但又缺乏知识而造成的破坏性行为，对这些貌似“破坏性”行为的探索，教师需耐心地帮助幼儿，让他认识到自己的错误行为，避免再次出现。另外要因势利导，给予幼儿鼓励和正确引导，传递常识性知识，增强幼儿动手能力和探索精神，培养珍惜爱护物品的品质。做到既不泯灭幼儿的好奇心和探索精神，又不造成对事物的破坏。

故意破坏性行为包括毁坏特定家人的衣物、饰物、玩具、公物或某些贵重物品等，行为带有动机的主观性破坏，目的是为发泄情绪、任性发脾气、报复心理以及吸引成人注意。

2. 深入了解原因

有的孩子错误地认为，打碎玻璃、损坏他人财物是一般孩子不敢干的，而自己干了，以此作为炫耀的资本，认为自己比谁都“能干”。对于这些孩子，成人要帮助他们分清“能干”与“野蛮”的界限，懂得损坏他人财物是一种野蛮的破坏行为，只能受到人们的厌恶和唾弃，只有多做些好事，才会得到别人的表扬和称赞。

针对为发泄愤怒而产生的有意性破坏性行为，首先要告诉幼儿遇到不高兴的事或讨厌的人，不能通过摔打东西或吵架的方式来发泄不满情绪，破坏性行为只会给他人和自己造成伤害，要学会控制自己的情绪。然后，学会合理宣泄情绪，成人要引导幼儿用沟通、倾诉、宽容、转移注意力等和缓的方式来代替破坏性行为。

3. 减少诱因

成人应尽量减少对幼儿的压制和惩罚，降低导致破坏性行为的诱因。在这一点上，我们可以借鉴卢梭的“自然后果法”，即通过让幼儿亲身体验破坏性行为所带来的不良后果，从而吸取教训，改正不良行为。避免说教、惩罚带来的负面效果。

此外，通过榜样示范，使用奖励和惩罚，进行感觉统合训练等都可以有效降低破坏行为的发生频率。

（五） 偷窃

在现实生活中，由于缺乏幼儿心理和教育的相关知识，一些家长和教师在发现幼儿有“偷窃”行为时，常常会做出一些不适当的反应举动。这些不适当的反应不仅不会帮助儿童改正“偷窃”行为反而有可能影响幼儿心理的正常发展。针对幼儿偷窃行为的具体指导策略有如下几点。

1. 提高认知水平和自控能力

平时就要注意提高幼儿的判断能力，树立物权的观念，杜绝偷窃行为的发生。家长和教师可以通过“换位思考”等方式，帮助儿童认识到不经别人允许而拿用别人的物品是不好的行为；同时，帮助儿童增强自制力，不贪念别人财物，培养孩子通过劳动满足物质需要的习惯。

2. 询问原因

在幼儿发生偷窃行为时，首先要冷静、严肃地向孩子询问偷窃的原因，切忌以责骂的方式询问，不要马上滥用惩罚，因为这样的态度只会吓坏孩子，很有可能引发其以撒谎的方式来应对成人的诘问。成人深入了解原因后，可根据偷窃动机，再选择相应的对策，一定要讲究教育策略，可适当施加惩罚使幼儿意识到自己的错误。

3. 正面教育，合理利用强化和惩罚

采取正面教育，郑重地向孩子讲明偷窃行为的性质，既让孩子感觉到这种行为是不对的、可耻的，同时也要让孩子感受到温暖，有改正错误的机会，千万不要武断地给幼儿贴上“小偷”标签。

合理利用强化和惩罚的方法有两种情况：一种情况，幼儿在规定的一段时期内不再发生偷窃行为，应予以精神上和物质上的奖励，这就是正强化法，鼓励他们继续保持不发生偷窃行为。另一种情况，幼儿在一定时期内又发生了偷窃行为，则应予以精神上的谴责、物质和活动方面的限制，目的在于抑制偷窃行为本身。

4. 通过物归原主施加教育

除了向孩子讲明偷窃行为的害处，教育者还应明确，无论孩子私自拿用物品的价值大小，都必须归还所拿物品。在归还所拿物品之前，教育者可以先与失主沟通，使双方保持一致的教育态度。然后教育者应主动陪同孩子归还所拿物品，并向失主道歉。这样既可以使孩子受到教育，又可使孩子免受羞辱，使其既认识到自己的错误，又有力量积极地去改正错误，而不必花费太多精力去安抚因羞辱而带来的心灵创伤。

5. 关注幼儿需要

关注幼儿的内心需要，包括物质和精神方面的合理需求，做到既不过分溺爱，又不过分克制。合理满足孩子玩具、图书、食物等基本物质需要和依恋、安全感、自信等心理需要，营造良好的家庭氛围。

此外，父母和教师要树立严于律己，做到不贪小便宜的良好品行示范，也可利用身边同伴或故事来传递拾金不昧等优秀品质。总之，在纠正儿童偷窃行为时，切忌家教不严、家教过严、父母偏爱。

在前一节的基础之上，本节主要介绍了学前儿童社会性发展问题的一般指导方法和常见社会性发展问题的指导策略。需要强调的是，教育工作者在面对学前儿童不同的社会性发展问题时，要有的放矢地采取干预措施，并针对不同方法，扬长避短，制订个别化合理方案，才能最终有效地矫正问题，实现幼儿健康全面发展的目标。

技能训练

请分析案例中男孩的哭闹行为发生的原因，并根据本节内容设计恰当的矫正办法。

一个男孩在2岁时生了一场比较重的病，常常会因为疾病带来的痛苦而哭闹。哭闹是他向父母寻求安慰、帮助的一种方式，但是这种哭闹也正是由于父母的关注而被强化了。在生病期间，哭闹常常发生，成为了一个高发生率的行为，而且，即使在其疾病痊愈、健康状况得到改善之后仍旧被保持了下来。至此之后他总是要求从其父母那里获得特别的关注，尤其是在睡觉的时候，如果父母没有提供关注，只是将其放在床上然后离开，这个男孩就会大发脾气，如尖叫、大声哭等，因此，每次睡觉的时候父母至少要花半个小时到2个小时的时间陪在孩子身边，直到他入睡。

学练结合

1. 在见习或实习过程中，仔细甄别有社交性焦虑的幼儿，并制订有针对性的干预方案。

2. 在分析某种学前儿童的社会性发展问题时，可以从哪些方面寻找原因？

3. 试分析在矫正学前儿童社会性发展问题时，强化法和惩罚法各自的优缺点。

4. 请分析案例中小兰偷拿口红的原因。如果你是案例中的专家，你会给小兰父母怎样的建议。

小兰今年6岁，妈妈发现她总是偷她同事的口红，被发现后，打也打了，骂也骂了，道理讲了无数，小兰也知道不对，可是怎么也改不了。妈妈以为小兰喜欢口红，也给小兰买过，但她还是要偷。实在不知道该怎么办了，妈妈只好求助于心理专家。

心理专家拿出三支口红，对小兰说，这三支口红，一支是妈妈用的，一支是妈妈的同事的，一支是妈妈给你买的，你选哪支？

小兰答："选妈妈的。"

专家又问："如果妈妈用的这支不是你喜欢的红色，你还选吗？"

小兰答："还是要妈妈用的。"

专家收起了口红，问妈妈："你用口红吗？"

妈妈回答："我从来不用口红的。"

这时，小兰说话了："妈妈用过口红的。"妈妈听到这话，惊讶万分："我什么时候用过口红？"

专家微笑着问："妈妈什么时候用的口红呢？"

小兰说："妈妈回来看我的时候。"

妈妈吃惊极了，说："对，对，我是用过几天口红。但那是好几年之前的事情了，我和她爸初到北京，太忙，就把她放在农村老家，一年回去看一次。我想要培养她独立的性格，回去之后很少抱她，有时她缠我，我就让她一个人去玩。这孩子很听话，后来就不缠我了，走的时候她也不哭了。那时她大约有4岁。去年才把她接到北京，我工作特别忙，很少陪她，她总是一个人玩。我认为她性格特别好，特别的独立。"

专家问："小兰，你第一次拿的口红是谁的？"

小兰说："妈妈的，我看到妈妈涂口红，就从她的包里拿出来，涂在嘴上。"

专家问："你高兴吗？"

小兰答："高兴，就像是和妈妈在一起一样。"

专家问："以后你看到口红就想起了妈妈，拿到口红就好像和妈妈在一起了，是吗？"

小兰说："是的。"

小兰的妈妈眼睛湿了。